한국어 영논항을 어떻게 볼 것인가

이 저서는 2019년 대한민국 교육부와 한국연구재단의 글로벌연구네트워크지원사업의 지원을 받아 수행된 연구임(NRF-과제번호).(NRF-2019S1A2A2031915)

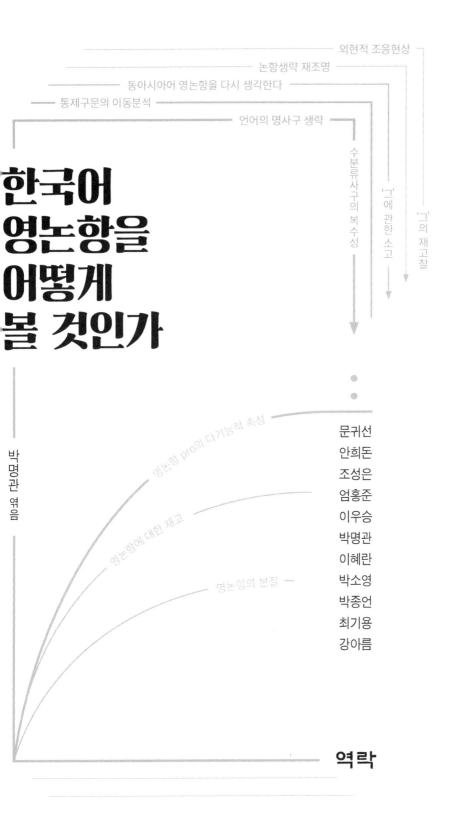

외현적 조응현상

논항생략 재조명

동아시아어 영논항을 다시 생각한다

통제구문의 이동분석

언어의 명사구 생략

수분류사구의 보수성

'그'에 관한 소고

'그'의 재고찰

한국어
영논항을
어떻게
볼 것인가

박명관 엮음

영논항 pro의 다기능적 속성

영논항에 대한 재고

영논항의 본질

문귀선
안희돈
조성은
엄홍준
이우승
박명관
이혜란
박소영
박종언
최기용
강아름

역락

머리말

현대 언어학은 언어 그 자체보다도 언어를 통해서 우리의 육체적 뇌의 작동이 일어나는 마음(mind, 心)의 정체에 대해 관심을 가져왔다. 더 나아가서, 생물학적 존재로서 동물과 구분되어 언어를 사용하는 인간 존재의 유일성, 차별성을 이해함으로써, 현대 언어학은 우리 인간 존재의 본질을 과학적으로 밝히려는 시도에 초점을 두어왔다. 이러한 연구 방향성에서 제기된 언어 지식(knowledge of language), 언어 능력(language faculty) 등을 규명하려는 것은 다소 어려운 작업이지만 인문학 연구에서 우리가 소홀히 할 수 없는, 다른 무엇보다 중요한 주제성을 갖는다.

인간 존재의 본질을 탐구하는 '창문'으로서 언어는 밀도있는 연구가 이루어지면서 풍부한 내재적 속성들이 드러나고 있다. 주목할 점은 우리가 감각적으로 보고, 듣고, 말하는 언어 요소들뿐만 아니라 감각적으로 지각할 수 없는 언어 요소들이 우리가 사용하는 문장이나 담화 속에 산재해 있다는 점이다. 이와 같이 지각할 수 없는, 추상성을 갖는 언어 요소들은 우리가 사용하는 언어의 표상을 외견상 복잡하게 하지만 언어 사용자들은 이를 잘 대처할 수 있다는 점에서 우리 마음의 유일성을 증거하게 된다. 따라서 사람 언어의 주요 특징으로서 언어의 추성성은 언어 체계의 일부이며 언어의 본질을 대표한다.

이번에 출판하는 이 책은 한국어에서 언어의 추상성을 증거하는 음성적으로 발음되지 않는 영대명사(null pronoun, pro/PRO) -물론 이것의 존재 및 이것이 영대명사인지에 대하여 많은 논란이 있다- 에 관한 연구서이다. 영대명사는 일찍이 일본어에 대한 Yuki Kuroda 교수, Susumu Kuno 교수, 한국어에 대한 양동휘 교수, 중국어에 대한 James Huang 교수 등의 연구를 통하여, 동아시어어(East Asian languages)에서 특이하게 분포함을 관찰하고 새로운 연구 이슈들을 설정한 바 있다. 특히, 1980년대에 체계화된 비교통사론의 관점에서, 영어와 달리 로맨스어(Romance languages)에서 pro가 주어에 제한적으로 분포(subject pro-drop(주어 pro-탈락))하는데 비하여, 한국어 등의 동아시어에서는 영대명사가 분포적 제한없이 비교적 자유롭게 나타날 수 있음(radical pro-drop(급진적 pro-탈락))이 관찰되었다.

분포적 특이성뿐만 아니라, 한국어에서는 외현적으로 실현되는 대명사의 존재가 불분명하고, 이에 따라 비외현적 영대명사는 외현적 대명사의 다양한 기능들을 수행한다. 영어의 외현적 대명사의 기능을 통해서 볼 때, 우리말 영대명사는 영어의 외현적 대명사에 상응하는 다양한 기능을 담당한다. 먼저, 우리에게 익숙한 지시적 대명사(referential pronoun)도 담화 상에서의 대용적(anaphoric) 용법과 특정한 상황에서의 직시적(deictic) 용법이 가능하다. 다음으로, 선행사의 지시 값(value)에 따라 변동하는 소위 동변이 대명사(co-varying pronoun)으로, 이 유형은 더 세분화하여 양화 선행사에 의해 성분통어되는 결속 변항 대명사(bound variable pronoun), 양화 선행사에 의해 성분통어되지 못하는 E-type 대명사, 비양화 선행사와의 동변이 해석이 가능한 '게으른 대명사(lazy pronoun)' 등 세 유형이 있다. 또한, 분포 환경에 따라 우리말의 비외현적 대명사는 재귀대명사(reflexive pronoun) 및 상호대명사(reciprocal pronoun)의 기능, 그리고 우리말에서 문법화된 결정사(determiner)의 부재로 인하여 보통명사구(common NP)을 대신하는 기능을 수행하기도 한다.

 한국어에서의 영대명사의 분포적 특이성과 기능적 다양성은 연구자들에게 매우 도전적이지만 매우 생산적인 주제이며, 한국어의 통사 및 의미 구조를 이해하고 한국어를 모국어로 사용하는 사람들의 심적 표상을 이해하는데 중심적 연구 주제임에 틀림없다. 본서의 필자들은 이 중요한 주제의 이해를 심화하는데 기여하고 있음을 희망하면서, 또한 앞으로 동학 및 후학 연구자들께서 영논항 연구에 적극 동참하시기를 기대해 본다.

2020년 7월 26일
필자들을 대표하여 박명관 씀

차례

한국어 영논항을
어떻게 볼 것인가

제 1 장

서론: 영논항과 외현적 조응현상

이 책은 지난해 6월(2019년 6월 28일) 동국대학교에서 있었던 워크숍: (C)overt Anaphora at the Syntax-Semantics-Pragmatics Interface에서 발표되었던 원고를 모아 출간한다. 한국 언어학계에서 지난 30년 동안 한국어에 관하여 많은 이슈들이 논의되어 왔지만, 그 가운데에서 관심을 많이 받아온 주제는 한국어의 영논항(null argument)과 이와 상관하는 외현적 조응 현상이다. 영어와 같은 서구 언어에서는 일반적으로 외현적 대명사를 사용하지만, 한국어와 같은 동아시아어에서는 외현적 대명사 대신에 일반적으로 영논항을 사용한다는 점에서 영논항의 연구는 비교통사론적 관점에서 이론적 함의가 크다. 이 주제를 박사학위 논문 (Moon, Gui-Sun. 1989. The Syntax of Null Arguments with Special Reference to Korean. Ph.D. dissertation, University of Texas at Austin)으로 삼아 연구하고, 박사학위 이후 이 주제를 심도있게 탐구하면서 국내외 학계에서 연구 활동을 활발히 해오신 문귀선 교수가 정년을 맞이하게 되어, 이를 계기로 영논항에 관

하여 공동의 관심사를 갖는 연구자들이 모여 하루 동안 학문 연찬의 풍성한 시간을 갖게 되었다. 워크숍을 통하여 영논항과 부수 현상에 관하여 쟁점 등을 정리해 보고 주요 현안의 이해를 심화하면서, 워크숍 이후 발표 내용을 정리하여 원고를 마무리하였다. 또한 워크숍 발표자 이외에도 이 책의 주제를 오랫동안 연구해 온 연구자의 원고를 받아 주제 탐구의 완성도를 높였다. 전체 책의 구성은 다음과 같다.

2장에서 문귀선은 첫째, 한국어의 영논항이 생략에 의한 결과물이 아니라 기저생성 되었음을 주장하는 해석적 접근법의 입장을 취한다. 따라서 pro로서 영어의 대명사와 마찬가지로 선행어를 지시하는 지시적 대명사(referential pro)의 속성 뿐 아니라 pro가 동변이 대명사(co-varying pronominal)의 특징을 보임을 주장하고 있다. 나아가서 둘째, 동변이 대명사를 세분화하여 양화사 선행어에 의해 성분통어 되는 결속 변항 대명사, 양화사 선행어에 의해 성분통어 되지 않는 E-type 대명사, 선행어가 양화사가 아니지만 대명사와 동변이 해석을 가능하게 하는 게으른 대명사(lazy pronoun)의 세 가지로 구분하여 분류한다. 이와 같은 pro의 대명사적 특징 이외에도 셋째, 한국어 영논항은 영어 대명사와 마찬가지로 언어적 선행어(linguistic antecedent)가 결여 되었다 할지라도 청자와 화자가 공유하는 담화 상황에서 대명사의 해석을 가능하게 하는 직시 기능(deictic function)을 지닌다. 그러나 넷째, 영어 대명사와 달리 재귀적 (reflexive) 속성과 영어의 비한정 대용어(indefinite anaphora)인 one과 같이 N'-대체어(N'-substitute) 특성을 관찰할 수 있다는 점에 있어서 영어의 대명사보다 더 포괄적인 속성을 지닌 대용어임을 주장하고 있다. 결론적으로 말하자면, 한국어와 같이 영논항을 허용하는 언어에서는 영논항

pro는 사전(lexicon) 상에 발음이 되지 않는 대용어로서 앞에서 열거한 다기능(multifunctions)이 수록되어 있음을 주장한다. 따라서 문맥에 가장 적합한 pro의 대용어 기능을 선택함으로써 pro를 포함하고 있는 한국어 문장의 중의성은 담화 문맥에 따라서 명시적으로 가장 적절한 해석을 가능하게 하는 것이다.

3장에서 안희돈·조성은은 영논항 구문에 pro가 관여되었다고 보는 분석은 크게 두 가지 유형으로 나눌 수 있는데, Ahn & Cho(2012a,b, 2013)에서는 pro가 비한정(indefinite) 명사를 포함하여 명사를 직접 대치할 수 있다는 것으로 분석하고 있다. 이러한 견해를 pro의 '명사 분석'으로 지칭할 수 있는데 이와 대조되는 pro 이론 중 하나는 영논항을 단순히 대명사의 음성적 비실현으로 분석하는 것이다. Ahn & Cho(2009, 2010, 2011a,b)에서의 영논항 분석은 기본적으로 한국어의 영논항을 대명사와 동일시 한다. 이를 더 구체화한 안희돈 & 조성은(2019, 2020)의 분석에 따르면 pro는 '그', '그녀', '그것', '그들', '그것들'과 같은 대명사의 실질적인 영실현(covert realization of pronoun)임을 재차 제안하고 있다. 본 장에서는 대명사의 이완지시 해석과 관련된 다양한 변인을 고찰하여 명시적 대명사의 이완지시 해석의 가능성은 해당 대명사가 단복수 여부, 지칭 대상의 인간다움 여부 등의 변수에 좌우됨을 확인하게 된다. 3장에서는 또한, 명시적 대명사의 이완지시 해석에 많은 변수가 있음에도 불구하고, 양화사 작용역의 중의성 여부와 조응적인 해석, CP 생략과 관련된 자료를 고찰함으로써 영논항을 명사구생략이나 명사구대치가 아닌 대명사의 암묵적 실현으로 보아야 할 것을 제안한다. pro의 대명사 분석은 영논항의 다양한 해석을 해당 대응 대명사와의 유사성을 통하여 간단하게 설명할 수 있다는 점에서 영논항에 대한 다른 어떤 이론보다도 개념적으로 우수하다고 할 수 있다.

4장에서 엄홍준은, Huang(1984, 1987)의 영 주제 변항 분석과 Otani and Whitman(1991)의 동사구 생략 분석 그리고 Moon(2010)의 pro 분석 하에서가 아니라, Kim(1999)의 논항 생략 분석 하에서 한국어에서 영논항(영주어와 영목적어)이 pro가 아닌 빈 명사구라는 것을 논증하고 있다. 우선 Kim의 분석을 제외하고 세 분석의 장단점에 대해 알아본다. 특히, Moon에서는 본 장의 주장과 달리 한국어에서의 영논항을 pro라고 주장하고 있다. 본 장에서 받아들인 논항 생략 분석에 따르면 목적어 위치에 있는 영 명사구는 어떤 자질 내용도 없는 빈 명사구이다. 이 분석을 이용하여, 본 장에서는 세 분석에서 발견된 문제 해결을 시도한다. 더 나아가 본 장에서는 Kim의 분석을 주어 위치에 있는 명사구에 적용하여 이들 명사구도 역시 빈 명사구로 다루어져야 한다고 주장하는데, 이들 명사구의 속성이, 엄밀동일 해석과 이완동일 해석이 모두 가능한 목적어 위치에 있는 명사구들의 속성과 같기 때문이다. 이러한 분석 과정을 통하여 본 장에서는 한국어에서의 영논항은, Moon의 주장과는 달리, 빈 명사구이어야 한다고 주장한다.

5장에서 이우승은 한국어에서 광범위하게 관찰되는 보이지 않는 논항, 즉 표면적으로 나타나지는 않지만 해석상 존재하는 논항을 포함하고 있는 다양한 구문과 문맥을 살펴본다. 특히, 언어학적 선행사가 존재하는 경우 뿐 아니라 부재할 경우에도 논항 생략이 빈번하게 관찰된다는 점에 주목하여, 관련 자료들을 제시하고 논의한다. 영논항에 관한 이전 연구는 크게 세 가지 연구로 나누어 볼 수 있는데, pro 분석 (Ahn and Cho 2009, 2010, 2011; Moon 2010; M-K Park 1994, 2012, 등), 삭제 분석(S-W Kim 1999; Um 2011, 등) 그리고 통합 분석(Park and Bae 2012, Lee 2011, 등)이다. 이우승은 선행사와 생략된 성분 사이에 다양한 자질 불일치를 가진 자료들을 핵심적으로 다루며, 이것은 생략된 논항에 내부 구조가 존재한다는 것을 암시한다고 주장한다. 나아가 pro가 아닌 삭제 연산에 의한 생략이라고 주장한다. 삭제 대상은 선행사와 어휘적 중심부(lexical core)에 있어서 동일하기 때문에 잉여 자질의 제거(elimination of redundancy)와 언어의 경제성(economy)을 위해 삭제되는데, 여기서 어휘적 중심부란 최소한의 추상적 어휘소(lexeme) 혹은 최소한의 명제(VP proposition)를 말한다. 아울러, 생략된 논항들은 LF 복제(LF-copying)를 통해 관련 의미를 얻는다고 제안한다. 마지막으로, 언어학적 선행사가 존재하더라도 영논항으로 나타날 수 없는 논항들을 소개하는데, 관련 논항이 초점 표지를 지니고 있는 경우, 초점 표지가 있는 XP의 생략은 생략의 인허조건인 초점제거(defocusing)와 상충하기 때문에 생략이 허용되지 않는 것으로 추정해 볼 수 있다(Tancredi 1992, Oku 2016).

6장에서 박명관은 동아시아어에서의 영논항에 관한 지난 20년 간의 연구를 재고하고 평가한다. 지난 20년 간의 영논항의 연구가 그 이전의 연구와 달리 동사구 혹은 시제구 생략 및 조응의 환경에서 영논항의 분포를 다소 불균형적으로 집중됨으로써, 동아시아어의 영논항의 정체를 밝히는데 부정적인 영향을 초래한 것으로 보인다. 영논항이 매우 생산적으로 발생하는 소위 radically pro-drop 언어에서 영논항이 비한정적으로 사용될 수 없다는 Holmberg(2016)의 관찰을 기반으로 하여,

동아시아어의 비생략/비조응 담화 맥락에 영논항은 (존재)유일적 한정성(unique definiteness)을 표현하거나 조응적 한정성(anaphoric definiteness)을 표현한다. 특히, 후자의 해석은 한국어의 영논항의 분포를 잘 설명하는 기반이며, 또한 영논항과 관련하여 적절한 설명을 받지 못해온 중국어에서의 영논항 분포의 주어-목적어 대조(Huang 1984), 그리고 일본어에서의 영논항이 선행사에 의해 성분통어를 받을 때 이완지시(sloppy reference) 해석의 결여(Abe 2009, 2014)를 적절하게 설명할 수 있게 된다. 이와 같이 영논항이 한정적으로 사용된다는 기본 명제를 바탕으로 동사구 및 시제구 생략 및 조응 환경에서의 영논항이 어떻게 비한정적 이완지시 해석 혹은 양화 해석을 갖게 되는지를 설명하게 될 것이다.

7장에서 박소영은 최근 쟁점이 되고 있고 분류사 언어(classifier language)에서의 명사구 생략(NP ellipsis)과 수분류사(numeral classifier)의 통사적 위상을 논의하고 있다. 이 두 이슈를 바탕으로 먼저 수분류사 구문에서의 영명사구(null NP)의 통사적 정체를 밝힌다. 한국어 수분류사은 PF 층위의 삭제를 통해 명사구 생략을 허가할 수 있는 기능핵으로 분석된다. 하지만 이완지시(sloppy reference) 해석의 가능성 그리고 명사구 내부에서의 적출과 관련한 통사-의미 증거를 고려할 때 수분류사의 연관 명사(핵)만은 pro 혹은 영명사구로 간주될 수 없다. 수분류사구문에서의 이와 같은 논의를 바탕으로, 속격 표지 수분류사 그리고 무수사(bare numeral) 구문을 분석해 나아갈 것이다.

8장에서 이혜란은 영어의 의무통제(Obligatory Control) 구문에서처럼 PRO로 분석 가능한 공범주(empty category)를 가진 한국어의 의무통제 구문을

A-이동(A-movement)으로 통합 분석하려는 목적을 가진다. 비정형통제(infinitival control)와 정형통제(finite control) 둘 다 A-이동 내에서 동일하게 분석된다. 브라질리언 포르투갈어와 히브리어 3인칭 가정법의 정형통제 보문절 (finite control complements)은 A-이동을 허용하는 투과성이 있는데, 이는 보문절이 두 개의 자질 조합(T±, phi±) 중 하나가 부족하기 때문이다(Boeckx, Hornstein and Nunes 2010). 한국어도 비정형통제 보문절 뿐 아니라 정형통제 보문절이 이러한 자질세트의 부족 때문에 A-이동을 허용하는 투과성이 있다고 주장한다. 시제표지가 자유로운 한국어 상승구문의 독특한 투과성도 제안된 자질 조합에 기초하여 A-이동으로 동일하게 설명될 수 있음을 보인다. 결과적으로, 본고는 통제 이동이론(Movement Theory of Control (MTC))에 따라 다음 세 가지의 가능성을 제시한다. 첫째, 통제 모듈이 사라짐으로써 문법이 단순화될 수 있다. 둘째, 의무통제 보문절의 공범주는 이동 후 남겨진 복사(copy)로 확인된다. 셋째, 공범주의 해석이 이동의 결과로서 자연스럽게 획득된다.

9장에서 박종언·박명관은 한국어의 명사-후 수분류사구(post-nominal numeral classifier phrase)의 복수 표지의 사용 및 이야기 연쇄(narrative sequence)에서의 조응적 해석 양상에 대한 통사적 분석을 제시하며, 구체적으로 두 가지 이슈를 살펴보고 있다. 첫째, 우리말의 명사-후 수분류사구에 적합한 통사적 구조가 무엇인지를 규명하고, 수분류사구 내 관련 명사의 유정성(humanity)에 따른 복수 표지 허용 여부에 있어서의 대조가 통사부에서 어떻게 중화되는가에 대한 도출적 분석(derivational analysis)을 제시한다. 둘째, 이야기 연쇄에서 후속 담화 상의 수분류사구가 가시적으로 사용된 경우와 영논항(null argument)으로 대체된 경우 허용되는 조응적 해석의 유형을 기반으로 각 조응 표현의 형태나 범주적 지위(categorial status)를 규명하고 있다.

10장에서 최기용은 한국어의 3인칭 지시 표현 '그'가 대명사가 아니라 지시사 '그'와 [+인간]의 특성을 갖는 공범주 pro로 구성된 명사구임을 주장한다. 이를 위해 우선 3인칭 '그'가 영어의 대명사 he와 다른 점 여섯 가지를 확인한다: (가) 3인칭 '그'는 구어체에서는 거의 나타나지 않으며 문어체에서도 제한된 분포를 가진다. (나) 손가락 가리킴을 동반한 직시 기능이 없다. (다) 결속 원리 B의 적용을 받지 않는다. (라) 결속 원리 C의 적용을 받지 않는다. (마) 어순 효과를 보인다. (바) 변항 결속 해석을 갖지 못한다. 이어 본고는 이 모든 차이가 한국어와 영어 간의 매개변인적 차이로는 설명될 수 없으며 이들 특성이 앞서의 제안(즉 3인칭 '그'가 지시사 '그'와 [+인간]의 특성을 갖는 공범주 pro로 구성되어 있다) 하에서 설명될 수 있음을 주장한다. 이 제안에 대한 독립적 근거가 추가로 제시되고 마지막으로 한국어 대명사 체계에 대한 이 제안의 암시가 논의된다.

11장에서 강아름은 유표적 의문부정사와 결합하는 '그'의 의미화용적 역할을 밝히는 것을 목적으로 한다. 유표적 의문부정사란 '-나', '-도', '-인가', '-든'처럼 특정한 의미를 발생시키는 보조사와 결합하여 양화 명사구를 형성하는 구문이다. 이때, '그'는 '하나도, 빠짐없이'라는 의미를 명제에 부가하여 명제 내용의 진리(the truth of the propositional concent)에 대한 화자의 태도를 강조한다. 일반적으로 '그'의 역할은 보통명사와 공기하여 화시적이거나 조응적인 개체를 지시하는 지시사나 한정사의 역할과 관련된 것으로 알려져 있으며, '그'가 비한정 명사구를 형성하는 부정의문사와 결합하는 것은 몬테규 문법(Montague Grammar)의 관점에서 매우 예외적인 현상이며 논리적으로도 모순일 것이다. 본고는 유표적 의문부정사와 결합하는 '그'를 극어(polarity item)로 제안하며, 주어진 영역의 인식적 대체항들(epistemic alternatives)로 구성된 척도를 발생시켜 전체 명제를 강화하는 강화사(intensifier)로 주장한다. 구체적으로 첫째, '누구나'와 결합할 때 '그'를 통한 명제 강화는 그것이 결합하는 명사구의 주어진 양화 영역을 구성하는 원소들에 대한 최대성(maximality)과 완전성(exhaustivity)을 표현한다는 측면에서 영역 확장자(domain widener)인 극어 any와 구분된다. 둘째, 극어 '그'는 무관심의 양태적 해석(indifference modal flavor)을 발생시키고 허가 환경(licensing environment)을 공유한다는 점에서 극어 wh-ever와 관련이 있다. 특히 wh-ever와 so의 결합인 wh-so-ever에 상응함을 주장한다. 셋째, 극어 '그'는 주관적 척도 강화(subjective scalar intensification)를 통해 명제를 강화시킨다는 점에서 문맥에 기반한 객관적 대체항으로 척도를 유발하는 보조사 '-도'와 다르다. 이처럼 지시/대용과 관련한 의미적 속성뿐 아니라 인식적 대체항의 척도를 유발하는 극어로 확장되는 지시사의 역할은 한국어에서 나타나는 고유한 현상이며 지시사의 역할이 정보 구조 내에서의 초점(focus) 표지와 깊은 관련이 있다는 함의를 갖는다.

제 2 장

한국어 영논항 pro의 다기능적 속성[*]

문 귀 선

1. 서론

한국어, 일본어, 중국어와 같은 언어에서 발음되지 않는 영논항이 발생한다는 것은 매우 잘 알려진 사실로서 많은 언어학자들의 관심을 끌어왔다. 영논항에 대한 연구는 크게 두 그룹으로 나눌 수 있다: 통사적 접근법(syntactic approaches)을 시도하는 그룹과 해석적 접근(interpretive approaches)을 시도하는 그룹이다. 통사적 접근법을 추구하는 그룹에서는 영논항이 동사구 생략(VP-ellipsis)이나(Huang 1991, Otani & Whitman 1991, Funakoshi 2016 등) 명사구 생략(Oku 1998, Kim 1999, Abe 2009, Hasegawa1984/1985, Liu 2014, Um 2011 등)에 의해서 생성되었다는 주장을 하고 있다. 반면에, 해석적 접

* 이 논문은 2019년 대한민국 교육부와 한국연구재단의 글로벌연구네트워크지원사업의 지원을 받아 수행된 연구임(NRF-과제번호).(NRF-2019S1A2A2031915)

근법을 주장하는 그룹(Hoji 1998, Tomioka 2003, Moon 1989, 1991, 2010, 2017 Ahn & Cho 2011c. 2012a,b, Kurafuji 2019 등)에서는 음성적으로 실현되지 않는 pro 가 기저생성 되었으며 pro에 의해 발생하는 의미적 중의성을 설명하고 자 시도한다.

본 논문에서는 한국어의 영논항은 생략에 의한 결과물이 아니라 pro 가 기저생성 되었음 주장하는 해석적 접근법을 받아들인다. 한국어의 pro는 영어의 대명사와 마찬가지로 선행어를 지시하는 지시적 대명사 (referential pro)의 속성 뿐 아니라 pro가 변항인 선행어와 같은 값으로 변 동되어 해석되는 동변이 대명사(co-varying pronominal)의 양상을 관찰함으 로써 pro는 영어의 대명사와 같은 속성을 지니는 것으로 분석되어야 한다는 Moon(2015)의 주장을 견지할 것이다. 이와 같은 pro의 대명사적 기능 이외에도 언어적 선행어(linguistic antecedent)가 결여 되었다 할지라도 청자와 화자가 공유하는 담화상황에서 대명사의 해석을 가능하게 하 는 직시기능(deictic function)을 영어 대명사와 마찬가지로 pro도 지니고 있 으며, 나아가서 재귀적(reflexive) 속성, 영어의 비한정 대용어(indefinite anaphora) 인 one과 같이 N'-대체어(N'-substitute) 기능도 지니고 있다는 점에 있어 서 영어의 대명사보다 더 포괄적인 속성을 지닌 대용어임을 주장할 것이다.[1]

2. 해석적 접근법(Interpretive Approach)

앞에서 언급했듯이 해석적 접근법에서는 표층구조에서 빈자리로 실

---

1) Park, Myung-Kwan(2014)와 Choi, K-Y(2013)에서도 이와 유사한 주장을 하고 있다.

현되는 곳에 실제로는 음성학적으로 발음되지는 않지만 그 자리에 해석이 가능한 pro가 위치해있음을 가정하는 접근법이다. 이러한 입장을 지지하는 학자들에는 대표적으로 Hoji(1998), Tomioka(2003), Moon(1989, 1991, 2010, 2017, 2019), Ahn & Cho(2011c. 2012a,b), Park(2014) 등을 들 수 있다. 최근에 Kurafuji(2019)도 역시 해석적 입장을 표명하면서 (1)과 같은 예문에서 발생하는 이완지시적 해석(sloppy identity reading)의 문제점을 해결하기 위해서 스콜러마이즈 선택함수(Skolemized Choice function)를 채택하고 있다.

(1) a. John-i   casin-uy   cha-lul   ssis-ess-ko   Bill-to   pro ssis-essta.
         -Nom self-Gen car-Acc wash-past-and   -also   wash-past
      'John$_1$ washed his$_1$ car and Bill$_2$ also pro<his$_2$ car> washed.'

   b. John-un   caki-ul   pinanhayssko   Mary-to   pro   pinanhaessta.
          -Top self-Acc blamed   -also   blamed
      'John$_1$ blamed himself$_1$ and Mary$_2$ also   pro<herself$_2$> blamed.'

   (1)과 같은 예문들은 pro 분석에 의하면 결속이론 B의 위반으로 이완지시적 해석을 설명할 수 없는 전형적인 pro 분석의 반례로 지적되고 있다. 이와 같은 문제점을 극복하기 위하여 Kurafuji(2019)에서는 pro-분석를 지지하면서 (1a)에 상응하는 (2)와 같은 일본어 예문에서 스콜러마이즈 선택함수로 pro가 세 가지로 해석될 수 있는 현상을 설명할 수 있다고 주장하고 있다.

(2) a. Ken$_2$-wa   zibun$_2$-no kuruma-o   arat-ta.
           -TOP   self-GEN   car-ACC   wash-PAST
    b. Erika$_3$-mo   ∅   arat-ta.

-also   wash-PAST

'Ken₂ washed his₂ car(s). Erika₃ washed ⟨(her₃/his₂/a) car(s)⟩, too.'

   (2b)의 pro에 선택함수를 적용하여 (3)에서 보여주듯이 세 가지 해석을 성공적으로 도출할 수 있다고 한다. (3a)는 비한정/유사 이완지시해석(indefinite/sloppy-like interpretation), (3b)는 이완지시적 해석, (3c)는 엄밀지시해석의 도출을 보여주는 계산 과정이다.[2)]

    (3) a. [$_{IP}$ Erika₃ f[ø] washed] ∼∼> [∃f[CH(f) ∧ WASH(f(CAR))(erika)]

       b. [$_{IP}$ Erika₃ f₁[ø] washed] ∼∼> [∃f[CH(f) ∧ WASH(f$_{erika}$(CAR))(erika)]

       c. [$_{IP}$ Erika₃ f₂[ø] washed] ∼∼> [∃f[CH(f) ∧ WASH(fken(CAR))(erika)]

   (3a)의 비한정/유사 이완지시해석은 선택함수 f가 차들의 집합에서 임의의 차 한대를 선택함으로써 도출되는 해석이다. 반면에 (3b-c)는 모두 스콜러마이즈 선택함수에 의해서 도출되는 해석으로서 만약 선택함수 f가 Erika를 첫 번째 논항으로 선택한다면 (3b)의 이완지시적 해석이, Ken을 첫 번째 논항으로 선택하게 되면 (3c)의 엄밀지시 해석이 각각 도출된다는 것이다.[3)] 본 논문에서는 스콜러마이즈 선택함수를 채택할 필요없이 pro가 네 가지 대용어적 기능(anaphoric function)을 지니고 있음을 경험적 자료를 통하여 보여줄 것이다. 이로써 (1)과 같은 자료에서 제기되는 문제점이 해소될 수 있음을 주장할 것이다.

   그럼 먼저 pro와 영어 대명사가 공통적으로 지니고 있는 대명사 대용화(pronominal anaphora) 속성을 살펴보자.

---

2) (3)에서 화살표 (∼∼>)는 'the next step is' or 'leads to'을 의미한다.

3) Moon(2019)에서 Kurafuji의 스콜러마이즈 선택함수에 의한 분석이 갖는 문제점을 지적하고 있다. 상세한 논의는 Moon(2019)를 참조하기 바란다.

3. 영어와 한국어 대명사의 대용화 현상

3.1 지시적 대명사(Referential pronouns)

(4)의 문장에서 대명사 he는 John을 지시하는 지시적 대명사임을 알수 있다. 이와 마찬가지로 (5)의 한국어 예문에서도 (5a)에서 pro가 John으로 해석되고 있고 (5b)에서도 Bill이 선행어와 동일한 John의 차를 씻었다고 하는 엄밀지시 해석이 가능한 것은 pro가 영어의 대명사와 같이 선행어인 '존의 차'를 지시하는 지시적 대용어의 기능을 지니고 있음을 보여주고 있다. 일본어 예문 (5c)에도 'Dan도 Erika를 초대했다'라는 해석이 가능하다는 것은 pro가 선행어인 Erika를 지시하는 지시대명사임을 알 수 있다.

(4) John$_1$ said that he$_1$ likes Mary.

(5) Referential small pro

    a. John$_1$-i   pro$_1$ Mary-lul cohahanta-ko malhayssta.

        -Nom   -Acc   like-Comp said

      "John$_1$ said that pro<he$_1$> likes Mary'

    b. John-i casin-uy cha-lul ssis-ess-ko   Bill-to pro ssis-essta.

        -Nom self-Gen car-Acc wash-past-and   -also   wash-past

      'John1 washed his$_1$ car and Bill also pro<his$_1$ car> washed.'

    c. Ken-wa Erika$_1$-o   saso-tta.   Dan-mo pro$_1$ saso-tta.

        -Top   -Acc invite-PERF   -also   invite-PERF

      'Ken invited Erika$_1$. Dan invited pro<Erika$_1$>, too.'

                                           (Tomioka 2003: (1))

3.2 동변이 대명사(Co-varying pronominals)

(6)의 예문들을 보면 대명사적 표현이 앞의 선행어와 동변이(co-varying) 하고 있음을 관찰할 수 있다.

(6) a. Every female lawyer$_1$ hopes that she$_1$ will be promoted.
    b. Every baby$_1$'s mother thinks he$_1$'s a genius.
    c. A man$_1$ who sometimes beats his$_1$ wife has more sense than one$_2$ who always gives in to her<his$_2$ wife>.

이와 같은 동변이 대명사들(co-varying pronominals)을 그냥 모두 함께 결속변항 대명사(bound variable pronouns)라는 하나의 명칭으로 부르고 있는데 (6a)의 she와 같은 대명사는 순수 결속변항 대용어(pure bound variable anaphora), (6b)의 he는 E-type 대명사, (6c)의 her는 게으른 대명사(lazy pronouns)로 구조적 의존(dependency)관계와 선행어의 속성에 따라 이들을 세분화하여 구별해서 취급해야 할 것을 강조한다.[4] 영어의 외현적 대명사(overt pronoun)과 마찬가지로 한국어의 영대명사인 pro도 이와 유사한 분포적 양상을 보이고 있음을 관찰할 수 있다.

3.2.1 결속변항 대용어 조건

(7)의 영어 예문들은 결속변항 대용어(Bound Variable Anaphora: BVA)에 해당하는 대명사를 포함하고 있다. 이들이 나타나는 분포를 살펴보자.

(7) a. Every female lawyer hopes that she will be promoted.
    b. Some female lawyer hopes that she will be promoted.

---

4) 동변이 대명사적 양화사에 대한 상세한 논의는 Moon(2017)을 참조하기 바란다.

c. No female lawyer hopes that she will be promoted.

(Déchaine & Wiltschko 2014:5(11))

(7)의 예문을 (8)과 같이 운용자(Operator), 제약부(Restriction), 핵절(Nuclear clause)의 세 영역으로 나타낼 수 있다.

(8) 세 영역으로 구성된 양화 구조(Tri-partite quantificational structure)

Operator	Restriction	Nuclear Clause
a. $\forall x$	female-lawyer(x)	[x hopes that x will be promoted]
b. $\exists x$	female-lawyer(x)	[x hopes that x will be promoted]
c. $\neg \exists x$	female-lawyer(x)	[x hopes that x will be promoted]

(7)에 상응하는 (9)와 같은 한국어 예문의 경우에는 대명사 대신에 pro가 논항 자리를 차지하고 있다. 이 경우도 (10)과 같이 운용자(Operator), 제약부(Restriction), 핵절(Nuclear clause)의 세 영역으로 나타낼 수 있다.

(9) 결속변항 pro(Bound variable pro)

a. taypwupwun-uy sensayngnim-tul-i [onul ohwuey   pro   osintako-ko]
   most-Gen teacher-pl-Nom   today afternoon   come-Comp
   malssumhasyessta.
   said
   'Most of the teachers$_1$ said that pro<they$_1$> would come this afternoon.'

b. motun emeni-nun   pro   casik-i   cacwu   oki-lul   palanta.
   every   mother-Top   child-Nom often   come-Acc want
   'Every mother$_1$ wants pro<her$_1$> child often to come.'

(10)

Operator	Restriction	Nuclear Clause
a. Mostx	Teacher(x)	[x said that x would come this afternoon]
b. $\forall x$	mother(x)	[x wants x's child often to come]

영어와 한국어 자료들을 분석해보면, 대용어인 대명사와 pro의 선행어는 양화사적 속성을 지닌 요소로서 구조적으로 항상 대용어를 성분통어(C-command) 하고 있음을 관찰할 수 있다(Reinhart, T. 1983). (7)의 영어 예문들에서 선행어는 모두 양화사이고 이들은 각각 대명사 she를 성분통어하고 있다. 그리고 한국어 예문에서도 양화사 선행어가 pro 대용어를 성분통어하고 있고 이들이 선행어와 동변이 해석을 하고 있음을 보여준다.

3.2.2. E-type 대명사

에반즈(Evans 1980)는 (11)의 예문들에서 대명사들이 양화선행어에 의해 성분통어(c-command)되지도 않으면서 선행어와 동변이 해석이 발생되고 있음을 관찰하고, BVA와 구별하여 이들 대용어를 E-type 대명사로 부르고 있다(Heim 1990).

> (11) E-type 대명사
>
>   a. [$_{DP}$ [Every baby]$_1$'s mother] thinks he$_1$'s a genius.
>
>   b. [$_{PP}$ In [everyone]$_1$'s own mind], he$_1$ is the most important person in the world.   (Baker 2012: 623(29a))
>
>   c. John left [every party]$_1$ angry at the person who had organized it$_1$.   (Kayne 1994:71)

(12a-b)에서 pro의 선행어는 양화명사구인 '대부분의 선생님'이지만, 이 선행어가 pro를 성분통어하고 있지 않음에도 불구하고 영어예문 (11)에서와 마찬가지로 동변이해석이 되고 있다. 일본어 예문 (12c)에서는 선행어 양화명사구 'someone'이 발음되지 않는 대명사 pro를 성분

통어하고 있지 않지만 동변이 해석이 발생하고 있다.

(12) E-type pro

    a. Hanako-ga taitei-no sensei-o sonkeisi-tei-ru.

       -NOM most-GEN teacher-ACC respect-PROG-PRES

      Taro-mo pro sonkeisi-tei-ru.

       -also respect-PROG-PRES

      'Hanako respects most of the teachers$_1$. Taro respects pro<most of the teachers$_1$>, too.'

    b. John-i taypwupwun-uy sensayngnim-ul miwehaki ttaymwuney

       -Nom most-Gen teacher-Acc hate because

      pro pinanhayssta.

        blamed

      'Because John hates most of the teachers$_1$, he blamed pro<most of the teachers$_1$>.'

    c. Dareka$_1$ kita-ra kono-kagi-o pro$_1$ watasite kudasai

      someone came-if this-key-ACC give please

      'If someone$_1$ comes, please give this key to pro<someone$_1$>

                             (Tomioka 2003: (3a))

영어 대명사와 마찬가지로 (12)의 일본어와 한국어 예문에 있는 pro 선행어는 양화사이지만 선행어와 pro 사이에 성분통어 관계가 성립되지 않음에도 불구하고 동변이 해석이 가능하다. 따라서 결속변항 대용어와 구별하여 E-type 대용어로 분류해야 할 것이다.

3.2.3 게으른 대명사(Lazy pronouns)

비한정명사구를 양화사로 취급할 경우 오류가 발생함을 보여주는 donkey 문장을 살펴보자.

(13) Every farmer who owns a donkey beats it.

(14) a. $\forall x(FARMER(x) \land \exists y(DONKEY(y) \land OWN(x, y)) \rightarrow BEAT(x, y))$

　　 b. $\forall x \exists y((FARMER(x) \land DONKEY(y) \land OWN(x, y)) \rightarrow BEAT(x, y))$

(13) 문장에서 a donkey와 it의 관계에서 a donkey가 it을 c-command 히지 않고 있다. 만약 a donkey를 존재양화사(existential quantifier)로 본다면 대명사 it은 E-type으로 분류해야 한다. 그리고 (14)와 같이 술어논리공식으로 나타낼 수 있다. (14a)의 논리 공식을 보면 조건(conditional) 공식의 결과(consequence) 부분인 BEAT(x, y)에서 y가 존재양화사 운영자(operator)에 의해 결속(bound)되지 않고 있으므로 비정형(ill-formed) 공식임을 알 수 있다. 이러한 오류를 (14b)로 수정하게 되면, 예를 들어 만약 어느 한 농부가 양한마리를 소유하고 있다고 가정하자. 이 경우 농부가 그 양을 때리거나 때리지 않거나 상관없이 (14b)의 전체 논리공식은 참(true)으로 계산되어지게 된다. 왜냐하면 명제논리(propositional logic)에 의하면 조건(conditional) 명제의 경우 선행부(antecedent)가 거짓(false)인 경우는 결과부(consequence)의 진리치(truth value)에 상관없이 항상 참으로 판명되기 때문이다. 따라서 (14b) 또한 잘못된 진리조건임을 알 수 있다. 따라서 비한정명사구 a donkey를 양화사로 취급할 것이 아니라 담화표상이론(Discourse Representation Theory)에 의하면 비한정 명사구는 새로운 담화지시물(discourse referent)을 도입하는 역할을 하는 것으로 취급해야 할 것이다(Heim 1982, Kamp, H. and Reyle, U. 1993, Karttunen, Lauri. 1969). 새로 도입된 담화상의 지시물과 대용어 it의 값이 같이 변하게 되는 것이다. 따라서 donkey 문장의 a donkey는 대명사 it과 동변이 해석을 하게 하지만 선행어가 양화명사구가 아니므로 E-type 대명사와 구별하여 게으른 대명사(lazy pronoun)라는 별칭으로 분류하고자 한다.

영어 예문인 (15)의 문장들과 한국어 예문인 (16)을 고려해보자.

(15) 동변이 대용어: 게으른 대명사 (lazy pronouns)

    a. A man$_1$ who sometimes beats his$_1$ wife has more sense than one$_2$ who always gives in to her<his$_2$ wife>.

    b. The man$_1$ who gave his$_1$ paycheck to his$_1$ wife is wiser than the man$_2$ who gave it<his$_2$ paycheck> to his$_2$ mistress

(Karttunen 1969)

(16) 동변이 pro 대용어: 게으른 pro

    a. John-i$_1$ casin-uy$_1$ cha-lul ssis-ess-ko Bill-to$_2$ pro ssis-essta.

      -Nom self-Gen car-Acc wash-past-and -also   wash-past

    'John$_1$ washed his$_1$ car and Bill$_2$ also pro<his$_2$ car> washed.'

    b. Ken-nun$_1$ caki-uy$_1$ cikap-ul cheyyukkwan-eyse pwunsilhayss-ko

      -Top self-Gen wallet-Acc gym(nasium)-in   lost-and

    Dan-un$_2$ pro bar-eyse   pwunsilhayssta.

    -Top   bar-in   lost

    'Ken$_1$ lost his$_1$ wallet in the gym and Dan$_2$ lost pro<his$_2$ wallet> in the bar.'

(15a)에서 대명사 대용어(pronominal anaphor) her의 형태적 선행어(antecedent)는 his wife이지만 의미적으로는 then 이하 절의 주어인 one과 동변이(co-varying) 한 해석을 하고 있음을 알 수 있다. (15b)에서도 it의 형태적 선행어는 his paycheck으로서 it을 성분통어하지 않고 있다. 그러나 의미적으로는 두 번째 절의 주어인 the man과 동변이 해석을 하고 있음을 볼 때 양화사가 아닌 선행어 the man이 대명사를 성분통어하고 있으며 선행어와 동변이 해석을 하고 있다는 점이 모두 결속변항 대명사와 E-type 대명사의 분포적 속성과 확실히 다른 양상을 보이고 있음을 알 수 있다. 한국어 예문 (16a)와 (16b)에서 pro의 해석이 영어 예문

(15)번과 일치함을 알 수 있다. (16a)에서 pro가 형태론적으로는 앞 절의 '자신의 차'를 선행어로 취하는 것으로 발음되지 않는 대명사 it에 해당한다고 볼 수 있다. 만약 이 pro가 지시적 대명사 대용어(referential pronominal anaphor)라면 엄밀해석(strict reading)으로 '빌이 존의 차를 씻었다'는 해석이 나올 것이다. 그러나 pro가 동변이(co-varying)하는 게으른 pro(lazy pronomimal pro일) 때는 이완해석(sloppy reading)인 '빌도 빌 자신의 차를 씻었다'로 해석된다.5) 그러나 (16b)의 예문에서는 이와 같은 중의성이 발생하지 않는다. 여전히 발음되지 않는 it에 해당하는 pro는 지시적 대용어 pro로 채택될 수 없으며 단지 게으른 pro(lazy pro)로서 이완해석만 가능해진다.

동변이 대용어와 그것의 선행어와의 관계를 요약해보면 표(17)과 같이 정리해볼 수 있겠다.

(17) 외현적/내현적 동변이 대명사적 대용어 분류
(The classification of co-varying overt/covert pronominal anaphors)

동변이 대용어	성분통어	선행어
결속변항 대명사/pro	+	양화사
E-type 대명사/pro	−	양화사
게으른 대명사/pro	+/−	비양화사

3.3 직시적 대명사(Deictic pronominals)

영어 대명사는 위에서 살펴 본 지시적 대명사(referential pronouns)와 동

---

5) (16b)와 마찬가지로 (16a)에서도 이완해석이 더 선호될 것으로 판단된다.

변이 대명사(co-varying pronouns)기능 이외에 직시적 대명사(deictic pronominal) 기능을 지니고 있다. 예를 들면 지금 교실로 들어오는 한 남학생을 쳐다보면서 He is coming이라고 말하는 경우 언어적 선행어(linguistic antecedent) 가 발화되지 않은 상황에서도 화자와 청자는 물리적 공간적 사회적 문맥에서 he에 대한 해석을 할 수 있게 된다. 이러한 대용어적 해석을 유사이완 해석(sloppy-like) 해석이라고 Kurafuji는 칭하고 있다. (2)의 예문을 (18)로 반복하여 보여준다.

(18) a. Ken$_2$-wa   zibun$_2$-no kuruma-o   arat-ta.
        -TOP   self-GEN   car-ACC   wash-PAST
    b. Erika$_3$-mo   ∅   arat-ta.
        -also   wash-PAST
    'Ken$_2$ washed his$_2$ car(s). Erika$_3$ washed <her$_3$ car/his$_2$ car/a car>, too.'

(18b) '에리카도 씻었다'는 세 가지 해석이 나온다. 지시적 pro는 엄밀해석으로 (i) 에리카도 켄의 차를 씻었다 (ii) 동변이하는 게으른 pro 라고 보면 이완해석(sloppy reading)이 도출된다. (iii) 세 번째 해석이 바로 유사이완(sloppy-like) 해석으로서 pro의 직시적(deictic) 기능이라고 하겠다. 발화의 문맥에서 제공되는 청자와 화자가 공유하는 '어떤 차를 씻었 다'로 해석된다는 것이다. 이는 주어진 문맥으로부터 비한정 화용적 해석(indefinite pragmatic interpretation)을 도출하는 것이 가능하다는 것이다.[6] (19)의 한국어 예문에서 우리는 더 많은 경험적 자료를 볼 수 있다.

---

6) 비한정 화용적 해석(indefinite pragmatic interpretation)은 주어진 담화맥락으로부터 제공되는 임의의 사람이나 사물을 의미한다. 이런 유형의 해석을 유사이완 해석이라 칭한다.

(19) a. John-i [pro   Mary-lul cohahanta-ko] malhaysta.

      -Nom   -Acc likes-Comp   said

    'John said   pro<someone> likes Mary.'

   b. pro [John-i   Mary-lul cohahanta-ko] malhaysta.

         -Nom   -Acc ikes-Comp   said

    'pro<Someone> said John likes Mary.'

   c. taypwupwun-uy sensayngnim-tul-i onul ohwuey pro osintako-ko]

      most-Gen teacher-pl-Nom today afternoon   come-Comp

      malssumhasyessta.

      said

    'Most teachers said that pro<someone> would come this

    ternoon,'

(19a)에서는 pro가 중의적으로 해석 된다. 지시적 대용어(referential anaphor)의 기능을 할 경우는 pro가 '존'으로 해석될 것이다. 반면에 직시적 대용어(deictic anaphor) 기능을 할 경우는 담화 문맥에서 제공되는 '어떤 사람'으로 해석됨으로써 중의적 해석이 발생하게 된다. 그러나 (19b)에서는 직시적 대용어의 해석만이 가능해진다. (19c)에서는 앞에서 본 바와같이 pro가 결속변항 대용어(bound variable anaphor)로 해석이 될 경우는 선행어와 같은 대부분의 선생님의 집합으로 해석이 된다. 그리고 또 문맥에 따라서 직시적 대용어 해석인 '어떤 사람(someone)'의 해석도 가능하다.

4. N'-대체 대용어(N'-substitute anaphor)

영어 대명사와는 달리 한국어 pro에서는 N'-대체 기능을 관찰할 수있다. 영어의 비한정 대용어 one에 해당하는 N'-대체(N'-substitute) 기능

을 pro가 추가로 가질 수 있는 것은 영어와 달리 한국어와 일본어는
관사가 없는 언어라는 사실에서 그 근거를 찾을 수 있다. (20)와 (21)의
예문을 비교해보자.

> (20) a. There is a picture above the mantelpiece and one over the desk.
>
> b. We need some balloons now and we need some (ones) tomorrow.
>
> c. We need 10 balloons now and we need 20 (ones) tomorrow.
>
> (Kearns, Kate. 2011)

> (21) N'-대체 pro 대용어
>
> a. John-un   halwuey   tampay-lul   twukap   phiwuci-man
>
>   -Top a day   cigarette-Acc two pack smoke-but
>
> Bill-un   pro   hankap-man   phiwunta
>
>   -Top   one pack-only   smoke
>
> 'John smokes two packs of cigarettes a day, but Bill only smokes a
> pack of **ones.**'
>
> b. ecey-nun   ppalkan-sayk sukhaphu-lul   hayss-ko   onul-un
>
> yesterday-Top red-color   scarf-Acc   wore-and   today-Top
>
> phalansayk pro-ul   hayssta.
>
> blue color   -Acc   wore.
>
> 'Yesterday I wore a red scarf and today a blue one.'

영어의 비한정적 one은 동지시물의 해석이 아니라 선행하는 핵 명
사(head noun)에 의존적인 해석을 하게 한다는 점에서 대용어라고 부를
수 있다. (20)에서 뒤의 one은 선행하는 지시물과 동일한 지시물은 아
니지만 핵 명사와 같은 해석을 하고 있음을 알 수 있다. 즉 다른 그림,
다른 풍선의 해석을 각각 하게 한다. 이와 마찬 가지 현상을 한국어
pro해석에서도 인지할 수 있다. (21)의 예문에서 각기 다른 담배와 스
카프의 해석이 가능하기 때문에 영어의 비한정 대용어 one과 일치하

는 기능을 지니고 있음을 확인할 수 있다.

지금까지 살펴본 경험적 자료에 근거하여 한국어 pro 대용어는 영어의 외현적 대명사 기능 이외에도 영어의 비한정 one의 기능을 추가로 지니고 있음을 주장한다.

5. 재귀적 대용어(Reflexive Anaphor)

(22)와 같은 영어문장과 이에 대응하는 한국어 예문 (23)을 비교해보자.

(22) John criticized himself and Mary also criticized herself.
(23) 재귀사 pro 대용어[7]
John-un (caki)casin-lul pinanhayssko. Mary-to pro pinanhaystta.
　　 -Top 　　 self-Acc blamed 　　 -also 　　　 blamed
'John₁ blamed himself₁ and Mary₂ also pro<herself₂> blamed.'

영어문장 (22)에서 재귀사(reflexive) herself가 나오는 자리에 한국어 예문 (23)에서는 pro가 나올 수 있음을 관찰할 수 있다. 이때 pro가 영어 예문과 마찬가지로 Mary 자신의 해석이 가능하다는 것은 pro에 재귀사적 기능이 있음을 확인할 수 있다. 즉 재귀사 pro가 삽입된다면 (23)에서 이완지시 해석(sloppy reading)이 발생하게 되는 것이다. (23)에서 엄밀해석(strict reading)인 '메리도 존을 비난했다'가 도출된다면 지시적 pro를 사전(lexicon)으로부터 삽입했다고 설명할 수 있다. 다시 말하자면 한 문장에서 중의적 해석이 발생한다는 것은 문맥에 따라서 어떤 기능을

---

7) caki를 한국어의 재귀대명사로 취급할 것인지 아니면 대명사로 간주할 것인지는 논란의 여지가 많다. 반면에, cakicasin은 caki+casin으로 caki없이 casin만으로도 재귀대명사의 역할을 하는 것으로 일반적으로 받아들여지고 있다.

하는 pro를 선택하는지가 결정한다는 것이다.

6. 결론

지금까지 한국어의 영논항은 기저 생성된 pro로서 영어의 대명사와 마찬가지로 선행어를 지시하는 지시적 대명사(referential pro)의 속성 뿐 아니라 pro가 동변이 대명사(co-varying pronominal)의 특징을 보임을 주장했다. 그리고 동변이 대명사를 세분화하여 양화사 선행어에 의해 성분통어 되는 결속변항 대명사, 양화사 선행어에 의해 성분통어 되지 않는 E-type 대명사, 선행어가 양화사가 아니지만 대명사와 동변이 해석을 가능하게 하는 게으른 대명사의 세 가지로 구분하여 분류했다. 그리고 한국어 pro도 이와 일치하는 세 가지 타입의 분포를 보이고 있음을 비교 분석함으로써 한국어 pro가 영어 대명사에 해당함을 주장했다. 이와 같은 pro의 대명사적 기능 이외에도 언어적 선행어(linguistic antecedent)가 결여되었다 할지라도 청자와 화자가 공유하는 담화상황에서 대명사의 해석을 가능하게 하는 직시기능(deictic function)을 영어 대명사와 마찬가지로 pro도 지니고 있으며, 나아가서 재귀적(reflexive) 속성, 영어의 비한정 대용어(indefinite anaphora)인 one과 같이 N'-대체어(N'- ubstitute) 기능도 지니고 있다는 점에 있어서 영어의 대명사보다 더 포괄적인 속성을 지닌 대용어임을 논의했다.

결론적으로 말하자면, 한국어와 같이 영논항을 허용하는 언어에서는 영논항이 pro로서 사전 상에 pro의 대용어로서의 다기능(multifunctions)이 수록되어 있음을 주장한다. 따라서 문맥에 가장 적합한 pro의 대용어 기능을 선택함으로써 pro를 포함하고 있는 한국어 문장의 중의성은

담화문맥에 따라서 명시적으로 가장 적절한 해석을 가능하게 하는 것
이다.8)

---

8) 한국어 영대명사 pro가 지닌 다기능적 속성은 한국어가 담화지향언어(discourse oriented
   language)로 분류되는 점과도 일맥상통한다고 할 수 있다. 다시 말하자면 담화 지향적
   언어는 범언어적으로 주로 한국어와 같이 pro를 허용하는 언어로서 예측 가능하다. 이
   에 대한 구제적인 논의는 후속 연구로 남겨둔다.

참고문헌

Abe, Jun. 2009. Identification of null arguments in Japanese. Ms., Tohoku Gakuin University.

Ahn, H.-D. and S. Cho 2011c. On sloppy-like interpretation of null arguments. Linguistic Research 28(3): 471-492.

Ahn, Hee-Don and Sungeun Cho. 2012a. On the nature of zero realization of arguments: A reply to Lee (2011). In *Linguistic Research* 29(1):1-20.

Ahn, Hee-Don and Sungeun Cho. 2012b. On null arguments and clausal ellipsis in Korean. Language and Linguistics 57: 95-123.

Baker, Chris. 2012. Quantificational binding does not require c-command. *Linguistic Inquiry* 43.4:614-633.

Choi, K-Y. 2013. A Review on Korean 3rd person pronoun *ku*. In Studies in Generative Grammar 23(3):527-558.

Déchaine, Rose-Marie & Wiltschko, Marina. 2014. Bound Variable Anaphora. *Syntax Handbook*, 08 November 2014.

Evans, Gareth. 1980. Pronouns. *Linguistic Inquiry* 11.2:337-362.

Funakoshi, K. 2016. Verb-stranding verb phrase ellipsis in Japanese. Journal of East Asian Linguistics, 25, 113-142.

Hasegawa, N. 1984/1985. On the so-called "zero pronouns" in Japanese. The Linguistic Review, 4, 289-341.

Heim, Irene. 1990. 'E-Type Pronouns and Donkey Anaphora'. Linguistics and Philosophy 13: 137-177.

Heim, Irene. 1982. The Semantics of Definite and Indefinite Noun Phrases. University of Massachusetts Amherst PhD dissertation.

Hoji, H. 1998. Null object and sloppy identity in Japanese. Linguistic Inquiry, 29, 127-152.

Huang, C.-T. James. 1991. Remarks on the status of the null object. In R. Freidin (Ed.), Principles and parameters in comparative grammar (pp. 56-76). Cambridge, MA: MIT Press.

Kamp, H. and Reyle, U. 1993. From Discourse to Logic. Kluwer, Dordrecht.

Karttunen, Lauri. 1969 Problems of Reference in Syntax. Ph.D. dissertation. Indiana

University.

Kayne, Richard. 1994. *The Antisymmetry of Syntax*. *MIT* Press.

Kearns, Kate. 2011. Semantics. Macmillan.

Kim, Soowon. 1999. Sloppy/strict identity, empty objects, and NP ellipsis. Journal of East Asian Linguistics 8:255–284.

Kurafuji, Takeo. 2019. A choice function approach to null arguments. Linguist and Philos 42:3–44.

Liu, C.–M. L. 2014. A modular theory of radical 'pro' drop. Doctoral dissertation, Harvard University.

Moon, G–S. 1989. *The Syntax of Null arguments with Special Reference to Korean*. Doctoral dissertation, The University of Texas at Austin,

Moon. G–S. 1991. Identification of Null Arguments. *Studies in Generative Grammar* 2.1.

Moon, G–S. 2010. Null Arguments Redux. *The Linguistic Association of Korea Journal*. 18(1). 67–92.

Moon, G–S. 2015. A Non–isomorphism Approach to Null–Argument Anaphora in Korean. In *Studies in Generative Grammar* 25.1: 217–236.

Moon, G–S. 2017. Co–varying pronominal Anaphors: Focusing on Bound Variable Pronouns. *Studies in Generative Grammar* 27.1.

Moon, G–S. 2019. On the Validity of the Skolemized Choice Function Approach to small pro anaphora in Korean. In *Studies in Generative Grammar* 29.2: 413–439.

Oku, Satoshi. 1998. *A theory of selection and reconstruction in the minimalist perspective*. Doctoral dissertation, University of Connecticut.

Movement. Studies in Generative Grammar 19.4: 577–599.

Otani, K. & Whitman, J. (1991). V-raising and VP-ellipsis. Linguistic Inquiry, 22, 345–358.

Park, Myung-Kwan 2014. Some Remarks on the Licensing Condition on the Null Argument in Korean (and Japanese). In *Studies in Generative Grammar* 24(2): 499–514.

Reinhart, T. 1983. Anaphor and Semantic interpretation. Chicago IL, The University of Chicago Press.

Tomioka, Satoshi. 2003. The semantics of Japanese null pronouns and its cross–linguistic implications. In K. Schwabe & S. Winkler (Eds.), *The interfaces: Deriving and interpreting omitted structures* (pp.321–339). Amsterdam: John Benjamins.

Um. Hong–Joon. 2011. The Nature of the Null Arguments in Korean. *Studies in Modern Grammar* 63, 73–93.

제 3 장

한국어 영논항에 대한 재고*

안 희 돈 · 조 성 은

1. 서론

많은 연구들이 한국어의 영논항(null argument)의 분포와 해석에 주목하였다. 흥미롭게도 한국어는 비한정절 뿐만 아니라 한정절에서도 영논항(null argument)을 허용하는 언어이다. 가령 (1b)에서는 주어에, (2b)에서는 목적어에 (1a)나 (1b)의 대명사와 대응되는 영논항을 설정할 수 있다.

(1) a. 철수가 말했다, [그가 영희를 만났다고].
  b. 철수가 말했다, [__ 영희를 만났다고].
(2) a. 철수가 말했다, [영희가 그를 만났다고].
  b. 철수가 말했다, [영희가 __ 만났다고].

---

* 본 장은 안희돈 & 조성은(2019, 2020)의 주요 논점을 다시 정리한 내용임을 밝힌다.

　(1b), (2b)와 같은 영논항을 대명사가 발음되지 않은 공대명사로 보면, 영어의 대명사처럼 한국어의 공대명사 pro는 선행사에 의해 결속되거나 담화상의 대상을 지칭할 수 있다고 볼 수 있다.

　영논항에 pro가 관여되었다고 보는 분석은 크게 두 가지 유형으로 나눌 수 있다. 첫 번째는 pro가 비한정(indefinite) 명사를 포함하여 명사를 직접 대치할 수 있다는 것으로 Ahn & Cho(2012a,b, 2013)의 분석을 들 수 있다. 이러한 견해를 pro의 '명사 분석'으로 불러보자.

　(3) A: 순희가 맥주 세병을 마셨어 (Ahn & Cho 2012a,b, 2013)
　　　B: 영희도 __ 마셨어.
　　　B': 영희도 맥주를 마셨어.

　(3B)의 영논항이 (3B')와 같다는 것인데, 구조로 표현하면 (4)와 같다.

　(4)

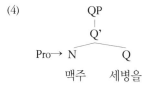

　이 분석에 따르면 pro가 보통명사 '맥주'를 직접 지칭한다. 이러한 분석은 (5)와 같은 예문을 잘 설명한다(Ahn & Cho 2012:20).

　(5) a. 순희가 맥주 세병을 마셨어.
　　　b. 영희도 __ 마셨어. 그런데 영희는 두병을 마셨어.
　　　c. 영희도 맥주를 마셨어. 그런데 영희는 두병을 마셨어.

　(5b)의 영논항이 포함된 발화 다음에 '그런데 영희는 두병을 마셨어'

와 같은 발화가 뒤따라 나올 수 있는데, 유사한 현상이 (5c)에도 관찰
된다. (5c)에는 영논항이 나타난 위치에 명사구가 나타나는데 그 다음
에 '그런데 영희는 두병을 마셨어'와 같은 발화도 역시 가능하다.

영논항 구문에 pro가 관여된다는 또 다른 유형의 분석은 영논항을
단순히 대명사의 음성적 비실현으로 분석하는 것이다. Ahn & Cho
(2009, 2010, 2011a, b)의 영논항 분석에서는 한국어의 영논항을 모두 대명
사의 음성적 비실현으로 보았는데, 이를 더 구체화한, 안희돈 & 조성
은(2019, 2020)의 분석에 따르면 pro는 '그', '그녀', '그것', '그들', '그것
들'과 같은 대명사의 실질적인 영실현(covert realization of pronoun)임을 재차
강조하고 있다. 이 분석에 따르면 (3B)의 영논항은 '그것을'의 영실현
이다.

(3) A: 순희가 맥주 세병을 마셨어.
    B: 영희도 __ 마셨어.
    C: 영희도 그것을 마셨어.

이러한 분석을 '명사 분석'과 구별하여 '대명사 분석'이라고 부르겠
다. 대명사 분석이 예측하는 바는 다음과 같이 포착된다.

(6) a. 순희가 맥주 세병을 마셨어.
    b. 영희도 __ 마셨어. 그런데 영희는 두병을 마셨어.
    c. 영희도 그것을 마셨어. 그런데 영희는 두병을 마셨어.

즉 영논항을 대명사로 대치했을 때도 후행절에 '그런데 영희는 두
병을 마셨어'와 같은 발화가 가능하기 때문이다.

Pro의 대명사분석을 부정하는 사람들은 (3C)의 '그것을'이 엄밀지시

해석만 가능하다고 주장한다. 그러나 이와 관련해서 화자 간 변이가 관찰된다. 필자들을 포함해서 (3B)가 이완지시해석과 유사이완지시해석을 가진다고 보는 화자들이 적지 않다.[1][2] 이 해석들 중 이완지시해석과 유사이완지시해석이 영논항의 대명사 분석에서도 잘 설명될 수 있는지가 핵심 쟁점이다.[3] 본 장에서는 내명사 분석에 문제가 되는 변인들을 고찰하고 이러한 현상이 영어와 같은 다른 언어에도 관찰되는지 추가로 살펴보고자 한다. 2절에서는 대명사의 단수와 복수, 인간과 사물이라는 변수가 대명사 분석과 관련하여 어떤 예측을 하는지 살펴보고, 3절에서는 대명사의 이완지시해석에 많은 변수가 있음에도 불

---

1) Moon(2010, 2015, 2017, 2019)은 한국어 영대명사가 영어의 대명사와 유사한 양태를 보인다고 관찰함으로써 본 분석과 접점이 많다. 허나 Moon의 분석과 달리 본 분석은 한국어의 영논항이 대명사의 암묵적 형태(silent form)임을 주장한다.

2) 안희돈 & 조성은(2019, 2020)에서 주목하는 바는 영논항과 대명사의 해석의 유사성이다. (6B)의 영논항의 선호되는 해석이 엄밀지시해석이고 (6B')의 '그것을'의 선호되는 해석도 엄밀지시해석이다. 문법성 판단을 요청한 화자들 중 (6B)의 이완지시 해석이 가능하다고 판단한 사람들은 그 이유가 선행절과 영논항이 나타난 절 사이의 평행성에 있다고 본다. 만약 두 절 사이에 평행성이 깨지는 경우에는 영논항구문이건, 대명사 구문이건 이완지시해석이 사라진다고 판정한다. 두 문장사이에 평행성이 없는 (i)에서는 영논항과 대명사 모두 엄밀지시해석만 가능하다.

  (i) 철이가 사과 두 개를 가져왔다. 그래서 영이가 그것들을/pro 먹었다.
(i)에서 영논항과 '그것들을' 모두 '철이가 가지고 온 사과'를 의미하지 다른 사과를 지시할 것 같지 않다. 이와 같이 평행성이 나타나는 맥락과 평행성이 배제되는 맥락 모두에서 영논항과 대명사의 해석이 동일하다. 영논항을 대명사의 영실현으로 간주하는 본 분석에서 이를 잘 설명한다고 본다.

3) Merchant(2013)은 이완지시해석 자체가 생략이 일어났다는 직접적인 증거가 될 수 없다고 한다. 그는 생략이 일어날 수 없는 (i-abc)와 같은 구문들이나 (i-d)와 같은 'paycheck' 예문에서 대명사의 이완지시해석이 가능함을 보여준다.

  (i) a. Ralph ate his ice-cream with a spoon, and Seymour did the same thing.
   b. Harvey stubbed his toe on the doorstop, and it happened to Max, too.
   c. Undergraduates can be covered under their parents' health plans if desired;
    {likewise for graduate students. | that goes for grad students, too.}
   d. A professor who pays down her mortgage with her paycheck is wiser than one who
    gambles it away in online poker.
  관련 논의는 Hoji(1998), Culicover & Jackendoff(2005), Frazier(2013) 참조.

구하고 영논항을 명사구생략이나 명사구대치가 아닌 대명사의 암묵적 실현으로 보는 분석의 장점을 살펴본다. 4절은 결론이다.

2. *Pro* 분석에 문제가 될 수 있는 변수

영논항의 이완지시해석에는 화자 간 변이가 없는데, 명시적 대명사에는 이완지시해석에 많은 변수들이 작용하는 어려움이 있다. 본 장에서는 영논항을 대명사로 분석하는데 있어서 이완지시해석과 관련된 다양한 변수를 면밀히 고찰하고자 한다.

2.1 단수와 복수

대명사의 이완지시해석의 가능성은 해당 대명사가 단수인지 복수인지에 따라 차이가 나는 것으로 보인다. Kang(2009:6)은 다음 (7)에서 한국어의 단수대명사 '그/그녀'는 이완지시해석을 유도할 수 없다고 보았다.[4]

> (7) 존이ᵢ 그의ᵢ 엄마를 미워하고 빌도 그랬다.
>   a. (sloppy) *Bill is an x such that x hates x's mother.
>   b. (non-sloppy) Bill is an x such that x hates John's mother.

---

4) Kang(2009)와 Kang(2011)은 단수대명사가 결속변항해석을 가지기 어렵고 선행절에 단수 대명사가 나타날 때 '그랬다' 구문이 이완지시해석을 가질 수 없음에 주목하였다. 이들 구문은 이 글에서 고찰하고 있는 영논항구문과는 통사적으로 다른 구조를 가지고 있다고 보는 것이 일반적인 견해이다. 우리는 다른 구문의 이와 같은 관찰이 영논항의 대명사 분석에도 적용되고 있음을 보이고자 한다.

이는 (8)의 '그녀'와 (9)의 '그'가 결속변항해석(bound variable interpretation)을 가질 수 없는 사실과 관련이 있다고 보았다.

(8) *모든 소녀가ᵢ 그녀가ᵢ 이하선염에 걸렸다고 생각했고 선생님도 그랬다.

(9) *모든 이가ᵢ 존이 그를ᵢ 비판했다고 말했다.

반면 Kang(2011:16)은 단수대명사와는 달리 복수대명사 '그들'은 결속변항해석을 가질 수 있다고 보았다. Kang(2011)에 따르면, (10a)의 '그'와 달리 (10b)의 '그들'은 결속변항이 가능하다.[5]

(10) a. *어느 버스회사나ᵢ 그의ᵢ 회사를 추천했다.

   b. 어느 버스회사나ᵢ 그들의ᵢ 회사를 추천했다.

같은 맥락에서 단수대명사가 쓰인 (8)과는 달리 복수대명사가 쓰인 (11)에서는 이완지시해석이 가능하다는 것이다.

(11) 모든 소녀가ᵢ 그들이ᵢ 이하선염에 걸렸다고 생각했고 선생님도 그랬다.

이러한 Kang(2009, 2011)의 관찰에 기초하여 영논항의 대명사 분석의 대표적인 반례인 다음과 같은 예문을 설명할 수 있다(cf. Saito 2007:5).

---

5) Evans(1977)는 every + 보통명사 다음에 복수대명사가 와야 E-type 대명사용법으로 쓰인다고 했는데 다음의 예문이 이러한 경우를 보여 준다.

   (i) a. Every manᵢ walked in. *I saw himᵢ.

      b. Every manᵢ walked in. I saw themᵢ

두 번째 문장의 E-type 대명사의 해석은 각 사람이 들어오는 것을 하나의 사건으로 만들어 버리는 것이므로 복수대명사가 사용된다.

(12) A: 선생님은 모든 1학년 학생에게 자기의 친구를 오게 했다.

　　 B: 그러나, 2학년 학생에게는 ＿ 못 오게 했다.

　　　 [엄밀지시해석 & 이완지시해석]

　　 B': 그러나, 2학년 학생에게는 그를 못 오게 했다.

　　　 [엄밀지시해석만 가능]

(12B')은 (12B)와는 달리 이완지시해석이 잘 안 나온다. 따라서 (12)와 같은 경우는 영논항의 대명사 분석에 문제가 될 수 있다. 그러나 아래 (13B)처럼 복수대명사로 대체하면 이완지시해석이 가능해진다(안희돈 2012:147-148).[6]

(13) A: 선생님은 모든 1학년 학생에게 자기의 친구를 오게 했다.

　　 B: 그러나, 2학년 학생에게는 그들을 못 오게 했다.

　　　 [이완지시해석 가능]

결국 대명사가 단수형으로 쓰였는지 복수형으로 쓰였는지에 따라 이완지시해석의 가능성이 달라지는 것을 알 수 있다. (13)에서 선행사가 재귀사를 포함하고 있는데, 복수대명사가 사용되어 집단을 지시하거나 배분적인 해석을 가지는 경우 모두 대명사의 이완지시 해석이 가능한 듯하다.[7]

---

6) 복수형인 대명사가 어떤 이유에서 이완지시해석을 촉진시키는 것인지 의문이 제기될 수 있다. 복수형이 되면 유일성 효과가 완화되어 같은 타입이지만 다른 토큰을 지시하게 되어 이완지시해석이 용이해진다고 볼 수 있다.

7) Hoji(1998)식으로 분석하면 (12B)의 영논항이 비한정 명사(indefinite noun)의 대용화에 해당하는 pro이다. 그렇다면 다음과 같은 문장도 이완지시 해석이 가능해야 하나 그러한 해석이 불가능하다.

　(i) A: 선생님은 모든 1학년 학생에게$_i$ 자기의$_i$ 친구를 오게 하였다.

　　 B: 그러나 2학년 학생에게는 친구를 못 오게 하였다.

　　　 (이완지시 해석 불가능)

흥미로운 사실은 영어에서도 비슷한 현상이 관찰된다는 것이다. Tomioka(2014:253-254)에는 영어에서도 일반적으로 단수대명사와 달리 복수대명사의 경우 이완지시해석이 가능하다고 보고하고 있다.[8]

(14) a. Johnny worships his father, but Bobby finds him annoying.
(이완지시해석 불가)
   b. Johnny loves his grandparents, but Bobby ́ finds them overbearing.
(??이완지시해석)
   c. Professor A treats his students with respect, but Professor B treat them like idiots. (이완지시해석 가능)

(14a)의 him은 쟈니의 조부모를 지시하는 것만으로 해석되나, 바비의 조부모를 지시하는 것으로 해석될 수 없다. (14b)의 them은 쟈니의 조부모를 지시하는 해석뿐만 아니라, 바비의 조부모를 지시하는 해석도 가능하다고 한다. 또한 (14c)의 them은 A교수의 학생들을 지시하는 해석뿐만 아니라 B교수의 학생들을 지시하는 해석도 가능하다. 따라서 한국어와 마찬가지로 영어의 복수대명사도 이완지시해석이 잘 되는 것은 보편적인 언어현상으로 볼 수 있다(관련 논의는 Kurafuji 1999 참조).

2.2 인간과 사물

대명사의 이완지시해석과 관련된 또 다른 변수는 대명사가 인간을 지칭하는지, 사물을 지칭하는지의 여부이다. 안희돈(2012:133-134)은 이완

본 분석에서는 pro가 대명사의 암묵적 형태이지 비한정 명사(구)의 암묵적 형태로 보지 않기 때문에 (i)은 본 논문의 주장에 문제가 되지 않는다.
8) Tomioka(2014)에서는 이러한 흥미로운 영어자료를 제시하고 있으나 아쉽게도 이를 일본어의 영논항과 연관지어 설명하고 있지는 않다.

지시해석 가능성이 해당 대명사의 인간다움(humanness) 여부와 관련이 있음을 관찰하고 있다.[9][10]

> (15) A: 영희가 미국 차를 샀다.
> B: 철수도 __ 샀다.
> C: 철수도 그것을 샀다.　　　　　　　이완지시해석 가능
> (16) A: 영희가 미국 남자를 만났다.
> B: 철수도 ____만났다.
> C: 철수도 그를 만났다.　　　　　　　이완지시해석 불가

(15C)의 '그것'의 경우, 이완지시해석을 가진다는 화자가 있는 반면, (16C)의 '그'의 경우, 모든 화자들이 엄밀지시해석만이 가능하다고 판단한다. 안희돈(2012:150)는 대명사 논항의 이완지시 해석의 가능성이 인간다움(humanness)에 반비례한다고 보았다. 가령 인간다움의 계층성(humanness hierarchy)을 '그분 > 그 > 그것'으로 가정해 볼 때, (17)에서 주목할 점은

---

9) 안희돈 & 조성은(2019)에서는 (15C)의 '그것'이 이완지시해석을 가지는 것에 대한 화자 간에 이견이 있을 수 있다는 것을 지적한다. '그것'이 이완지시 해석을 가질 수 없다는 화자들은 이 경우 영논항만이 가능하다고 판정하고 (15C)와 같은 발화를 허용하지 않는다. Han et al.(2019)의 실험에서 '그'의 유사이완지시 해석이 가능한 화자들은 '그'의 결속변항 해석을 허용하는 경향이 있지만, 전자가 불가능한 화자들은 후자도 잘 허용하지 않는 결과가 나왔다. Kim & Han(2016)은 '그'의 결속변항 해석과 관련한 실험적 연구를 진행하였는데 화자 간 변이와 관련하여 Han et al(2007)의 두 개의 문법가설 (Two Grammar Hypothesis)이 작용한다고 보았다. 즉 '그'가 결속변항적인 해석을 가진다고 보는 화자들은 '그'를 대명사로 인식하는 문법을 습득하였고, 그렇지 않은 화자들은 '그'를 지시사로만 인식한다는 것이다. 유사한 분석이 (15C)의 적격성과 관련하여 가능할 것으로 보인다. 즉 대명사가 명시적으로 나타나는 곳에서 이완지시 해석의 가능 여부에 화자 간의 변이가 있는 것도 화자들 간에 두 개의 문법 가설이론이 공존할 수 있음을 보여준다고 할 수 있다.

10) 안희돈(2012:145–146)은 영논항을 pro로 분석하고 이 pro가 지칭하는 것을 비한정 명사구로도 분석하고 대명사로도 분석하는, 이중적인 입장을 취하고 있다. 이런 점에서 pro를 대명사로 일률적으로 분석하는 안희돈 & 조성은 (2020)의 분석과 차이가 있다.

영희의 집을 조사한 경찰과 다른 경찰이 철수의 집을 조사했다는 해석이 가능한지의 여부이다.

> (17) A: 경찰이 영희의 집을 조사했다.
>   B: __ 철수의 집도 조사했다.   엄밀 & 이완지시해석
>   C: 그분들이 철수의 집도 조사했다.   엄밀지시해석
>   D: 그들이 철수의 집도 조사했다.   부분적으로 이완지시해
>   석 가능
>   E: 그것들이 철수의 집도 조사했다.   이완지시해석 가능

복수대명사가 사용된 (17D)의 경우, 부분적으로나마 이러한 이완지시해석이 가능하다. 또한 경찰이 인간을 지칭하지만, (17E)처럼 경찰을 비하하여, 인간다움이 떨어지는 '그것'을 사용하였을 때 이완지시 해석의 가능성이 높아진다. 또한 (17E)의 '그것들'의 경우, 인간다움의 부재와 아울러 함께 사용된 복수 접미사 '들'로 인해 이완지시해석이 더 용이해 졌다고 판단된다. 반면 (17C)의 '그분들'처럼 존칭을 부여하게 되면 인간다움을 높여주는 효과가 생겨 이완지시해석은 더욱 어려워지게 된다고 볼 수 있다.

인간다움과 복수 접미사 '들'이 함께 이완지시해석에 영향을 미치는 또 다른 예문을 살펴보자.[11]

---

11) '인간다움'이라는 요인과 '단/복수' 요인 간에 위계가 있는지 의문이 제기될 수 있다. 가령, (17)을 보면 모두 복수 형태라도 인간다움이 낮을수록 이완지시해석이 더욱 용이해지는 반면('그분들이 < 그들이 < 그것들이'), (18)의 경우 인간다움이 동일할 경우 단수보다 복수형이 이완지시해석 가능성을 높이는 것('그를 < 그들을')을 보건데 두 요인 간 위계는 설정하기가 어려울 것처럼 보인다. 논평자가 지적한 것처럼 (18A)에 이은 발화로 인간다움은 고정한 채 단/복수 요인에서 대조적인 '그분'과 '그분들을' 비교했을 때 어떤 결과가 나오는지 살펴보자.
> (i) A: 철수가 어제 깡패를 만났다.
>   B: 영희도 오늘 그분을 만났다.

(18) A: 철수가 어제 깡패를 만났다.
　　B: 영희도 오늘 ＿ 만났다.
　　C: 영희도 오늘 그를 만났다.
　　D: 영희도 오늘 그들을 만났다.
　　E: 영희도 오늘 그것들을 만났다.

영논항이 사용된 (18B)는 엄밀지시해석과 이완지시해석이 둘 다 가능하다. 반면, '그'가 사용된 (18C)는 영희도 철수가 만난 그 깡패를 만났다는 엄밀지시해석만이 가능하다. 반면 인간을 지시하는 복수대명사 '그들'이 사용된 (18D)도 영희가 철수가 만난 깡패와 다른 깡패를 만났다는 해석이 어느 정도 가능하다. 그런데 깡패를 비하하여, 인간다움이 감소된 복수형 대명사 '그것들'이 사용된 (18E)는 (18D)보다 이완지시해석이 더 용이하다.

결론적으로 이완지시해석은 인간다움에 반비례하고 대명사의 복수형에서 더 잘 나온다고 볼 수 있다. 기존의 영논항과 대비되는 예들은 대부분 휴먼 단수 대명사 '그/그녀'가 쓰였기 때문에 이완지시해석이 도출되기 어려웠던 것이다.

한편 인간다움과 이완지시해석의 가능여부는 영어자료에서도 관찰되는데, Tomioka(2014:253-254)는 인칭대명사에 비해 비인칭대명사 (impersonal pronoun)의 경우 이완지시 해석이 더 가능하다고 한다.

(19) a. Bertha writes her papers by herself, but Carla usually co-authors

---

C: 영희도 오늘 그분들을 만났다.
주목할 점은 깡패를 '그분/그분들'로 지칭하는 경우에는 비꼬는 표현이므로 '인간다움'이 높아진다고 볼 수 없다고 본다는 것이다. 이런 점에서 '그분/그분들'은 깡패를 비하한 표현인 '그것/그것들'과 유사하다고 볼 수 있다. 단수형 '그분'보다는 복수형 '그분들'의 이완지시해석이 더 용이하다고 본다.

them with others. (?이완지시해석)

b. Johnny lost his virginity at 18, and Timmy lost it at 20.
(이완지시해석 가능)

Tomioka(2014:253-254)에 따르면, (19a)의 them은 이완지시 해석을 가질 수 있고, (19b)의 it도 이완지시해석을 가지는데, 둘 다 지시대상이 사람이 아니라는 공통점을 지니고 있음을 지적한다. 이는 이완지시해석의 가능 여부가 인간다움과 반비례한다는 일반화가 언어 보편적 현상일 수도 있다는 것을 암시한다. 이것은 추후에 밝혀야 할 주요한 의제로서 후속연구로 미루기로 한다.[12]

3. 대명사 분석의 장점

이 절에서는 대명사의 이완지시해석과 관련된 여러 변수에도 불구하고 영논항을 대명사의 암묵적 형태로 분석하는 것이 더 설득력이 있다고 보는 장점을 논의한다.

3.1 작용역

영논항에 대한 명사구 생략(NP Ellipsis) 분석보다 안희돈 & 조성은(2019,

---

12) 인간다움'이란 자질이 과연 어떤 문법 층위(통사, 의미, 담화 등)에서 해석에 영향을 미치는 것인지, 동일 자질이 존재함을 입증해줄 독립적인 근거는 있는지 의문이 생길 수 있다. Cagri(2005)는 터키어의 인간 명사구의 특별한 분포를 설명하면서 [+human]이 일치자질의 하나로서 어휘부에서 명사와 함께 인출되어 나와 통사부에서 점검을 받는 분석을 제시하고 있는데 이와 같은 방향의 연구를 한국어의 인간다움 자질에 민감한 현상들에 적용해 볼 만하다.

2020)의 대명사 분석이 더 설명력이 있다는 증거가 작용역과 관련하여 관찰된다. Tomioka(2014:258)는 일본어에서 선행사가 극성요소(polarity item)인 경우 이를 지칭하는 영논항은 극성을 잃는다는 다음의 사실에 주목하였다.

(20) a. Mari-wa [Yumi-ka Kana-ni]   aw-anak-atta.
　　　 M.-Top　Y.-or　　K.-Dat　　meet-Neg-Past
　　　 'Yumi or Kana, Mari failed to meet.' (or $>$ neg)
　　 b. Mari-wa [Yumi-ka Kana-ni] at-ta.　　Saya-ka ＿＿
　　　 Mari-Top Y.-or　　K.-Dat meet-Past S.-Nom
　　　 aw-anak-atta.
　　　 meet-Neg-Past
　　　 'Mari met Yumi or Kana. Sayaka did not meet＿＿.' (neg $>$ or)

　영논항이 나타난 (20b)의 경우 neg가 넓은 작용역을 가지는 해석만이 가능한데, 만약 영논항이 다음과 같은 구문에서 명사구 삭제에서 비롯되었다면 or가 넓은 작용역을 가지는 해석이 가능해야 하나 그렇지 못하다는 것이다.

(21) Mari-wa [Yumi-ka Kana-ni] at-ta.　　Saya-ka
　　　 M.-Top　Y.-or　　K.-Dat　meet-Past S.-Nom
　　　 [Yumi-ka Kana-ni] aw-anak-atta.
　　　 Y.-or K.-Dat　　　meet-Neg-Past
　　　 'Mari met Yumi or Kana. Sayaka did not meet.' (or $>$ neg)

　이와 유사한 현상이 다음과 같이 한국어의 영논항 구문에도 관찰된다.

(22) a. 철수는 영희나 순희를 만나지 못했다.

   (or > neg (선호되는 해석), neg > or (가능한 해석))

b. 철수는 영희나 순희를 만났다. 동수는 __ 만나지 못했다.

   (neg > or만 가능)

(22a)에서는 neg가 좁은 작용역을 가지는 해석이 가능하지만 (22b)의 영논항 구문에서는 이러한 해석이 가능하지 않다(즉 neg의 넓은 작용역 해석만 가능).

이러한 현상은 다음과 같이 대명사가 나타난 구문 (23a)에도 똑같이 관찰된다.[13][14]

(23) a. 철수는 영희나 순희를 만났다. 동수는 개네를 만나지 못했다.

   (neg > or만 가능)

b. 철수는 영희나 순희를 만났다. 동수는 영희나 순희를 만나지 못했다.

   or > neg (선호되는 해석), neg > or (가능한 해석)

반면 명사구삭제 구문의 기저구조인 (23b)에서는 양화사 작용역과 관련한 중의적 해석이 가능하다. 따라서 이들 구문은 영논항의 대명사

---

13) 이 예문들의 작용역 중의성 관련 직관은 남승호선생님과의 논의가 많은 도움이 되었음을 밝힌다.

14) 원래 '개네를' 대신에 '그들을'을 (23a)의 두 번째 문장의 목적어 자리에 사용하였는데 적절한 비교가 아니라는 지적이 있어서 '개네를'로 변경하였다. 국립국어원의 웹 자료에 따르면, '개'는 '그 아이'의 준말인데, '-네'는 같은 처지에 있는 사람들을 뜻하므로 영논항의 대명사로 적절하다고 본다.(출처: (https://www.korean.go.kr/front/ online Qna/onlineQnaView.do?mn_id=216&qna_seq=19540). 또한 '게네'라는 단어도 (23a)의 두 번째 절의 목적어 자리에 써서 영논항 구문과 비교해 볼 수 있을 것 같다.

   (i) 철수는 영희나 순희를 만났다. 동수는 게네를 만나지 못했다. (neg > or만 가능)

   "표준국어대사전"에 따르면, '게네'는 말하는 이와 듣는 이가 아닌 사람의 무리를 조금 낮잡아 이르는 삼인칭 대명사이다.

분석을 지지해 주는 증거라고 볼 수 있다.

3.2 조응 관계

박명관(2019)은 한국어의 영논항이 보통명사에 해당된다고 보는데 다음 (24a,b)에서 두 번째 문장의 영논항과 보통명사구는 선행 문장의 보통명사구와 조응적 관계를 가질 수 있다는 것을 그 증거로 들고 있다.

(24) a. 연구실에 여자가$_i$ 있다. 지금 e$_i$ 핸드폰을 보고 있다
b. 연구실 앞에 여자가$_i$ 있다. 지금 여자가$_i$ 핸드폰을 보고 있다.

(24a)에서 영논항이 '연구실 앞에 있는 그 여자'를 지시하는 것처럼, (24b)에서 후행절의 보통명사구 '여자가'는 '연구실 앞에 있는 여자와 동일한 여자'를 지시할 수 있다. 따라서 박명관(2019)은 영논항의 조응적인 해석이 보통명사인 '여자'로부터 도출 가능하다고 본다.

그런데 수 분류사(numeral classifier)와 함께 나타나는 지시사 없는 보통명사구는 (24b)의 보통명사와 달리 뒤따르는 문장에서 조응적 해석이 가능하지 않다. 이는 (25b)가 잘 보여준다.[15]

---

15) 어떤 화자는 (i)과 같은 경우, 후행절의 보통명사 '학생들이'가 '학생 세 명'과 조응적 해석이 가능하다고 한다.
   (i) 연구실 앞에 학생 세 명이$_i$ 있다. 지금 학생들이/은$_i$ 핸드폰을 보고 있다.
이 경우 '학생들이'이 앞의 학생 세 명을 지시하는 것은 척도함축(scalar implicature)에 의한 것이므로 (25a)와 다른 경우이다. (ii)가 비슷한 경우이다.
   (ii) 내가 아들 세 명이 있어. 아들들이 공부를 잘해.
후행절의 '아들들이'는 앞의 아들 세명을 지시할 수 있으나 함축에 의한 것이므로 (iii)에서 관찰되는 것처럼 취소가능하다.
   (iii) 내가 아들 세 명이 있어. 아들들이 공부를 잘해. 한 명만 빼고.

(25) a. 연구실 앞에 학생 세 명이ᵢ 있다. 지금 e_i 핸드폰을 보고 있다.
　　 b. *연구실 앞에 학생 세 명이ᵢ 있다. 지금 학생 세 명이/은ᵢ 핸드
　　　 폰을 보고 있다.

이와 대조적으로 두 번째 문장에 영논항이 나타나면 조응적 해석에 제약이 없음을 (25a)가 잘 보여준다. 따라서 pro가 보통명사구라 보는 분석에서는 (25a)에 나타난 것과 같은 영논항의 조응적해석을 설명할 수 없다.

반면 pro의 대명사 분석에서는 이러한 문제가 발생하지 않는다. 즉 다음에 보듯이 영논항의 조응적 해석은 명시적 대명사가 가지는 조응적 해석과 동일하기 때문이다.

(26) a. 연구실 앞에 여자가ᵢ 있다. 지금 그녀가ᵢ 핸드폰을 보고 있다.
　　 b. 연구실 앞에 학생 세 명이ᵢ 있다. 지금 그들이ᵢ 핸드폰을 보고
　　　 있다.

이 들 예문에서 보듯이 명시적 대명사의 조응적 해석은 선행명사의 성격과 관계없이 모두 가능하며 이는 영논항의 조응석 해석의 가능성과 그 범위가 일치한다. 반면 보통명사의 조응적 해석의 가능성은 영논항의 가능 범위와 일치하지 않으므로 pro의 대명사 분석이 명사구대치분석 보다 더 설득력이 있다고 본다.

3.3 CP 생략

대명사 분석의 경험적인 장점은 CP 생략과 관련된 일련의 현상을 설명하는 데에서도 관찰된다. Ahn & Cho(2009, 2010, 2011a,b,c, 2012a,b)은 DP

와 CP가 소위 생략자질인 [E] 자질을 가질 수 있는 C, T, D와 같은 기능범주 핵의 보충어가 아니므로 DP와 CP의 생략이 불가능하다고 주장한다(Merchant 2001 참조). (27)에서 DP와 CP는 어휘범주인 V의 보충어로 나타나고 의미역을 할당하는 V는 [E] 자질을 가질 수 없으므로 이러한 생략이 왜 나타날 수 없는지가 잘 설명된다.

(27) a. *John met [$_{DP}$ my brother], and Mary met __, too.

b. *John says [$_{CP}$ that she is a genius], but Bill doesn't think __.

그런데 (27)에 제시된 영어 자료와 달리 한국어 자료인 (28b)에서는 마치 CP 생략이 가능한 것처럼 보인다.[16] 이러한 한국어와 영어의 차이를 Ahn & Cho(2009, 2010, 2011a,b,c)에서는 CP 생략의 가능 여부로 보지 않고, pro의 가능 여부로 분석한다. 이 분석에서는 영어와 한국어 모두 CP 생략이 불가능하지만, pro가 불가능한 영어와는 달리 한국어에서는 pro가 가능하므로 (28b)가 가능하다는 것이다. (28b)에 CP 생략이 아니라 pro가 관여되었다는 증거는 (28c)처럼 명시적인 대명사가 보충어 자리에 가능하기 때문이다.[17]

---

16) (27)과 같이 영어의 목적어 자리에, 혹은 주어자리에 pro의 출현이 왜 불가능한지 의문이 제기될 수 있다. 또한 한국어의 pro를 가능하게 하는 것이 무엇인지에 대해서도 의문도 제기될 수 있다. 이는 pro drop parameter를 야기하는 본질적인 문제로서 이 논문의 범위를 크게 벗어난 것으로 차후의 심층 연구가 필요하다고 본다.

17) 이우승 (2014: 152)에서는 다음과 같은 흥미로운 자료를 논의하고 있다.

(i) a. 나는 동생을 교회에 다니라고 설득했어.

b. 나도 할아버지를 __ 설득했어.

본 분석에 따르면 (ib)에 생략된 부분은 '그것을' (='교회에 다닐 것을')과 같은 대명사로 볼 수 있다. 이것이 가능한 이유는 '설득하다'가 다음과 같이 두 개의 명사구를 보충어로 취할 수 있기 때문이다.

(ii) 나는 동생을 대학 진학을 설득했다.

(28) a. 나는 영희가 돌이를 사랑한다고 믿는다.
　　 b. 나도 __ 믿는다.
　　 c. 나도 그것을 믿는다.

영대명사 분석에 따르면 CP 생략으로 보이는 현상이 pro가 관여된 것이라는 것이 핵심주장인데, 이 분석은 (29b)의 비문법성도 잘 설명한다.18)19)

(29) a. 나는 영희가 돌이를 사랑한다고 생각한다.
　　 b. *나도 __ 생각한다.
　　 c. *나도 그것을 생각한다.

즉 (28b)가 불가능한 것은 (28c)가 가능하지 않기 때문이다. 다시 말해 CP생략으로 보이는 현상이 사실은 pro가 출현했기 때문이다.

대명사분석은 CP의 영 가능여부가 모문 동사의 명사구 논항선택 가능여부와 밀접하게 연관되어 있음을 보여준다. 가령, (29)의 '추측하-'는 명사구를 논항으로 잘 취할 수 없기 때문에 영CP가 거의 불가능한

---

18) Yeom (2018)에 따르면 동사 '생각하-'는 인식상태 (epistemic state)를 표현하고 이것은 주어의 마음에 내부적으로 떠오르는 생각을 나타낸다. 반면에 '-것' 명사구는 사실 또는 명제를 표현하는데 동사에 의해 표현되는 인식상태나 과정과는 별도로 존재하는 것이다. 이러한 이유로 Yeom (2018)은 동사 '생각하-'가 '것' 명사구를 보충어로 취할 수 없다고 보았다. 또한, 이 분석은 의미적인 측면에서 동사 '믿-'이 '-고' 절과 '것' 명사구를 모두 보충어로 취할 수 있다고 보았다.

19) Ahn & Cho (2009: fn. 9)과 Yeom (2018: fn. 4)는 다음과 같은 예문을 논의하고 있다.
　(i) a. 나도 그 점을 생각한다.　　　　　　(Ahn & Cho 2009: fn.9)
　　 b. 인호는 어제 일을 생각하고 있다.　　(Yeom 2018; fn.4)
　　 c. 인호는 어머니를 생각하고 있다.　　(Yeom 2018: fn.4)
　이 경우는 '생각하-'가 보충어로 명사구를 취하고 있는데 여기에 쓰인 '생각하-'의 의미는 (28)의 인식상태를 나타내는 '생각하-'와 다르고 consider, think of에 가까운 의미라고 할 수 있다.

반면, (30)의 '말하-'는 명사구를 논항으로 취할 수 있기 때문에 영CP
가 가능한 것이다.[20]

(30) a. 철수는 영희가 돌이를 사랑한다고 추측했다.
   b. ?*동수도 __ 추측했다.
   c. ?*동수도 그것을 추측했다.
(31) a. 철수는 영희가 돌이를 사랑한다고 말했다.
   b. ??동수도 __ 말했다.
   c. ??동수도 그것을 말했다.

(30)과 (31)의 수용성은 화자간에 차이가 있는 것 같다. 혹자는 (30bc)
의 수용성 정도를 (31bc)보다는 높게 판단할 수도 있다. 그런데 흥미로
운 사실은 대부분 화자의 (b)와 (c)에 대한 수용성 정도가 서로 비례한
다는 것이다. 다시 말해 (30b)/(31b)의 수용성 정도는 (31b)/(31c)의 수용
성 정도와 비례하는 경우가 많은데, 많은 화자들에게 동사가 명사구를
논항으로 취할 수 있는지의 여부가 영 CP의 가능 여부와 밀접하게 연

---

20) (29)–(31) 등의 '...다고'의 pro-form을 '그것'으로 보지 않고 (i)에 제시된 '그렇게'로
   본다면, 왜 '그렇게'가 영형태(null form)로 실현될 수 없는지와 같은 의문을 제기할
   수 있다.
   (i) a. 나도 그렇게 생각한다.
      b. 동수도 그렇게 추측했다.
      c. 동수도 그렇게 말했다.
   Ahn & Cho(2012b:376)은 pro가 '그렇게'를 대신할 수 없음을 다음과 같이 논의한다.
   (ii) a. 철수가 천천히 뛰었다.
      b. 영희도 뛰었다.   (≠천천히 뛰었다)
      c. 영희도 그렇게 뛰었다.   (=천천히 뛰었다)
   (iii) a. 철수가 위암으로 죽었다.
      b. 영희도 죽었다.   (≠위암으로 죽었다)
      c. 영희도 그렇게 죽었다.   (=위암으로 죽었다)
   (iib)는 (iic)와 같이 해석되지 않고 (iiib)는 (iiic)와 같이 해석되지 않는다. 만약 '그렇게'
   가 pro로 대신할 수 있다면 (iib)/(iiib)와 (iic)/(iiic)는 동일한 해석을 가질 수 있을 것으로
   예측하는데 그렇지 못하므로, '그렇게'는 pro(영형태)로 나타날 수 없다.

관되어 있음을 보여주는 것이다. 이러한 수용성의 상관 효과는 장래에 수용성판단 실험을 통하여 입증하여야 할 문제이나 만일 이러한 상관 관계가 존재한다면 이것은 우리의 주장을 더욱 뒷받침하는 증거가 될 것이다(관련 실험과 논의는 Han et al. 2019 참조).

반면 영논항이 논항생략에 의해 나타난다는 논항생략분석이나, 영 논항은 음운적으로 비어있으나 그 의미를 파악하기 위해 LF에서 선행 사로부터 복제가 일어난다는 LF복제분석(Oku 1988, Kim 1999, Lee & Kim 2010)은 영CP와 관련한 이러한 수용성의 대조를 포착하기 어렵다.

4. 결론

본 장에서는 대명사의 이완지시해석과 관련된 다양한 변인을 고찰 하고 이러한 현상이 영어와 같은 다른 언어에도 관찰되는지 살펴보았 다. 명시적 대명사의 이완지시해석의 가능성은 해당 대명사의 단복수 여부, 지칭대상의 인간다움 여부 등의 변수에 좌우됨을 보았다. 본 장 에서는 또한, 명시적 대명사의 이완지시해석에 많은 변수가 있음에도 불구하고, 양화사 작용역의 중의성 여부와 조응적인 해석, CP 생략과 관련된 자료를 고찰함으로써 영논항을 명사구생략이나 명사구대치가 아닌 대명사의 암묵적 실현으로 보아야 할 것을 제안한다. pro의 대명 사 분석은 영논항의 다양한 해석을 해당 대응 대명사와의 유사성을 통하여 간단하게 설명할 수 있다는 점에서 영논항에 대한 다른 어떤 이론보다도 개념적으로 우수하다고 할 수 있다.

참고문헌

문귀선, 2014, 영논항의 속성 재조명: 지시적 pro와 결속(변항) pro, 박명관 (엮음), 『통사이론의 분화와 통합: 국어 영논항을 중심으로』, 251-285, 한국문화사.

박명관, 2019, 동아시아어의 논항을 다시 생각한다: 조응적 한정 표현으로서의 논항, 현대문법연구 104, 93-112.

안희돈, 2012, 『조각문 연구: 영어와 한국어를 중심으로』, 한국문화사.

안희돈 & 조성은, 2019, 논항의 pro (대명사) 분석 재고, 언어와 언어학 86, 85-112.

안희돈 & 조성은, 2020, 영논항의 대명사 분석에 대한 재고찰, 언어와 정보 24, 1-13.

이우승, 2014, 한국어의 명사구와 절 생략. 박명관 (엮음) 『통사이론의 분화와 통합: 국어 영논항을 중심으로』, 140-164, 한국문화사.

Ahn, Hee-Don and Sungeun Cho. 2009. On the absence of CP ellipsis in English and Korean. Korean *Journal of Linguistics* 34:267-281.

Ahn, Hee-Don and Sungeun Cho. 2010. More on the absence of CP ellipsis: A reply to Park (2009). *Studies in Generative Grammar* 20:549-576.

Ahn, Hee-Don and Sungeun Cho. 2011a. Notes on apparent DP ellipsis: A reply to Lee & Kim (2010). *Korean Journal of Linguistics* 36:457-471.

Ahn, Hee-Don and Sungeun Cho. 2011b. Notes on the absence of CP ellipsis in Japanese and Korean: A reply to Saito (2007). *Studies in Modern Grammar* 65:145-170.

Ahn, Hee-Don and Sungeun Cho. 2011c. On sloppy-like interpretation of null arguments. *Linguistic Research* 28(3):471-492.

Ahn, Hee-Don and Sungeun Cho. 2012a. On null arguments and clausal ellipsis in Korean. *Language and Linguistics* 57:95-123.

Ahn, Hee-Don and Sungeun Cho. 2012b. Fragments vs. null arguments in Korean. In S. Muller (ed.) *Proceedings of the 19th International Conference on Head-Driven Phrase Structure Grammar*, Chungnam National University Deejeon, 369-387. CSLI Publications.

Ahn, Hee-Don and Sungeun Cho. 2013. On apparent problems of pro analysis of null arguments. Studies in Generative Grammar 23:509-524.

Cagri, Merih Ilhan. 2005. *Minimality and Turkish Relative Clauses*. Doctoral dissertation. University of Maryland at College Park.

Culicover, Peter W. and Ray Jackendoff. 2005. *Simpler Syntax*. Oxford: Oxford University

Press.

Evans, Gareth 1977. Pronouns, quantifiers, and relative clauses. Part 1. *Canadian Journal of Philosophy* 7, 467-536.

Frazier, Lyn. 2013. A recycling approach to processing ellipsis. In Lisa Lai-Shen Cheng and Novert Corver (eds.), *Diagnosing Syntax*, 485-501. Oxford University Press: Oxford.

Han, Chung-hye, Jeffrey Lidz and Julien Musolino. 2007. V-raising and grammar competition in Korean: Evidence from negation and quantifier scope. *Linguistic Inquiry* 38(1), 1 - 47.

Han, Chung-hye, Kyung-min Kim, Keir Moulton and Jeffrey Lidz. 2019. Null objects in Korean: experimental evidence for the argument ellipsis analysis. To appear in *Linguistic Inquiry*.

Hoji, Hajime. 1998. Null object and sloppy identity in Japanese. *Linguistic Inquiry* 29, 127-152.

Kang, Nam-Kil. 2009. Pronoun, reflexives and sloppy identity. *The Jungang Journal of English Linguistics and Literature* 51, 1-18.

Kang, Nam-Kil. 2011. Overlapping reference and the so-called plural suffix *tul*. *The Jungang Journal of English Linguistics and Literature* 53, 1-19.

Kim, Kyung-min, and Chung-hye Han. 2016. Inter-speaker variation in Korean pronouns. In P. Grosz, and P. Patel-Grosz (eds.), *The Impact of Pronominal Form on Interpretation*, 349 - 373. Berlin: Mouton de Gruyter.

Kim, Soowon. 1999. Sloppy/strict identity, empty objects, and NP ellipsis. *Journal of East Asian Linguistics* 8, 255-284.

Kurafuji, Takeo. 1999. *Japanese Pronouns in Dynamic Semantics: the Null/Overt Contrast*. Doctoral dissertation, Rutgers, The State University of New Jersey.

Lee, Wooseung and Jihyun Kim. 2010. DP ellipsis as independent phenomena from pro in pro-drop languages. *Korean Journal of Linguistics* 35, 1009-1029.

Lee, Wooseung 2011. Zero realization of arguments revisited. *Korean Journal of Linguistics* 36, 1031-1052.

Merchant, Jason. 2001. *The Syntax of Silence: Sluicing, Islands, and the Theory of Ellipsis*. Oxford University Press.

Merchant, Jason. 2013. Diagnosing ellipsis. In R. Cheng and N. Corver (eds.), *Diagnosing syntax*, 537-542. Oxford University Press: Oxford.

Moon, Gui-Sun. 2010. Null arguments redux. *The Linguistic Association of Korea Journal* 18, 67-92.

Moon, Gui-Sun. 2015. A Non-isomorphism Approach to Null-Argument Anaphora in Korean. *Studies in Generative Grammar* 25(1), 217-236.

Moon, Gui-Sun. 2017. Co-varying pronominal Anaphors: Focusing on Bound Variable Pronouns. *Studies in Generative Grammar* 27(1), 221-239.

Moon, Gui-Sun. 2019. On the Validity of the Skolemized Choice Function Approach to Small pro Anaphora in Korean. *Studies in Generative Grammar* 29(2), 413-439.

Oku, Satoshi. 1998. *LF Copy Analysis of Japanese Null Arguments*. Doctoral dissertation, University of Connecticut, Storrs.

Saito, Mamoru. 2004. Ellipsis and pronominal reference in Japanese clefts. *Studies in Modern Grammar* 36, 1-44.

Saito, Mamoru. 2007. Notes on East Asian argument ellipsis. *Language Research* 43, 203-227.

Takahashi, Daiko. 2008. Quantificational null objects and argument ellipsis. *Linguistic Inquiry* 39, 307-326.

Tomioka, Satoshi. 2014. Remarks on missing arguments in Japanese. *Formal Approaches to Japanese Linguistics* 7, 251-263.

Um, Hong-Jun. 2011. The nature of the null arguments in Korean. *Studies in Modern Grammar* 63, 73-93.

Yeom, Jae-Il. 2018. Embedded declaratives in Korean. *Language and Information* 22:1-27.

제 4 장

한국어에서의 영논항의 본질[*]

엄 홍 준

1. 서론

한국어는 대표적인 pro-탈락 언어(pro-drop language)인 이탈리아어, 스페인어와는 다르지만 일본어와 중국어와 같이 pro-탈락 언어로 취급되고 있다(양동휘 1984, Huang 1984, 1987, 1989, Jaeggli & Safir 1989, 그 외 다수).

(1) a. 철수$_i$가 [e$_i$ 영희를 보았다고] 말했다」
    b. 철수$_i$가 [영희가 ei/$_j$ 비난했다/때렸다고] 말했다.[1]

---

* 이 글은 2011년에 발표된 것을 다시 정리한 것이다. 도움을 주신 장영준, 임창국, 김용하 선생님께 깊은 감사를 드린다.
1) (1b)에 대한 해석은 두 가지로 나뉘는데 문장의 주어와 결속되는 경우와 그렇지 않는 경우 즉 대명사로 보는 경우와 변항(variable)으로 보는 경우가 그것이다. 하지만 대부분의 한국인 화자는 변항으로 해석하는 것으로 보인다. 다만 이 논문에서 다룰 문귀선(2010)에서는 대명사로 보아 주어와 결속되는 것으로 취급한다. 이것에 대해서 뒤에 다시 논의하기로 한다.

c. 철수$_1$는 [e$_1$ [영희가 e$_2$ 보았다고] 말했다].

따라서 (1a)의 문장에서 e$_1$이 pro라는 데에는 거의 이견이 없는 것으로 보인다.[2] 하지만 (1c)의 문제는 e$_1$의 정체는 무엇인가에 대해서는 논의가 있어야 할 것으로 보인다. 또한 (1b)와 (1c)에 있는 소위 영목적어(null object)의 정체가 무엇이냐에는 여러 다른 견해가 있는 것이 현실이다. 변항(variable)으로 보는 견해(Huang 1984, 1987, 1989)와 pro로 보는 견해(문귀선 2010) 등이 대표적이라고 할 수 있다. 위의 문제들은 다음과 같은 경우에도 발생한다.

(2) a. 철수가 자신을 비난했다.
영희도 e 비난했다.
b. 철수가 자신의 부인이 아름답다고 생각한다.
대한이도 e 아름답다고 생각한다.

(2a)에 있는 공목적어의 정체에 대해서는 앞서 언급하였듯이 변항으로 보는 견해(Huang, 1984, 1987, 1989), pro로 보는 견해(Hoji 1998, 문귀선 2010) 그리고 생략으로 보는 견해(Kim 1999, Boskovich 2011) 등이 있다.[3]

(2b)에서 있는 영주어(null subject)의 정체는 또한 흥미로운 문제인 것으로 보인다. 이 문장은 소위 엄밀동일해석(strict identity reading)과 이완동일해석(sloppy identity reading)이 가능한 문장이다. 따라서 이 영주어를 단지

---

2) 이것에 대한 이견으로는 김용석(1994)를 참조하기 바람. 그 글에서 그는 한국어에서의 주어는 스페인어와 같이 굴절소(INFL)에 의해 영향을 받지 않기 때문에 pro라고 볼 수 없으며 따라서 PRO라고 주장한다.

3) (2a)의 문장에서 영목적어를 대용사(anaphor)로 보는 견해(Xu, 1986)도 있지만 이것은 바로 잘못된 분석임을 알 수 있다. 만약에 이 영목적어가 공대용사어라면 영희를 지시하는 것에는 문제가 없지만 엄밀동일해석(strict identity reading)이 생기지 않는다.

pro라고만 한다면 이완동일해석은 산출되지 않는다.

한편 문귀선(2010)에서는 한국어에서의 pro를 영어의 대명사의 속성과 비교하여 영어의 대명사와 같은 양상을 보인다고 가정한다. 그래서 한국어의 pro는 지시적 pro와 결속 pro로 나누어 설명을 시도한다. 즉 (2b)에서 엄밀동일해석이 산출되는 것은 지시적 pro이고 이완동일해석이 나오는 것은 결속 pro이기 때문이라고 설명한다. 그래서 문귀선 (2010)에서는 영논항(영주어와 영목적어)은 모두 pro라고 주장한다.

이 논문에서는 우선 2장에서 Hunag(1984, 1987, 1989)이 주장하는 영주제 운용소-변항 분석(Null Topic Operator-Variable Analysis)에 대해서 살펴보고 그 문제점을 지적하는 동사구 생략 분석(VP Ellipsis Analysis)에 대해서 알아보기로 한다. 3장에서는 동사구 생략 분석의 문제점을 지적하는 명사구(논항) 생략 분석(DP(NP, Argument) Ellipsis Analysis)에 대해서 고찰해 보고 지금까지 모든 문제를 포괄할 수 있다고 주장하는 문귀선(2010)의 pro 분석에 대해서 논의해 보고자한다. 그리고 4장에서는 문귀선(2010)의 분석의 문제점을 지적하고 문귀선(2010)의 주장과 정반대의 결론인 모든 영논항은 명사구 생략 분석에 의해 설명될 수 있음을 보인다.

2. 영주제 운용소-변항 분석과 동사구 생략 분석

2.1 영주제 운용소 변항 분석

Huang(1984, 1987, 1989)은 (1b)와 (1c)의 문장에서 영목적어는 pro가 아니라 변항이라고 주장한다. 그 이유에 대해 간략히 알아보면 다음과 같다.

(3) a. Zhangsan shuo [Lisi bu renshi e]

Zhangsan say Lisi not know

Zhangsan said that Lisi does not know (him).

'장산은 [리시가 e 모른다고] 말했다.'

b. Zhangsan shuo [Lisi bu renshi him]

Zhangsan say Lisi not know ta.

Zhangsan said that Lisi does not know him.

'장산은 [리시가 그를 모른다고] 말했다.'

(3a)에서 영목적어는 (1b)와 (1c)와 같이 문장의 주어인 '철수'에 의해 결속되지 않는데 만약 이 영목적어를 외현적인 대명사로 대치하면 문장의 주어에 결속된다는 것이다. 이러한 그의 분석이 옳다면 (3a)의 영목적어는 변항으로 취급되어야 할 것으로 보인다. 여기에는 물론 이론적으로 보완하여야 할 것이 있는데 May(1977)에 따르면 변항이라면 이것을 결속하는 운용소가 있어야 한다. 이 해결책으로 Huang(1987)은 Chomsky(1980, 1982)에서 제시한 'Tough-구문'에서 영운용소에 의해 결속되는 영목적어와 같은 방식을 제안한다. 이렇게 되면 영운용소가 변항을 결속하게 되어 문제를 해결하게 된다.

하지만 이러한 영주제 운용소-변항 분석은 다음과 같은 장애에 부딪히게 된다.

(4) a. John-wa [[NY Times-ga zibun-no kizi-o

John-Top [[NY Times-Nom self-Gen article-Acc

존-은   뉴욕타임즈-가   자신-의 논문-을

inyoosi-te i-ru-to] kik-ta].

quoting   be-Imp-Comp hear-Perf

인용하고 있다-고   들었-다

'John heard that the NY Times is quoting his (= John's) article.'

b. Bill-mo [[NY Times-ga [NP e] inyoosi-te i-ru-to] kik-ta.]

Bill-also [[NY Times-Nom   quoting be-Imp-Comp hear-Perf

i) *Bill also heard that the NY Times is quoting his (= Bill's) article

ii) Bill also heard that the NY Times is quoting his (= John's) article

(4)의 문장에서서 엄밀동일해석(strict identity reading)만이 나오고 이완동
일해석(sloppy identity reading)은 나오지 않는데 만약 이것이 사실이라면
Huang(1987)의 주장은 잘못된 것이라고 지적하고 있다.

(5) [Zibun-no kizi-wa]$_k$ Bill-mo [$_{CP}$ NYT-ga [$_{NP}$ e]$_k$

self-Gen article-Top Bill-also [$_{CP}$ NYT-Nom

자신-의 논문-은   빌-도   NYT-가

inyoosi-te iru-to] kik-ta.

quoting be-Imp hear-Perf

인용하고-있다고 들었다.

'His$_j$ article, Bill$_j$ also heard that the NY Times is quoting.'

즉 (5)에서 볼 수 있듯이 변항 분석은 '자신'과 '빌'을 공지시할 수
있게 하기 때문에 이완동일해석이 도출된다는 것이다.[4]

---

4) Otani와 Whitman(1991)는 (5)와 같은 해석이 안 되는 이유에 대해서 다음과 같은 영어
문장을 들어 설명하고 있다.

   John$_i$ thinks Bill likes him$_i$, and Mary thinks Peter does, too.

   i) . . . and Mary thinks Peter likes him (= John), too

   ii)*. . . and Mary thinks Peter likes her (= Mary), too

LF에서 λ-전환을 하게 되면 첫 번째 접속절의 동사구는 목적어 대명사가 결속 변항으
로 해석되느냐 혹은 정항(constant)으로 해석되느냐에 따라 다음과 같이 두 개의 구조
를 갖는다고 한다. 그리고 이 후 동사구 복사가 b와 같은 LF를 산출한다.

   a. λ-축약 (첫 번째 접속절):

   i) (John, (λx) (x thinks [Bill, (λy) (y [VP likes x])]))

   ii) (John$_i$, (λx) (x thinks [Bill, (λy) (y [VP likes him$_i$])]))

또한 (2a)의 문장은 엄밀동일해석과 이완동일해석이 가능한데 이것은 Huang(1984, 1987, 1989)이 주장을 후퇴하게 만드는 단적인 예라고 할 수 있다. 왜냐하면 엄밀동일해석이 산출된다는 것은 이 영목적어가 자리가 pro로 해석될 수 있다는 것을 의미하게 때문이다.

2.2 동사구 생략 분석

Otani와 Whitman(1991)은 2.1에서 본 것과 같이 Huang((1984, 1987, 1989)의 영주제 변항 분석을 비판하면서 동사구 생략 분석을 제안한다. 일본어 등과 같은 pro-탈락 언어에서 보이는 영목적어 구문은 영어에서의 동사구 생략 구문과 같은 성질을 지니고 있다고 하여 영어의 동사구 생략 구문과 같은 분석을 제안한다.

> (6) Peter likes his picture, and Joan does [VP e] too.
>   a. Joan likes her (= Joan's) picture (sloppy identity)
>   b. Joan likes his (= Peter's) picture (strict identity)

(6)에서 볼 수 있듯이 영어에서는 동사구 생략 분석에 의하면 (6a)와 (6b)에서와 같이 엄밀동일해석(strict identity reading)와 이완동일해석(sloppy identity reading)을 얻을 수 있다. 이와 같은 분석을 도입하여 이들은 다음과 같이 일본어의 영목적어 분석에 도입한다.

---

b. 동사구 복사 (두 번째 접속절):
  i) *(Mary, (λz) (z thinks [Peter, (λw) (w [VP likes x])])) (for (ai))
  ii) (Mary$_i$, (λz) (z thinks [Peter, (λw) (w [VP likes him$_i$])])) (for (aii))
여기서 bi) 다른 표시를 하는 운용소에 의해 외부에서부터 결속되는 변항(즉 여기서는 자유 변항)을 포함하는 λ-표현으로 해석되기 때문에 이러한 해석은 금지된다는 것이다.

(7) John-wa [zibun-no tegami]-o sute-ta;

　　John-Top [self-Gen letter-Acc discard-Perf;

　　존-은　　　　자기의 편지-를 버렸다 :

　　Mary-mo [$_{NP}$ e] sute-ta

　　Mary-also discard-Perf.

　　메리-도 [$_{NP}$ e]　버렸다.

　　'John threw out his letters, and Mary did too.'

　　a. Mary threw out her (= Mary's) letters, too.

　　b. Mary threw out his (= John's) letters, too.

　(7a)처럼 이완동일해석과 (7b)처럼 엄밀동일해석이 나오는데 동사구 생략 분석에 의하면 다음과 같이 설명된다. 먼저 이완동일해석을 보기로 하자.

(8) a. V-인상: John-wa [$_{VP}$ [zibun-no tegami]-o tverb] [I sute-ta]

　　　　　　(antecedent)

　　　　　　Mary-mo [$_{VP}$ [$_{NP}$ e] tverb] [I sute-ta] (ellipted VP)

　　b. λ-축약(abstraction):

　　　　　　John [λx [x [x-no tegami]-o tverb]][I sute-ta]

　　　　　　(antecedent)

　　c. VP-복사: Mary [λx [x [x-no tegami]-o tverb]] [I sute-ta]

　　　　　　(ellipted VP)

　우선 동사구를 생략하기 위해선 동사구 내에 있는 동사가 굴절소(I) 위치로 (8a)처럼 인상을 하고 두 번째 절의 동사구를 생략하면 (7a)와 같은 문장이 된다. 여기서 이완동일해석을 얻기 위해서 λ-축약(abstraction)을 하면 (8b)와 (8c)와 같이 LF가 산출된다. 따라서 (8c)에서의 변항이 '메리'에 결속되기 때문에 이완동일해석이 얻어지는 것이다. 만약 목적어가 변항이 아닌 정항(constant)이라면 엄밀동일해석이 얻어진다. his (일본어에서는 zibun)와 같은 변항이 아닌 정항이 LF에 있다면 이 his는 John을 가리키게 된다.

3. 명사구(논항) 생략 분석과 pro 분석

3.1 명사구(논항) 생략 분석

2.2에서 우리는 동사구 생략 분석에 대해서 알아보았다. 하지만 이러한 동사구 생략 분석은 일본어와 한국어 등과 같은 언어에서 동사 인상을 상정해야 하는 부담이 있다는 이론적인 문제점이 있다. 이 외에도 다음과 같은 경험적인 문제점이 발견된다.

> (9) a. Jerry-nun [caki-uy ai]-lul phal-ul ttayli-ess-ta.
>   Jerry-Top [self-Gen child-Acc arm-Acc hit-Past-Ind
>   제리-는   자기-의 아이-를   팔-을 때-렸-다.
>   'Jerry hit his child on the arm.'
>   b. Kulena Sally-nun [NP e] tali-lul ttayli-ess-ta.
>   but   Sally-Top   leg-Acc hit-Past-Ind
>   그러나 샐리-는   다리-를 때-렸-다.
>   i) But Sally hit her (= Sally's) child on the leg
>   ii) But Sally hit his (= Jerry's) child on the leg

Kim(1999)에 의하면 (9)의 문장에서는 엄밀동일해석과 이완동일해석이 다 나오는데 동사구 생략 분석에서는 이완동일해석이 나오지 않는다는 문제가 생긴다고 한다. 동사구 분석에 의하면 첫 번째 접속절에서 동사가 굴절소 위치로 이동하고 첫 번째 명사구를 삭제한다. 두 번째 명사구는 Yoon(1989)의 제안을 받아들여 의미적으로 불포화(unsaturated) 상태이고 따라서 통사적으로도 비활성화(inert)되어 동사구 밖으로 이동할 수 없다고 주장한다.5)

따라서 두 번째 접속절에서 전체 명사구와 동사만이 동사구에 복사되기 때문에 이완동일해석은 나올 수 없게 된다. 하지만 위에서도 언급하였듯이 이 문장에서는 두 가지의 해석이 모두 나오게 된다. 물론 이러한 분석은 사실 이론적으로도 가능하지 않은 것이다. 왜냐하면 동사구 생략 분석은 동사가 동사구 밖으로 이동하고 동사구를 생략하는 것인데 부분 명사도 함께 지워져야 하기 때문이다(또한 논리형식부에서 단절된 연속체가 복사되는 것은 허용되지 않는다).

또한 Oku(1998)도 동사구 생략 분석에 문제점을 제기한다.

(10) a. Bill-wa kurum-o teineini aratta.
   Bill-TOP car-ACC carefully washed
   빌-은   차-를   주의깊게   닦았다.
   'Bill washed the car carefully.'

   b. John-wa e arawanakatta.
   John-TOP not. washed '(Lit.)
   존-은   닦지 않았다.
   'John didn't wash e.'

(10)에서 볼 수 있듯이 (10b)는 단지 존은 차를 닦지 않았다는 의미

---

5) *Sally-nun tali-lul [caki-uy ai-lul]   ttayli-ess-ta.
   샐리-는 다리-를 자기-의 아이-를 때렸다.
   부분 명사구가 통사적으로 비활성화 된다는 것은 위의 예를 보면 알 수 있는데 이 문장에서 부분 명사구가 이동을 하면 안 된다는 것을 보여 주고 있다.

가 있지 존은 조심스럽게 닦지 않았다는 의미는 없다. 따라서 명사구 생략 분석으로 하면 이러한 문제는 해결된다는 것이다.

3.2 pro 분석

이 장에서는 앞에서 논의된 영목적어를 모두 pro로 보려는 견해에 대해서 알아보고자 한다. 즉 어떠한 경우든 이 영목적어는 pro라는 것이다. 최근에 발표된 문귀선(2010)의 주장을 중심으로 살펴보기로 하자. 문귀선(2010)은 한국어의 pro를 영어의 대명사의 속성과 비교하여 한국어의 pro는 영어의 대명사와 같은 양상을 보인다고 가정한다. 그래서 한국어의 pro는 다음과 같이 지시적 pro와 결속 pro로 대별되고 결속 pro는 다시 결속 pro와 결속 변항 pro로 나눈다.[6]

(11) a. [존$_1$이 [e$_1$ 메리를 보았다고] 말했다]
 b. 존은 메리가 보았다고 말했다.
 ① 존$_1$은 [메리$_2$가 [e$_1$ e$_2$ 보았다고] 말했다] (e$_1$ = 존, e$_2$ = 메리)
 ② 존$_1$은 [e$_1$ [메리가 [e$_2$ 보았다고] 말했다] (e$_2$ ≠ 존)

(문귀선, 2010: 87)

(12) a. John said that Mary criticizes him
 b. 존i이 [메리가 ei 비난했다/때렸다고] 말했다

---

6) 문귀선(2010)이 주장하는 pro 분석은 Hoji(1998) 등이 주장하는 pro와는 근본적인 차이가 있다. Hoji(1998)에 의하면 영목적어가 일반적으로 이완동일해석을 산출하지 않는다고 한다. 이러한 견해는 pro가 지시적이기 때문에 옳고 판단된다. 하지만 문귀선(2010)에서는 한국어에서의 영목적어 pro를 영어의 대명사의 기능과 같다고 보고 영어의 대명사가 갖는 기능 모두를 이 pro가 지닐 수 있다고 제안한다. 즉 후에 논의하겠지만 영어의 대명사는 지시적인 기능과 결속 변항적인 기능을 다 가지고 있기 때문에 한국어에서도 pro도 또한 그러한 기능을 모두 갖는다는 것이다. 즉 한국어의 pro는 지시적인 pro와 결속 pro로 나뉜다.

문귀선(2010)에서는 위의 문장에서의 영논항들은 모두 지시적인 pro 라고 주장한다. (11b) 문장이 ①처럼 해석된다면 문장 내에서 선행사를 가질 수 있다. 이러한 해석이 가능하다면 문귀선(2010)의 주장처럼 지시 적인 pro가 될 수 있을 듯하다. 한편 ②처럼 해석되는 경우에는 e2가 존을 지시하지 않음에도 불구하고 이것이 지시적인 pro라고 주장하고 있다. 담화 문맥에서도 pro가 선행어를 지칭할 수 있다는 것이다. 물론 (4b))의 문장은 (4a)에서 볼 수 있듯이 존을 가리키기 때문에 pro라고 주장한다.

그 이유에 대해 문귀선(2010)은 다음과 같은 문장들을 제시하고 있다.

> (13) a. A man walked in, He was very tall and everybody looked at him
> b. 한 남자가 교실 안으로 들어왔다 pro 키가 컸고 모든 학생들이 pro 쳐다봤다.
> (14) a. A: Who loves Mary?
>   B: Bill loves her
> b. A: 누가 메리를 봤니?
>   B: 존이 pro 봤어.

이렇듯 문맥으로 보면 모든 영논항이 지시적 대명사가 된다고 하는 데 영어에서의 대명사가 모두 여기서는 지시적으로 사용되고 있기 때 문이라고 한다.

또한 문귀선(2010)은 한국어에서의 pro를 지시적인 pro와 구별하여 다 음과 같은 문장에서의 pro를 결속 pro라고 제시한다.

> (15) a. Most of the teachersi said that theyi would come this afternoon.
> b. Every motheri loves heri children.

(16) a. 대부분의 선생님ᵢ이 eᵢ 오늘 오후에 온다고 말했다.
　　 b. 모든 어머니ᵢ는 eᵢ 자식을 사랑한다.

문귀선(2010)의 설명에 의하면 위의 대명사는 선행어인 양화사구에 의해 결속되는 변항으로 개별의미를 도출하기 때문에 따라서 지시 대명사와는 다른 결속 대명사라고 부른다.

또한 다음과 같은 소위 '당나귀 문장(donkey sentence)'에서 나타나는 비선택적 결속의 경우를 결속 변항 pro로 부른다.

(17) a. Every farmer who owns a donkeyi often beats iti.
　　 b. 당나귀ᵢ를 소유하고/키우고 있는 모든 농부는 eᵢ 자주 때린다.

이러한 분류는 영어의 대명사와 한국어의 pro가 같기 때문에 가능하다고 문귀선(2010) 주장한다. 그래서 문귀선(2010)은 지시적인 pro의 속성을 지닌 영논항은 엄밀동일해석을 결속 pro나 결속변항 pro의 속성을 지니는 영논항의 경우는 이완동일해석이 가능하다는 것을 주장한다.

4. pro 분석의 문제점과 그 대안으로서의 명사구 생략 분석

4.1 pro 분석의 문제점

이제 문귀선(2010)의 주장에 대한 문제점을 하나하나 살펴보기로 하자. 많은 문제점이 있는데 이론적인 문제점에 대해서 먼저 살펴보기로 하자. pro를 크게 지시적이 pro와 결속 pro로 나누었는데 결속 pro가 어떤 점에서 변항과 다른지를 설명하지 않았다. 문귀선(2010)이 말하는 결속 pro는 우리가 흔히 변항이라고 부르는 것이다. 즉 (16b)에서의 his는 비록 대명사의 형태를 지녔지만 전형적인 변항이다.

따라서 올바른 해석 즉 '철수의 어머니가 철수를 사랑하고, 영희의 어머니가 영희를 사랑하고....'와 같은 해석이 되려면 이 his는 변항이 되어야 하는 것이다. 일반적으로 May(1977)의 분석에 따르면 양화사는 IP에 부가되는 위치로 인상을 하여 운용소가 되어 변항을 결속하는 구조가 된다.

Chomsky(1982:34)는 변항에 대해 다음과 같이 정의한다.[7]

> (18) 공범주가 만약 A-위치에 있고 국부적으로 A'-결속된다면 변항이다.[8]
>
> (An EC is a variable if it is an A-position and is locally A'-bound)

이제 (1)의 문장에 대해서 살펴보기로 하자. Huang(1984, 1987)에서 밝히고 있듯이 다음과 같은 문장에서 주어-목적어 비대칭이 보이는 것이 확실하다고 제안한다.

> (19) a. Zhangsan shuo [e bu renshi Lisi]
>
>   Zhangsan say   not know Lisi
>
>   Zhangsan said that (he) does not know Lisi.
>
>   '장산은 [e 리시를 모른다고] 말했다.'
>
> b. Zhangsan shuo [Lisi bu renshi e]
>
>   Zhangsan say   Lisi not know

---

7) 여기서 대명사의 정의는 어떠한지를 알아볼 필요가 있을 것이다. Chomsky(1982:35)에서 "만약 변항이 아니라면 대명사는 독립적인 의미역을 지닌 선행사에 의해 국부적으로 A-결속되거나 자유롭다."고 언급한다.

8) 물론 GB 이후에는 중간흔적의 역할이 사라져 국부적으로 결속되는 조항은 사라진다.

Zhangsan said that   Lisi does not know (him).
'장산은 [리시가 e 모른다고] 말했다.'

(1a)에서처럼 Huang(1987)은 (19a)도 pro로 가정하는데 무리가 없다고 한다. 왜냐하면 이 영주어가 주어에 의해 A-결속될 수 있기 때문이다. 반면에 (19b)에서의 영목적어는 주어에 결속되지 않는 것이 일반적인 해석인데 만약에 pro라면 왜 그런지 설명이 불가능하다는 것이다.

반면에 문귀선(2010)에서는 (1b)에서는 주어에 의해 결속되고 (1c)에서는 주어에 의해 결속되지 않는다고 하면서도 이 둘 모두 pro라고 주장하고 있다. 우선 여기에는 두 가지의 문제가 생긴다. 첫째, (1b)에서의 해석이 올바른 해석이냐의 문제이다. 과연 모문의 주어에 의해 영목적어가 결속될 수 있느냐가 관건이다. 즉 이 영목적어가 (1c)의 해석처럼 모문의 주어를 가리키지 않는다는 것이 일반적인 직관인 듯하다. 둘째, 문귀선(2010)의 해석이 옳다고 가정한다면 (1c)의 해석은 Huang(1987)의 해석과 동일한 반면 거의 같은 문장 구조를 지닌 (1b)는 다르게 해석하고 있다. 즉 영목적어는 모문의 주어에 의해 결속되는 것으로 해석하고 있다. 이것이 pro의 특징인데 그렇다면 (1c)는 pro가 아닐 수도 있다는 결론에 이르게 된다. 물론 이것에 대해 문귀선(2010)은 (13)와 (14)의 예를 들어 문맥에서 영어의 대명사와 같이 pro의 지시표현을 찾을 수 있다고 주장한다. 즉 둘 다 같은 영목적어인데 하나는 문장 내에서 그 선행어를 찾을 수 있고 다른 하나는 문맥에서 찾아야 한다는 것이 문귀선(2010)의 주장인데 받아들이기 어려운 주장임에 틀림없다. 만약 (1c)에서의 영목적어가 pro라고 주장한다면 이것은 영운용소에 의해 결속되는 결속 pro라고 말해야 할 것이다. 그 이유는 앞서 언급하였듯이 pro라면 왜 주어에 의해 결속되지 않는지를 설명할 수 없기 때문이다. 이러한 우리의 판단이 옳다면 이 pro는 용어만 다르지 Huang (1987) 변항과 다를 것이 없다.

또한 영어의 대명사와 한국어의 pro는 많은 공통점을 갖고 있지만 반면에 여러 면에서 다른 점도 발견되고 있는 것이 사실이다. Boskovich (2011:20-21)에서 인용한 Takahashi(2008)와 Şener & Takahashi, (2009)의 예를 보기로 한자.

> (20) a. Taroo-wa sannin-no sensei-o sonkeisiteiru.
>   Taroo-TOP three-GEN teacher-ACC respects
>   타로-는   세 명-의 선생님-을   존경한다
>   'Taroo respects three teachers.'
>   b. Hanako-mo e sonkeisiteiru.
>   Hanako-also respects
>   하나코-도 존경한다
>   '(Lit.) Hanako respects e, too.'
> (21) a. John respects three teachers.
>   b. Mary respects them, too.
>   c. Mary does, too.

(20b)의 문장에서 만약 영목적어가 생략이 되었다고 가정하면 두 가지의 해석이 나오게 되는데 '하나코와 타로가 존경하는 선생님 세 명이 같은 경우'와 그렇지 않은 경우가 그것이다. 반면에 pro라고 가정한다면 즉 (21b)에서처럼 영어의 대명사와 같은 역할을 하기 때문에 두 번째의 해석은 즉 '하나코와 타로가 존경하는 세 명의 선생님'이, 같지 않은 경우의 해석은 나오지 않는다. 그러한 해석은 영어에서도 생략구문에서 가능한 것으로 보인다. 또한 이러한 분석은 한국어에서도 일치

한다.

> (22) a. 철수는 세 명의 선생님을 존경한다.
>   b. 영희도 또한 존경한다.

(22b)에서 볼 수 있듯이 '영희가 존경하는 선생님 세 명'과 '철수가 존경하는 세 명'과는 다른 사람이라는 해석이 나온다. 만약 한국어의 pro가 영어의 대명사와 같은 역할을 한다는 문귀선(2010)의 주장을 따른다면 이 현상은 설명되지 않는다.

다만 문귀선(2010)은 pro가 그녀의 설명처럼 영어의 대명사가 갖고 있는 두 속성을 다 지니고 있다고 말할 수 있을 것이다. 중의적인 문장의 올바른 해석을 위해서 (22b)에서의 pro는 두 가지 속성을 다 지녀야 하는데 그것과 상대되는 영어의 them은 전혀 그런 기능을 가지고 있지 않다.[9]

다시 말하면 영어의 대명사와 한국어의 pro는 다음과 같은 점에서 큰 차이를 나타낸다. 다시 (1)번의 두 문장을 고려하기로 하자((23)으로 다시 쓰기로 한다).

> (23) a. 철수$_i$는 [영희가 e$_i$ 비난했다/때렸다고] 말했다.
>   b. 철수$_1$는 [e$_1$ [영희가 e$_2$ 보았다고] 말했다].

문귀선(2010)에 의하면 (23a)에서의 영목적어는 '철수'를 지시하고

---

9) 아래 문장 (34)에서 한국어에서의 pro는 바로 이 기능을 지니고 있다고 볼 수 있다. 왜냐하면 이것에 대응하는 영어의 대명사 his가 지시적이면서 결속적인 대명사의 기능을 지니고 있기 때문이다. 하지만 여기서의 대명사 them은 그러한 기능이 없는 것이다. 따라서 이완동일지시해석은 불가능하다.

(14b)에서는 '철수'가 아닌 누군가를 지시한다고 하였다. 그럼에도 불구하고 두 영목적어는 지시적 pro라고 주장하였다. 그렇다면 이러한 기능이 영어의 대명사에 있는지를 살펴보자.

(24) a. John said that Mary criticized him.
     b. John said that Mary saw him.

대명사 him이 (24a)에서는 (24a)와 같이 John을 지시하여 문귀선(2010)의 주장과 일치하지만 (24b)에서는 그녀의 주장과는 달리 대명사 him이 John을 지시하는 해석이 오히려 자연스럽다는 것을 알 수 있다. 따라서 한국어의 pro와 영어의 대명사는 여러 면에서 다른 점이 있기 때문에 영어의 대명사의 기능과 한국어의 pro의 기능을 같게 보고 주장을 전개하는 것은 무리가 있다고 판단된다.

다음의 문장을 보면 문귀선의 분석이 잘못되었음을 다시 한 번 확인할 수 있다.

(25) 철수가 자신을 비난했다.
    영희도 e 비난했다.

위의 문장은 두 가지의 해석 즉 엄밀동일해석과 이완동일해석이 동시에 생긴다. 문귀선(2010)처럼 pro라고 가정하면 이완동일해석에서는 영희를 지시하게 된다. 그렇다면 pro가 주어에 의해 결속되게 되는데 결속조건 B를 위반하게 된다.

4.2 대안으로서의 명사구 생략 분석

지금까지 우리는 문귀선(2010)의 pro 분석에 대해 알아보았다. 그러한 분석은 많은 문제를 지니고 있기 때문에 Kim(1999)과 Boskovich(2011)에서와 같이 명사구(논항) 생략 분석이 올바른 접근이라고 결론지을 수 있을 듯하다. 즉 명사구 생략 분석에서는 앞에서 재기된 문제를 모두 해결 할 수 있는 것으로 판단된다.

우선 이제 지금까지 미뤄 놓았던 영주어문제를 다시 논의해 보기로 하자((1c)와 (2b)의 문장을 (26a)와 (26b)로 다시 쓰기로 한다.).[10]

> (26) a. 철수1는 [e₁ [영희가 e₂ 보았다고] 말했다].
>   b. 철수가 자신의 부인이 아름답다고 생각한다.
>   대한이도 e 아름답다고 생각한다.

문귀선(2010)에 의하면 (26a)의 e₁는 결속된 pro이다. 곧 일반적으로 생성문법에서는 변항으로 불린다. 즉 다음과 같은 구조를 갖게 된다.

> (27) 철수1는 [pro₁ [영희가 e₂ 보았다고] 말했다].

Chomsky(1982:12)가 "대명사는 변항으로서 역할을 하는데 그 이유는 독립적인 지시를 가질 필요성이 없기 때문이다."고 언급하였듯이 이 문장에서 모문의 주어는 pro의 형태를 지니고 있는 변항이 된다(물론 주제화 위치에 있는 '철수'가 여기선 운용소의 역할을 한다.).

문귀선(2010)에 의하면 영주어 pro도 두 가지로 나뉜다는 것을 알 수

---

10) 지금까지 이 문제를 다루지 않았던 것은 예를 들어 동사구 생략 분석으로는 영주어 현상을 다룰 수 없기 때문이다.

있다. 즉 (1a)에서의 내포절에 있는 주어 pro는 지시적인 pro이고 (1c) 즉 (a)에 있는 pro는 결속 pro가 그것이다. 이것은 일반적으로 pro와 변항을 의미하는 것이다.

이러한 현상은 (2)의 문장에서 더 확연해진다((28)로 다시 쓰기로 한다.).

> (28) a. 철수가 자신의 부인이 아름답다고 생각한다.
>   b. 대한이도 e 아름답다고 생각한다.

이 문장에서의 영논항은 지시적인 pro 그리고 결속 pro의 속성을 지닌 것으로 엄밀동일해석과 이완동일해석이 동시에 나온다.

지금까지 우리는 영주어의 속성에 대해서 알아보았다. 영주어도 영목적어와 같이 두 가지 속성(엄밀동일해석과 이완동일해석)을 모두 지니는 것으로 파악되었다. 따라서 영목적어와 영주어가 같은 속성을 지녔다면 영주어도 영목적어와 같은 분석이 적용될 수 있으리라 판단된다.

만약 명사구 생략 분석이 4.1에서 알아본 pro 분석의 문제점을 보완할 수 있다면 우리는 이들 영논항 즉 영목적어와 영주어를 모두 빈 명사구(empty NPs)로 봐야한다는 결론에 이르게 된다.

문귀선(2010)의 pro 분석에서 가장 문제가 되는 다음의 문장을 다시 보기로 하자.

> (29) 철수가 자신을 비난했다.
>   영희도 e 비난했다.

(29)에서 '자신'은 대명사의 두 가지 속성 즉 지시적 pro와 결속 pro 속성을 다 가지고 있는 것으로 가정된다. 그러면 엄밀동일해석은 pro

가 철수를 지시하면 무난히 얻어질 수 있다. 하지만 문제는 결속 pro일 때 일어난다. 이때 LF 구조는 대략 다음과 같을 것이다.

(30) [pro₁ [영희₁도 pro₁ 비난했다]]

(30)에서 pro가 주어 영희에 의해 결속되기 때문에 이것은 결속 조건 B를 위반하여 pro 분석은 합당한 분석이 아닌 것으로 보인다.

그럼 Kim(1999)에 의해 제시된 명사구 생략 분석에 의해 위의 문장을 분석해 보기로 하자.

(31) a. 철수가 자신을 비난했다.
    b. 영희도 e 비난했다.

(31a)의 명사류 표현은 다음과 같이 재구성 된다.

(32) a. 철수^{a}₁가 [자신^{a}₁]을 비난했다.
    b. 철수^{a}₁가 [자신$^\beta$₁]을 비난했다.

(31b)의 영목적어는 다음과 같이 또한 재구성된다.

(33) a. 영희^{a}₂도 [자신^{a}₁]을 비난했다.
    b. 영희^{a}₂도 [자신$^\beta$₂]을 비난했다.

기호에 대해서 쉽게 설명하면. a는 정항(constant, 문귀선(2010)의 용어로는 지시적인 pro와 같은 역할을 함)이고 β는 변항(variable, 문귀선(2010)의 용어로는 결속 pro)이라고 보면 되고, 하위첨자는 우리가 흔히 사용하고 있는 지표를 말하는 것이다. 여기서 중요한 것은 상위첨자는 Fiengo와 May(1994)의 의존이론(Dependent Theory)와 관련되어 한 번 결정되면 변경이 불가능하다는 것이고 또 하나 하위지표는 결속이론에 민감하여 또한 도출과정에서 그 지표는 변경될 수 있다는 것이다.

(33a)에서 볼 수 있는 것처럼 [자신$^{\alpha}_1$]은 '철수'를 지시하기 때문에 엄밀동일해석이 나오고 (33b)에서 볼 수 있는 것처럼 [자신$^{\beta}_2$]은 '영희'를 지시하기 때문에 이완동일해석이 나오게 된다.

마지막으로 문귀선에서 다룬 다음 문장을 살펴보면서 문귀선(2010)의 주장이 명사구 생략 분석에서도 완전히 설명될 수 있음을 보이고자 한다.[11]

(34) a. 존은 자신의 당나귀를 때리고 빌도 e 때린다.
　　 b. 모든 농부들이 자신의 당나귀를 때리고 빌도 e 때린다.

문귀선(2010)에서는 (34a)의 문장은 두 가지 해석 즉 엄밀동일해석과 이완동일해석이 모두 나오고 (20b)의 문장에서는 이완동일해석만이 나오는데 이들 모두 pro로 분석할 수 있다고 하였다.

문귀선(2010)에 의하면 (34a)에서 '자신'은 영어에서의 his와 같은 역할을 하기 때문에 지시적인 pro와 결속 pro가 될 수 있고 따라서 두 가지

---

11) 사실 이 문장은 Abe(2006, 2009)의 분석에서 다룰 수 없는 것을 해결할 수 있다고 내놓은 문장이다. Abe(2006, 2009)에서는 선행어와 영목적어 사이에 성분통어가 성립되면 그 영목적어는 pro이고 따라서 엄밀동일해석만이 나오고 만약 성분통어관계가 성립되지 않는다면 영목적어는 생략되어 있고 따라서 두 가지 해석이 다 나온다고 보았다. 하지만 이 문장은 선행어와 영목적어가 성분통어의 관계에 있지 않기 때문에 영목적어는 생략이고 따라서 두 가지 해석이 다 나와야 한다는 것이 문귀선(2010)의 주장이다. 이러한 문귀선(201)의 설명은 옳은 설명이 아니기 때문에 다시금 그것에 대한 올바른 설명을 하고자 해서 이 문장을 예로 든 것이다. 즉 생략이라고 해서 두 가지 해석이 모두 다 항상 산출되는 것은 아니라는 뜻이다.

해석이 모두 나온다고 한다. 반면에 (34b)는 '자신'이 전칭양화사 '모든'에 결속되기 때문에 결속 변항에 의한 해석만이 가능하다는 것이다. 따라서 이완동일해석만이 가능하다고 한다.

앞서 언급했듯이 LF에서 대명사는 두 가지의 속성 α-출현(occurrence)와 β-출현 속성을 지니는데 (20a)에서의 대명사는 α-출현(α-occurrence, 정항(constant)적인 요소)와 β-출현 속성(결속 변항적인 요소)을 다 가지고 있다.[12) 따라서 두 가지 해석이 다 가능하다.

반면에 (34b)에서의 '자신'은 결속 변항이기 때문에 β-출현 속성만을 지니게 된다. 따라서 이완동일해석만이 나오게 된다. 그 과정을 간략히 살펴보기로 하자.

(35) 모든 농부들$^{a}_1$이 [자신$^{\beta}_1$의 당나귀$^{a}_2$]를 때리고 빌$^{a}_3$도 [자신$^{\beta}_3$의 당나귀$^{a}_4$] 때린다

여기서 '자신'은 β-출현의 속성을 지니고 있어서 문맥에서 그 지시를 의존해야 하는 것이기 때문에 즉 결속적인 속성을 지니고 있기 때문에 위와 같이 이완동일해석만이 산출된다. '자신$^{\beta}_3$'의 지표는 '빌$^{a}_3$'에 결속되어 '빌'과 동일하게 된다. 그래서 빌$^{a}_3$ 자신$^{\beta}_3$의 당나귀$^{a}_4$가 되고 이것은 농부들의 당나귀^{a}2와 다르다.

5. 결론

지금까지 우리는 한국어에서의 영논항의 정체가 무엇인지를 살펴보

---

12) 여기서 정항(constant)는 문귀선(2010)의 용어로는 지시적인 pro로 보면 무방하리라 본다. 물론 결속 변항은 같은 의미로 쓰인다.

았다. 그 결과 한국어에서의 영논항은 명사구(논항) 생략 분석에 의해 가장 잘 설명된다는 것을 알게 되었다. 영주제 변항 분석은 (1)과 같이 한 문장 안에 있는 영목적어의 경우에는 잘 설명되지만 (2)와 같이 대등 접속절에서의 영목적어의 경우에는 잘 설명될 수 없는 것을 보았다.

그래서 우리는 동사구 생략 분석을 알아보았다. 이 분석 하에서도 예를 들어 전체-부분을 나타나는 목적어가 있는 구문에 대해 올바른 해법이 제시되지 않음을 관찰하였다.

그래서 우리는 이러한 어려움을 극복할 수 있는 명사구 생략 분석에 대해 알아보았다. 이어 우리는 명사구 생략 분석과 마찬가지로 위의 분석들의 문제점을 해결할 수 있다고 주장하는 pro 분석에 대해서 논의하였다. 하지만 이러한 분석은 영어의 대명사와 한국어의 pro를 동일시하여 pro를 지시적인 pro와 결속 pro로 나누어 분석한 것인데 특히 재귀대명사(대용사)가 목적어로 쓰이는 문장에서 결정적인 문제가 발생한다. 따라서 이러한 문제점을 모두 해결할 수 있는 명사구 생략 분석에 의해 영목적어를 분석하는 것이 가장 좋은 접근법이라고 판단되었다.

한편 영주어의 경우도 영목적어와 같이 두 가지 속성을 다 보이기 때문에 영목적어와 같은 분석이 필요하다는 것을 보였다. 그리고 이 영주어의 경우도 명사구 생략 분석으로 해결 할 수 있음을 주장하였다.

참고문헌

김용석, 1994, 한국어의 공대명사 현상에 관하여. 생성문법연구 4, 45-84.

문귀선, 2010, 영논항의 속성 재조명, 언어학. 18-1, 67-92.

양동휘, 1984, '확대 통제 이론. 어학연구,' 20, 19-30.

Abe, Jun. 2006. "Licensing Conditions in Ellipsis,"ms., Tohoku Gakuin University.

Abe, Jun. 2009. "Identification of Null Arguments in Japanese," in *The Dynamics of the Language Faculty: Perspectives from Linguistics and Cognitive Neuroscience*, Hiroto Hoshi ed., 135-162 Kuroshio Publishers, Tokyo.

Zeljko Boskovic. 2011. "Rescue by PF Deletion, Traces as (Non)interveners, and the That-Trace Effect," *Linguistic Inquiry*, 42, 1-44.

Chomsky, Noam. 1980. "On Binding," *Linguistic Inquiry* 11, 1-46.

Chomsky, Noam. 1982. *Some Concepts and Consequences of the theory of the Government and Binding*, Dordrecht, Foris.

Fiengo, Robert and Robert May. 1994. *Indices and Identity*, MIT Press, Cambridge, Massachusetts.

Huang, C. T. James. 1984. "On the Distribution and Reference of Empty Category, *Linguistic Inquiry*," 15, 531-574.

Huang, C.-T. James. 1987. "Remarks on Empty Categories in Chinese," *Linguistic Inquiry* 18, 321-337.

Huang, C. T. James. 1989. "Pro-Drop in Chinese; A Generalized Control Theory," in *The Null Subject Parameter*, ed., Jaeggli, Osvaldo and Kenneth J. Safir. 185-214. Kluwer Academic publishers. The Netherlands.

Hoji, Hajime. 1998. "Null Object and Sloppy Identity in Japanese," *Linguistic Inquiry* 29, 127-152.

Jaeggli, Osvaldo and Kenneth J. Safir. 1989. "The Null Subject Parameters and Parametric Theory," in *The Null Subject Parameter*, ed., Jaeggli, Osvaldo and Kenneth J. Safir. 1-44. Kluwer Academic publishers. The Netherlands.

Kim, Soowon. 1999. "Sloppy/Strict identity, empty objects, and NP ellipsis." Journal of East Asian Linguistics 8:255-284.

May, Robert. 1977. *The Grammar of Quantification*, Doctoral Dissertation, MIT, Cambridge, Massachusetts.

Otani, Kazuyo and John Whitman. 1991. "V-Raising and VP-Ellipsis," *Linguistic Inquiry* 22, 345-358.

Şener, Serkan, and Daiko Takahashi. 2009. Argument ellipsis in Japanese and Turkish. Ms., University of Connecticut, Storrs, and Tohoku University.

Takahashi, Daiko. 2008. Noun phrase ellipsis. In The Oxford handbook of Japanese linguistics, ed. by Shigeru Miyagawa and Mamoru Saito, 394-422. New York: Oxford University Press.

Xu, Liejiong. 1986. "Free Empty Category," Linguistic Inquiry 17, 75-93.

Yoon, James Hye-Suk. 1989. "The Grammar of Inalienable Possession Constructions in Korean, Mandarin and French," in Susumu Kuno et al. eds., 357-368 *Harvard Studies in Korean Linguistics* III, Hanshin Publishing Company, Seoul.

제 5 장

한국어 논항생략 재조명[*]

이 우 승

1. 서론

한국어, 일본어, 중국어와 같은 동아시아 언어에서 영논항, 즉 논항이 의미상으로 존재하지만 표면적으로 나타나지 않는 경우가 다양한 구문과 문맥에서 광범위하게 관찰된다.[1] 구체적으로, 특정 논항에 대해 언어학적 선행사가 존재할 때뿐만 아니라, 언어학적 선행사가 표면적으로 나타나지 않은 경우에도 논항생략이 빈번하게 관찰된다. 본 연구에서는 한국어의 논항생략에 대해 알아볼 텐데, 한국어는 서술어에

* 이 논문은 2019년 6월 28일 동국대학교에서 개최했던 생략 워크샵(Universals of (c)overt anaphora in information packaging)에서 발표한 필자의 2015년 '통사이론의 분화와 통합'에 출판된 연구 '한국어의 명사구와 절 생략'을 부분적으로 수정하여 작성된 것임. 워크샵에서 건설적인 비평과 조언을 주셨던 선생님들께 깊은 감사를 표한다. 논문에서 발견되는 오류는 전적으로 필자의 몫임을 밝힌다.
1) 영논항에 대한 대표적인 연구는 한국어의 경우 W. Lee (2016), 일본어의 경우 Sakamoto (2016), 중국어의 경우 Cheng(2013)의 참고문헌에 기재되어 있다.

일치 표지 없이도 논항이 생략되는 radical pro-drop 언어로 분류되기 때문에, 공백의 논항자리를 pro로 보는 견해가 우세하다. 한편, 아래 (1)과 같은 예문에서 관찰되는 이완 동일 해석(sloppy identity interpretation)을 근거로 V-stranding VP ellipsis도 또 하나의 주요 분석으로 자리 잡고 있다.

(1) A: 철수는 그의 아버지를 존경한다.
    B: 동수도 ___ 존경한다.

V-stranding VP ellipsis 분석에서는 다음 (2)에 간략하게 표현된 방식으로, 예문 (1)에서 허용되는 이완동일해석을 설명한다.

(2) A: 철수는 그의 아버지를 존경한다.
    B: 동수도 [크의 아버지를 t_i] 존경한다.

먼저, 생략된 논항을 포함하고 있는 화자 B의 발화에서 VP 내부의 Head인 동사가 VP 밖으로 빠져나간 후, 해당 VP가 화자 A의 발화의 VP와 동일조건을 만족함으로써 삭제되는 방식이다. 물론, 여기서 흔적/복사(trace/copy)의 색인(index)은 고려하지 않는다. 이 분석에서는 대명사 '그'가 각각 철수와 동수와 공 지시될 수 있어서, 엄밀 동일 해석 뿐 아니라 이완 동일 해석도 잘 설명할 수 있다. 하지만, 동사 상승(Verb-raising) 후 남아있는 VP의 생략을 가정하는 이 분석에서는 VP 내부의 부사구가 생략된 VP 안에 남아서 해당 의미를 부여하기 때문에, 아래 (3)과 같은 예문은 설명하기가 어렵다(M-K Park 1994). 구체적으로, (3)은 (4)처럼 분석이 되어, 부사구 '열심히'가 B의 발화의 일부일 수밖에 없다. 이 의미는 (3)에 비문으로 표기된 바와 같이 허용되지 않는다.

(3) A: 나는 그 문제를 열심히 풀었어.
B: 나도 풀었어. (= 나도 그 문제를 풀었어. *나도 그 문제를 열심히 풀었어.)

(4) A: 나는 그 문제를 열심히 풀었어.
B: 나도 [크 문제를 열심히 t] 풀었어.

이와 같은 문제들에 직면하여, 보이지 않는 논항만을 단독으로 PF에서 삭제하거나 LF에서 복사하는 과정을 통해 공백의 논항을 설명하는 논항 생략(Argument Ellipsis)분석도 추가적인 분석으로 제안 및 논의 되어왔다(S-W Kim 1999, Takahashi 2008 외 다수.).[2] 논항 생략 분석의 경우, 공백으로 나타난 논항의 허가(licensing)와 회복(recovery)을 설명하는 방식은 다시 삭제(PF Deletion)와 복사(LF Copying)의 두 가지 통사적 작동(syntactic operation)으로 나뉜다. 위에 언급한 바와 같이 본 논문에서는 한국어의 논항 공백에 대해 알아볼 텐데, 위의 제안들 중에 마지막으로 언급된 논항 생략 분석(Argument Ellipsis Analysis)을 옹호하며 LF 복사(LF Copying)를 제안한 W. Lee(2014)와 주요 분석을 같이 한다. 다만, LF interpretation에서 해당 분석이 직면할 수 있는 문제의 해결을 위해 최소주의의 핵심 원칙중 하나인 inclusiveness 제약의 완화를 제안한다. 이 논문에 쓰인 자료들은 이전에 출판된 관련 논문에서 논의되었던 것과 일부는 동일하거나 혹은 약간의 수정을 거쳤고, 일부는 새롭게 추가된 것들이다. 본 논문은 다음과 같이 구성되어있다. 2장은 한국어 논항 공백의 특징 및 관련 자료를 살펴본다. 구체적으로, 명사류의 논항과 절 형태의 논항이 공백으로 나타난 다양한 예시를 소개하며, 영 논항의 여러 가지

---

2) 동사상승 자체가 논란의 여지가 많은 가정이다. Han et al. (2007)에서는 동사인상에 관한 실험 연구를 바탕으로 화자마다 동사 인상 허용 여부가 다르다는 주장을 하며, 한국어의 동사인상에 있어서 문법 경쟁이 관찰된다고 제안했다.

통사/의미적 자질을 알아본다. 3장에서는 논항 공백을 설명할 수 있는 통사적 분석을 제안한다. 제안된 분석은 큰 틀에서 보면 W. Lee(2014)와 유사하지만, 세부적으로는 상이한 부분이 있다. 이것을 3장에서 함께 논의하고자 한다. 이어서, 4장에서는 얼핏 보면 논항이 공백으로 나타날 수 있는 문맥으로 보이지만 실제로는 표면적으로 반드시 드러나야만 하는, 즉 논항이 생략될 수 없는 자료를 관찰하고, 그 이유에 대해 생각해본다. 5장은 마무리 제언으로 이루어진다.

2. 한국어의 논항생략

앞 장에서 언급한 바와 같이, 한국어에서 논항 생략은 언어학적 선행사가 없이도 빈번하게 나타난다.[3] 뿐만 아니라, 언어학적 선행사가 존재할 때는 더 다양한 요소가 통사/의미적 제약 하에 생략이 된다. 흥미롭게도, 선행사가 존재하는데도 불구하고, 논항 생략이 불가능한 경우도 관찰된다. 이 장에서는 한국어의 생략현상 및 그와 관련된 통사/의미적 자질을 살펴보기로 한다. 먼저 언어학적 선행사가 없는 경우에 나타나는 논항생략에 대해 알아보기로 한다.

2.1 언어학적 선행사의 부재

2.1.1 문맥에서 허가되는 생략

아래 (5-6)를 보면, 구체적인 언어학적 선행사 없이 보어가 생략된

---

3) 본 연구에서는 대화 혹은 일련의 발화가 아닌 하나의 복합문에서 관찰되는 논항 생략 현상은 논의에서 배제한다. 관련 논의는 M-K Park (2014 a, b), Abe (2009), Sakamoto (2016) 참고

타동사가 사용되고 있다. (5)의 경우, '먹다'의 보어가 생략되어 있다. 문맥상 '무엇인가'를 보충해 볼 수 있다.

> (5) A: 저 식탁과 의자는 아무도 사용하지 않니?
> B: 어제 철이가 거기서 ___ 먹고 있던데...
> = 어제 철이가 거기서 (무엇인가를) 먹고 있던데...4)

마찬가지로, (6)의 경우, '켜다'의 보어가 표면적으로 나타나있지는 않지만, 손가락의 지칭(finger-pointing or Deixis)을 통해서 '히터'를 보충해 볼 수 있다. 이것은 통사적 생략이라기보다는 대명사의 주요 용법중의 하나인 지시적 용법(Deictic usage)으로 볼 수 있다.

> (6) A: 왜 방이 왜 이렇게 덥니?
> B: (히터를 가리키며) 철이가 켰어.

유사하게, 다음 (7-8)을 보면 공백의 논항은 주어진 문맥을 통해 CP '그것이 무엇인지' 와 CP '너희들이 무슨 이야기를 나누고 있었는지' 로 각각 보충해 볼 수 있다.

> (7) (누군가가 방에 들어왔을 때, 아이가 갑자기 무엇인가를 가방 속에 급히 넣는 것을 목격한다.)
> 내가 ___ 맞춰볼까? (= 내가 (그것이 무엇인지) 맞춰볼까?)
> (8) (누군가가 방에 들어왔을 때, 사람들이 갑자기 하던 얘기를 멈추고 조용해진다.)
> (i) 나도 ___ 알고 싶어.

4) 이 논의와 관련해서, 두 개의 별개의 동사, Vt 먹다^1, Vi 먹다^2,를 설정하는 것도 가능하다. 이 경우, (5)의 예문에 생략현상이 없다고 주장할 수 있다.

= 나도 (너희들이 무슨 이야기를 나누고 있었는지) 알고 싶어.

(ii) 나에게도 ____ 말해줘.

= 나에게도 (너희들이 무슨 이야기를 나누고 있었는지) 말해줘.

이와 같이 구체적인 언어학적 선행사 없이도 명사구나 절의 생략이 가능하다. 본 연구에서 이러한 생략된 논항은 Stainton(2006b)에 근거하여 화용적인 생략, 즉 ellipsispragmatic이라고 간주한다. 다음 장에서는 임의의 해석을 갖는 영 논항이 나타나는 구문을 살펴보기로 한다.

2.1.2 임의 해석 영 논항

한국어에서는 임의의 해석을 갖는 영 논항이 나타난다. 구체적으로 (9-10)을 보면, 선행사의 부재에도 불구하고, 일반적인 사람을 지칭하는 영 논항이 잠재해있는 것으로 보는 것이 가능하다. 본 연구에서 이것은 pro라고 가정한다.

(9) 이번 태풍에 ____ 피해를 엄청나게 입었다.

(10) 콜롬비아에서 ____ 커피를 주로 재배한다.

다음으로, 언어학적 선행사가 존재하는 생략현상을 살펴보자.

2.2 언어학적 선행사의 존재

2.2.1 엄밀 동일(strict identity) 생략

이 장에서는 먼저 엄밀 동일(strict identity) 생략현상을 보기로 한다. 보이지 않는 논항이 언어학적 선행사를 갖고 있을 때, 공백의 논항은 pro

이고, 대명사류인 '그' 또는 '그것'과 교체가능하다(Polinsky and Potsdam 2002; Monahan 2003; Takita 2008; Lee and Kim 2010). 다음 (11-13)를 보자.

(11) Q: 누가 그 책을 읽었니?
　　 A: 철이가 ＿＿ 읽었어.
(12) Q: 철이가 누구를 만났어?
　　 A: ＿＿ 동수를 만났어.
(13) Q: 철이가 그 영수증을 어떻게 했니?
　　 A: ＿＿＿　　＿＿＿ 찢었어.

이 경우, 보이지 않는 논항들은 대명사류인 '그' 또는 '그것'과 교체 가능하고, 이전 연구에서처럼 pro라고 제안한다(Ahn and Cho, W. Lee etc.). 주목할 것은 이처럼 엄밀하게 동일한 대상을 지칭을 하지 않는 경우 에도 한국어에서 논항이 생략되는 것이 가능하다. 다음 장에서 살펴보 도록 한다.

2.2.2 이완 동일(sloppy identity) 생략

이 장에서는 겉보기에 선행사와 음성적으로 완전히 동일한 표현이 아님에도 불구하고, 논항이 생략되는 경우를 살펴보기로 한다. 먼저 명사류의 생략현상을 보자. (14-24)는 선행사와 생략된 논항이 엄밀하 게 동일하지는 않은 예문들인데, 기능적 자질이 다르더라도 어휘적 자 질이 동일하면 두 논항들 사이에서 생략이 가능하다. 구체적으로, (14-15)는 극성 (polarity)이 다른 논항들 사이에 생략이 일어난 예이다. Huddleston and Pullum(2007)에 따르면, anything '아무것도'는 부정극어, something '무엇인가'는 긍정극어로서 극성자질에 있어서만 차이를 보

인다.5)

★ 통사 / 의미적 자질: [polarity]

    (14) Q: 너 아무것도 안 먹었니?

         A: 아니, (나 무엇인가를) 먹었어.

    (15) Q: 너 아무도 안 만났니?

         A: 아니, (나 누군가를) 만났어.

다음 (16-17)의 대화에서는 생략된 논항들이 어휘적 자질은 동일하지만, 기능적 자질인 구체성(definiteness/specificity) 자질이 서로 다른 경우이다.

---

5) W. Lee (2014)에서 논의된 바와 같이, 극성의 canonical or default value는 긍정 극성 (positive polarity)이다 (Huddleston and Pullum 2007). 위의 (14-15)예문과 관련하여 생길 수 있는 의문은 어떻게 긍정극성을 가진 명사구 '무언가를'이 부정극성을 가진 명사어 구 '아무것도'를 선행사로 가지고, 생략이 되는가 하는 문제이다. 겉보기에 이 두 요소 는 서로 다른 명사구이기 때문이다. 하지만 면밀히 살펴보면, 이 두 개의 명사구는 이 어휘소 (allolexes)라고 할 수 있는데, 이어휘소란 음운론에서 제안하는 이음 (allophones) 혹은 형태론에서 사용하는 이형태소 (allomorphs)와 유사한 개념이다. 구체적으로, 이어 휘소 (allolexes; all 'other' + lex 'word': Greek)라는 용어는 하나의 추상적인 어휘소 (lexeme; lex 'word' + -eme 'abstract unit': Greek)가 맥락에 따라 다르게 실현되는 경 우를 일컫기 위해 W. Lee (2014)에서 제안한 것이다. 이것은 마치 하나의 음소 (pho-neme)와 형태소 (morpheme)가 각각 환경에 따라 다르게 실현되는 경우를 일컫는 이음 (allophones)과 이형태소 (allomorphs)와 마찬가지이다. 이런 의미에서, '아무것도'와 '무 언가를'은 한 가지 자질, 즉, 극성자질에서만 대조를 이루고 있다. 분명한 것은 '아무 것도'는 부정극성을 가지고 있고, '무엇인가'는 긍정극성을 지니고 있다. 아래의 흥미 로운 예를 살펴보자.

  (i) Q: 너 책 안 샀니?

    A: 아니, 책 샀어.

  (ii) Q: 너 아무것도 안 샀니?

    A: 아니, 무언가를/*아무것도 샀어.

위의 대화에서 보여주는 것처럼, (i)에서는 밑줄 친 목적어 '책'이 문답에서 그대로 유 지되는 반면, (ii)에서는 그렇지 않다. 이 대화는 '아무것도'는 긍정문에서 반드시 '무언 가를'로 실현되어야 한다는 것을 보여주는데, 이것은 이 두 요소가 이어휘소(allolexes) 라는 것을 보여준다. 부정어 '아무것도'와 긍정극어 '무언가를'은 추상적인 층위에서 보면 어휘소는 동일하지만, 서술어의 [±neg]자질에 민감하므로, 서술어의 부정성자질에 따라 다르게 실현되는 것이다.

★ 통사/의미적 자질: [definiteness/specificity]

(16) 명확한 지칭대상 (Definite Reference)이 언어학적 선행사로 나타난
경우

A: 너 내 노트북 가져갔니?

B: 아니, 나 _____ 안 가져갔어. (___: definite)

B': 아니, 나 그것 안 가져갔어. (= B)

A: ____ 잃어버린 것 같아. (___: definite)

B: 늘 ___ 필요할 건데, 하루 빨리 ____ 사렴. (___: indefinite)

(17) 불명확한 지칭대상 (Indefinite Reference)이 언어학적 선행사로 나
타난 경우

A: 너 연구조교 (한 명) 필요하니?

B: 아니, 나 ____ 안 필요해. (___: indefinite)

B': 아니, 나 그가 안 필요해. (=/= B)

A: 지난 번에 ____ 구한다고 하더니... (___: indefinite)

B: 너 ____ 아직 못 만나 봤나 보구나...나 ____ 이미 뽑았어.

(___: definite)

다음으로 절 형태의 논항생략을 살펴보기로 한다. 아래 (18-19)의
대화는 생략절이 선행사절과 핵심 명제는 같지만, 기능범주의 자질인
[Q/wh] 또는 [C: ____] 의 자질이 상이한 예이다. 구체적으로, (18)에서
는 생략절과 선행사절은 핵심 명제 '철이가 그 사실을 안다'를 공유하
고 있지만, 기능적 주변 자질(functional peripheral features)에 있어서 차이를
보인다. 또한, (19)에서는 생략절과 선행사절은 핵심 명제 '한국이 브
라질에게 축구를 지다'를 공유하고 있지만, 기능적 주변 자질(functional
peripheral features)에 있어서 상이하다.

★ 통사/의미적 자질: [Q] or [wh]

(18) A: 나는 [철이가 그 사실을 안다고] 생각해.

  B: 내가 영희에게 _____ 물어봤어.
  (그가 그 사실을 아직 모른다고 하더라.)

★ The semantic feature: [C: _____]

  (19) A: 철수는 [한국이 브라질에게 축구를 져서] 실망했다. [C: cause]
    B: 너는 _____ 예상했었니? (___: 한국이 브라질에게 축구를 질
       거라고)
  (20) A: 너는 [한국이 브라질에게 축구를 질 거라고] 예상했었니?
    B: 난 ___ 정말 실망했다. [C: cause] (___: 한국이 브라질에게 축
       구를 져서)

  지금까지 살펴본 바와 같이 한국어의 논항은 명사어구 (DP) 논항의
경우는 핵심 어휘소, 절 논항의 경우는 핵심 명제만 같으면 선행사와
기능적 자질이 다르더라도 생략이 가능하다.

3. 제안

3.1. LF Copying

  영논항에 관한 이전 연구는 크게 세 가지 연구로 나누어진다. 이것
은 *pro* 분석(Ahn and Cho 2009, 2010, 2011; Moon 2010; M-K Park 1994, 2012 for
Korean), 삭제 분석(S-W Kim 1999; Um 2011 for DP deletion analysis, Huang 1999; Otani
and Whitman 1991 for VP ellipsis analysis) 그리고 통합분석(Park and Bae 2012, Lee
2011 etc.)으로 분류된다. 위의 2장에서 제시된 예문들은 선행사와 삭제
대상 사이의 다양한 자질 불일치를 보여주는데, 이것은 생략된 부분의
내부 구조의 존재를 암시한다. 즉, 생략된 부분은 삭제연산에 의한 것

이라는 암시를 해준다. 중요한 질문은 정확히 어떤 부분이 삭제되는가 하는 것이다. 이 논문에서는 삭제 대상은 (21)에 동그라미로 표시된 어휘적 핵이라고 제안한다.[6]

(21) 삭제대상[7]

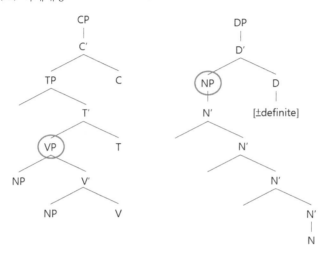

구체적으로 2장에서 소개한 (14-20)에서 삭제대상은 선행사와 어휘적 중심부(lexical core)에 있어서 동일하기 때문에 삭제되었다. 어휘적 중심부란 최소한의 추상적 어휘소(lexeme) 혹은 최소한의 명제(VP proposition)을 가리키는데, 이것은 그 이름이 암시해주듯이 기능적 자질([D], [T], [C] 등)이 없는 VP를 말한다. (14-15)에서 극성자질을 제외하면 선행사와 삭제대상은 동일하다. 둘 다 같은 어휘소(lexeme)에서 파생된 이어휘소(allo-lexes)이기 때문이다. (16-17)에서도 일단 한정성 자질을 무시하면

---

6) Lee (2014)에서 제시된 DP구조에 대한 정당성을 논의하였다.

7) 삭제 대상인 동사구 (VP)는 Larson (1988)이 제안한 VP shell구조의 가장 내부에 들어있는 핵심 명제, 즉 내용이 있는 (contentful) 동사구와 같은 개념으로 이해하면 될 것이다.

선행사와 삭제대상은 동일한 이어휘소라고 할 수 있다. (18-20)에서 보문소의 의문자질 혹은 원인자질을 제거하면 선행사와 삭제대상은 동일한 어휘적 중심부를 공유하고 있다.

요약해 보면, (14-20)에서 삭제는 선행사와 삭제대상의 어휘적 중심부의 동일성 조건만 만족시키면 가능하다. 이와 같은 자질 불일치를 보이는 예문들은 영논항에 대한 획일적 *pro* 분석을 약화시킨다. 다음 3.2에서는 생략된 부분이 어떻게 관련 의미를 얻는지를 논의하고자 한다.

3.2. 해석 장치: LF 복제

위 3.1의 삭제연산과 더불어 이 논문에서는 해석 장치로서 LF 복제 (Oku 1998, 2001, Lee and Kim 2010, Lee 2011)를 제안한다. 단어가 더 이상 분해할 수 없는 primitives가 아니라 통사/의미/음성 음운적 자질들의 묶음이라는 최소주의의 기본 가정에 따라 자질들은 (선택적으로) 삭제되고, 복제될 수 있다. 이것은 완전한 어휘가 아니라 어휘의 구성성분이라고 할 수 있는 자질들이 단독으로 이동할 수 있다는 최소주의의 기본 가정과도 상통한다.[8] LF에서의 자질 복제를 논하기 전에 명사구 뿐만 아니라 절이 영논항으로 나타난 경우도 pro 단일 분석을 재평가하고, 대안이 될 수 있는 분석을 찾아야 하는 이유에 대해 살펴보기로 하자.

---

8) Chomsky는 Pollock(1989)를 근거로 강한 자질은 보이는 이동을 하고, 약한 자질은 보이지 않는 이동을 한다고 제안했다. 보이지 않는 이동은 Spell Out이후의 연산이고, 따라서 음성적 결과로 제약을 받지 않기 때문에 온전한 어휘보다는 점검자질만의 최소 이동으로 간주된다. 자질 이동이 온전한 하나의 범주를 이동하는 것보다 더 최소의 연산이므로, 불가시적 이동이 가시적 이동보다 선호된다.
　Chomsky (1995)에서는 하나의 어휘를 LF에서 자질 분해하는 것이 가능하고, 하나의 어휘에서 관련된 자질들만이 LF에서의 통사적 연산에 영향을 받을 수 있다는 사실을 분명히 했다.

Merchant(2001)에 근거하여 Ahn and Cho(2009)를 시작으로 일련의 논문에서는 한국어에 진정한 절 삭제는 없고, 모든 표면상의 절 생략 현상은 pro로 설명할 수 있다고 주장한다. 예로 그 논문의 (22)을 고려해보자. 구체적으로 그들은 (22A)의 절 보어 '영희가 돌이를 사랑한다고'가 (22B'–B'')에서처럼 명사어구 '영희가 돌이를 사랑한다는 것', 즉 '그것'으로 치환될 수 있고, 그 후 (22B)에서와 같이 보이지 않는 대명사 pro가 된다고 주장한다.

(22) A: 나는 [영희가 돌이를 사랑한다고] 믿는다.
　　 B: 나는 ＿＿＿ 믿지 않아.
　 = B': 나는 [영희가 돌이를 사랑한다는 것]을 믿지 않아.
　 = B'': 나도 그것 믿지 않아.

pro 분석에서 제안한 치환 테스트는 선행사와 삭제대상이 모두 같은 보문소를 사용한 경우에는 잘 적용되는 것으로 보인다. 하지만, 2장에서 논의했던 "불일치" 예문들은 모든 절 생략에 대한 일괄적 *pro* 분석에 어려움을 준다. 아래 (23-24)에 예문을 다시 소개하면, 먼저 (23)에서 *pro* 분석을 옹호하는 편에서는 (23A)의 절 보어 '철이가 수미를 사랑한다고'가 명사어구 '철이가 수미를 사랑한다는 것' 혹은 '그것'으로 바뀌고, 다시 (23B)에서처럼 보이지 않는 대명사 *pro*로 나타난다고 주장해야 할 것이다.

(23) 서로 다른 종류의 보문소를 가지고 있는 논항 절들
　　 A: 나는 [철이가 수미를 사랑한다고]　　 생각해.
　　 B: 내가 (궁금해서) 영희에게 ＿＿＿ 물어봤어. (＿＿: 철이가 수미를 사랑하는지)

여기서 주목할 것은 (23)에서 생략된 부분이 *pro*라고 주장하기 위해 치환테스트를 적용해보면, 생략된 부분은 '철이가 수미를 사랑한다는 것을'이라고 주장해야한다. 이것은 이미 '철이가 수미를 사랑한다'는 사실을 전제(presupposition)로 하는 발화이다. 게다가 생략된 부분에 명사류를 보충하여도 '나는 영희에게 철이가 수미를 사랑한다는 것을 물어보았다'라는 부적절한 발화를 초래한다. 즉, 치환테스트는 (23)의 예를 명확히 설명할 수 없다.

다음으로, *pro*분석을 위태롭게 하는 또 다른 예 (24)을 살펴보자.

(24) 서로 다른 종류의 보문소를 가지고 있는 논항 절들
  A: 너는 [한국이 브라질에 축구를 질 거라고] 예상했니?
  B: 나는 정말 _____ 실망했다. (___: 한국이 브라질에 축구를 져서)

Ahn and Cho(2009)의 pro분석에 따르면 (24B)의 영논항은 '한국이 브라질에 축구를 질 거라는 것'이라는 절 명사어구이어야 한다. 그들은 (24B)가 실제로 의도하는 의미를 예측할 수 없다. 다시 말해, 그들은 모든 영논항을 내부구조가 없는 *pro*라고 주장함으로서 '자질 불일치'를 보여주는 예들을 설명하는데 어려움을 겪는다.[9]

지금까지 *pro*분석에서 극복해야하는 문제에 대해 살펴보았다. 따라서 우리는 이에 대한 대안으로서 PF 삭제분석을 제안하고자 한다. 먼저 2장에서 소개했던 예문들을 정리해보자. 예문 (14-17)은 명사구가 영논항으로 나타난 경우인데, 극성 (14-15), 한정성 (16-17)이 다른 경

---

9) 지적한 문제 외에도, 영논항으로 나타는 절에 대한 *pro*분석은 모든 절이 생략되기 전에 반드시 명사화(nominalization)과정을 거쳐야하므로 이는 통사적으로 추가적인 부담을 주는 문제이다.

우이다. 마찬가지로, 예문 (18-20)는 절이 영논항으로 나타난 경우인데, 보문소의 의문자질 (18-19), 의미자질 (20)이 다른 경우이다. 위의 3.1장에서 이와 같은 "불일치" 예문에 대해, 삭제는 선행사와 삭제대상의 어휘적 중심부의 동일성 조건만 만족시키면 가능하다고 제안했다. 중요한 질문은 어떻게 그 생략된 부분이 관련 의미를 얻는가하는 것이다. 명사구 논항 생략의 대표적 예문 (25)로 그 의미를 살펴보자.

(25) 극성(polarity) 불일치를 보이는 논항:
    Q: 너 아무것도 안 먹었니?
    A: 아니, (나 무언가를) 먹었어.

각주 5에서 언급된 바와 같이, 두 개의 명사구 '아무것도'와 '무엇인가'는 극성 자질만 제거하면 동일한 어휘소(lexeme)이다. 즉, 삭제대상인 '무엇인가'라는 부분이 어휘적 중심부에 있어서 선행사 '아무것도'와 동일하므로 삭제될 수 있다. 이제 중요한 질문은 어떻게 그 생략된 부분이 관련 의미를 얻는가하는 것이다. 이 논문은 다음과 같이 제안한다. 우선 어휘적 중심부가 생략된 부분에 재건되고 이후 다른 통사적 그리고 의미적으로 양립 가능한 자질이 동사의 통사-의미 선택 제약에 맞도록 적절한 핵에 채워진다. (25)의 답변은 긍정진술문이므로, 어휘적 중심부 재건 이후 긍정적 극성 자질이 채워지고 의도한 의미가 도출된다.

절 생략에 대해서도 유사한 설명을 할 수 있다. 보문소 자질 불일치를 보이는 예문 (26)를 살펴보자.

(26) 보문소 자질의 불일치를 보이는 논항:
    A: 나는 [철이가 수미를 사랑한다고] 생각해.
    B: 내가 (궁금해서) 영희에게 _____ 물어봤어. (___: 철이가 수

미를 사랑하는지)

최소주의는 다른 구문에서도 마찬가지이지만, 정확한 implementation 은 다양할 수 있다. 이 논문에서는 절 논항이 선행사 절과 어휘적 중심부의 관점에서 동일하기만 하다면 삭제가능하다고 제안한다. 삭제 후 기존의 의미 복원을 위해 LF에서 선행사의 어휘적 중심부가 복제(Copy)와 병합(Merge)을 해 생략된 자리에 재건된다고 제안한다. 구체적으로, (26B)에서 삭제된 부분은 어휘적 중심부인 내용이 있는 동사구 "철이가 수미를 사랑하-"이다. 해당 부분이 (26A)의 괄호 표시된 부분, 즉 Larsonian VP-shell 구조의 가장 안쪽에 자리하고 있는 어휘적 중심부와 같기 때문에 삭제된다. 비록 그 동사구에 의존하고 있는 의존사들, 즉, '-는-지'는 최초의 삭제연산에서는 삭제되지 않고 살아남지만, 표면에 나타나지는 않는다. 왜냐하면, 그 두 개의 형태소는 의존형태소로서 root 혹은 stem 없이 홀로 서있을 수 없기 때문이다. 이러한 과정을 거쳐, (26B)와 같은 생략을 포함한 반응이 파생된다.

이제, 논항이 비어있는 자리에 의미를 부여하기 위한 과정, 즉 LF 복제가 시작된다. 먼저, 어휘적 중심부 '철이가 수미를 사랑하-' 부분이 복제와 병합의 과정을 통해 삭제된 자리에 재건된다. 어휘적 중심부가 상위절 동사와 바로 결합할 수 없기 때문에, 각각의 어휘적 혹은 기능적 범주들의 통사·의미적 선택제약에 맞게 일련의 범주 선택 과정이 시작된다.

먼저, 주절 동사 '묻-(다)'의 선택 제약에 대해 생각해 보자. 이 동사는 보문소를 요구할텐데, 우선적으로 선행사에 있는 보문소를 그대로 복제해서 가져올 경우를 고려하자. 한국어의 '-고'라는 보문소가 영어

보문소 'that'의 상응하는 요소라는 가정 하에, '-고'는 [-wh, + finite] 자질을 가지고 있다고 할 수 있다. 합치되는 파생과정(convergent derivation) 을 위해서는 (26A)에 있는 선행사 절의 보문소가 가진 [wh] 자질이 그 대로 복제되면 안 될 것이다. 그보다는 주절 동사가 의문자질을 가진 보문소를 요구한다는 선택제약에 따라 (26B)의 보문소 자리에 [+wh] 자질이 통사적으로 채워진다고 제안한다. 이러한 자질은 결국 동사가 의문 형태소인 '-지'를 보문소로서 선택하게 한다.10) 후속적으로 일어 나는 자질 채우기 과정, 즉 의문 자질을 가진 보문소의 선택제약에 근 거한 의미·통사적 자질 채우기 과정에 대해 생각해보자. 의문 자질 보문소 '-지'는 한정적 (+finite) 시제소 '-는'을 요구한다. 마지막으로 연결된 '-는-지' 형태소가 의존할 수 있는 root VP를 찾게 되는데, 그 것이 '철이가 수미를 사랑하'이다. 이제, '내가 영희에게 [철이가 수미 를 사랑하는지] 물어 보았어'라는 온전한 문장이 LF에서 형성되어 의 도된 의미가 성공적으로 나을 수 있다.

이 분석은 빈 논항자리에 어휘적 요소(contentful XPs)가 재건된 후 그 XP를 선택하는 서술어의 어휘적 자질에 따라 의미/통사적 자질 채우 기가 진행된다. 이것은 LF object는 최초 numeration에 존재하는 어휘요

---

10) (26B)에서 생략절의 의문 자질 보문소는 어떻게 결정되는가? 관련 자질은 주절 동사 '묻(다)'가 결정한다. 이 동사는 [+wh] 자질을 가지고 있고, 그와 양립할 수 있는 [+wh] 보문절을 요구한다. 영어의 예 (i-ii)는 보문절이 주절 동사에 의해 결정된다는 것을 확인해준다. 구체적으로, 의문자질이 있는 질문 혹은 의심을 나타내는 동사인 'inquire' 와 'wonder'는 [+wh] 보문소인 'whether'를 요구하는 반면, [-wh] 자질이 있 는 인식 혹은 단언을 나타내는 동사인 'believe' 와 'claim'은 [-wh] 보문소인 'that'을 요구한다. 즉, 동사가 양립 가능한 보문절을 선택한다.

    (i) a. Mary believed/claimed that John stole the wallet.

       b. *Mary believed/claimed whether John stole the wallet.

    (ii) a. *Mary inquired/wondered that John stole the wallet.

       b. Mary inquired/wondered whether John stole the wallet.

소들의 자질들로부터 만들어져야 한다는 최소주의의 'inclusiveness' 위배라고 지적할 수 있다. 이 문제는 Inclusiveness 조건의 완화를 제안하며 해결될 수 있는 문제로 보려고 한다. 최초에 Numeration에는 어휘적 자질(lexical features)만 존재하며, 기능적 자질(functional features)은 해당 제약을 받지 않는다고 제안한다. 따라서 어휘소 XP 재건 후에 도입되는 기능적 자질은 inclusiveness 위배에 해당되지 않는다는 것이다.

이번 장의 주요 논의를 요약해보면, 일부 논항의 경우 의미적 그리고 통사적 자질에 있어서 선행사와 불일치함에도 불구하고 생략되기도 한다는 것이다. 논문에서는 선행사와 어휘적 중심부에 있어 동일한 논항이 삭제되는 것이라고 제안한다. 영논항은 LF에서 선택적 자질 복사를 통해 의미를 얻는다. 관련된 통사적 과정은 다음과 같다. 우선 선행사와 동일한 어휘적 중심부가 삭제된 자리에 재건된다. 이후, 다른 통사적 그리고 의미적으로 양립 가능한 자질들(극성, 한정성, 격자질, 의문자질 그리고 존칭자질 등)이 동사의 통사-의미 선택 제약에 맞게 T 혹은 C 등 적절한 핵에 채워진다. 논문을 맺기 전에 다음 장에서는 기존 연구에서 많이 논의되지 않았던 생략된 논항이 중의적인 경우와 생략이 불가능한 요소들에 대해 간단히 언급하도록 한다.

4. 생략된 논항의 중의성 및 생략에 저항하는 논항

4.1 생략된 논항의 중의성

이번 소장에서는 생략된 논항이 '-것' 절 형태를 취하고 있는 자료를 살펴보기로 한다. 한국어의 '-것'은 관계절의 관계대명사 및 의문절의 의문대명사로서도 구실을 할 수 있기 때문에 생략된 경우에도 중의성을 가지고 있다. 아래 (27-29)를 살펴보자.[11]

예문 (27)의 경우, 철이가 사지 않은 것이 무엇이든지 관계없이 한 가지 동일한 제품을 A/B 화자가 모두 구매했다는 의미를 가질 수 있다. 이것은 영 논항이 pro일 때 가능한 의미이다. 또한, 철이가 사지 않은 것을 A/B 화자가 모두 구매했다는 의미를 가질 수 있는데, 이 경우 그 제품은 서로 다를 수 있다. 다만, 철이가 구매하지 않은 물건이라는 점에서만 동일한 속성을 가지고 있는 것이다. 이것은 선행발화의 선행사를 그대로 복원하는 LF 복제 분석에서 허용되는 의미이다.

(27) A: 나는 철이가 사지 않은 것을 샀다.
     B: 나도 ___ 샀어.

마찬가지로, 예문 (28)의 경우, 철이가 사지 않은 것이 무엇이든지 관계없이 한 가지 동일한 제품을 화자 A는 구매했으나, B는 구매하지 않았다는 의미를 가질 수 있다. 이것은 영 논항이 pro일 때 허용되는 의미이다. 또한, 철이가 사지 않은 것을 화자 A는 구매했으나, B는 구매하지 않았다는 의미를 가질 수 있는데, 이 경우 그 제품은 서로 다를 수 있다. 다만, 철이가 구입하지 않은 물건이라는 점에서만 동일한 속성을 가지고 있는 것이다. 이것은 논항 삭제 이후 선행 발화의 선행사를 그대로 복원하는 LF 복제 분석에서 허용되는 의미이다.[12]

---

11) 아래 (i)에 소개된 영어에서 what의 쓰임과 유사하다.
    (i) I don't know what he ate.
    이 경우, what은 relative pronoun or interrogative pronoun로 사용된다.
12) 혹자는 pro 분석의 경우도 B의 비어있는 논항 자리를 '그것'이라는 대명사로 치환한 후에 그 대명사가 화자 A의 발화의 논항 '철이가 사지 않은 것'을 선행사로 가지므로

(28) A: 나는 철이가 사지 않은 것을 샀다.

     B: 나는 ___ 안 샀어.

다음으로, 유사한 예문 (29)를 보자. 이 대화 역시 중의적인데, 화자 A가 허용하는 첫 번째 의미는 철이가 무엇을 먹었는지는 알고 있지만, 그 음식에 대해 잘 모른다는 의미이다. 이때 화자 B도 같은 의미를 나타낼 수 있다. 이것은 철이가 먹은 것이 특정 음식으로 지정된 후 나누는 대화이다. 즉, 비어있는 논항이 pro일 때 허용되는 의미이다. 추가적으로, 화자 A가 허용하는 두 번째 의미는 철이가 무엇을 먹었는지를 모른다는 뜻이다. 이때 화자 B도 같은 의미를 나타낼 수 있다. 이것은 철이가 먹은 것이 특정 음식으로 지정되지 않고 나누는 대화이다. 이것은 논항 삭제 이후 선행발화의 선행사를 그대로 복원하는 LF 복제 분석에서 허용되는 의미이다.

(29) A: 나는 철이가 먹은 것을 몰라.

     B: 나도 ___ 몰라.

이와 같은 중의적인 예들은 결국 한국어의 영논항은 pro 와 논항 삭제(Argument ellipsis operation)를 통해 나타난다는 것을 보여준다.

4.2 생략될 수 없는 요소들

마지막으로 이 소장에서는 한국어 논항 중에 동일한 선행사가 존재

해당 의미가 가능하다고 주장할지도 모른다. 하지만, 이 주장은 pro에 대해 내부 구조(internal structure)를 허용하는 것이기 때문에 pro의 근본적인 속성을 바꾼다는 점에서 설득력이 떨어진다.

하더라도 영논항으로 나타날 수 없는 예들을 살펴보기로 한다. 구체적
으로, (30-33)의 예는 모두 '-밖에', '-조차', '-만', '-까지' 등 초점을
나타내는 의존 형태소들을 포함하고 있다. 이와 같은 초점요소를 가지
고 있는 성분들은 공백의 논항으로 나타날 수 없다. 이러한 요소들을
삭제할 경우, (30-33)의 (A-B)가 보여주듯이, 기존의 의미를 더 이상
유지할 수 없게 된다. 이것은 겉보기에는 본 논문의 제안을 약화시키
는 예로 보인다. 왜냐하면, (B)의 영논항은 (A)의 선행사와 동일한 어휘
소를 공유하고 있기 때문에 삭제가 가능한 부분으로 보인다. 하지만,
여기서 주목할 것은 2장에서 살펴본 예와는 달리, (30-33)의 보어논항
들은 어휘소를 강조하는 초점 요소를 가지고 있고, 이 초점요소들은
동사의 하위범주화에 따라 논항들에 실현되는 것이 아니라는 점에서
2장의 자료와는 현저한 차이가 있다. 이러한 이유로, 초점 표지들은
일단 삭제되고 나면 여타 기능적 요소들과는 달리 LF에서 동사의 어
휘 속성에 따라 적절하게 제공될 수 없는 것이다. 따라서 이 요소를
삭제하면 기존의 의미가 유지될 수 없다. 초점 표지가 있는 논항들의
경우, 반복을 피하기 위해서는 (B')에서처럼 해당 부분을 가시적인 대
명사로 대체하고 초점표지는 그대로 보존하여 기존의 의미를 유지하
는 것이 가능하다.

(30) A: 나는 천원 밖에 없어.
　　 B: *나도 ___ 없어.
　　 B': 나도 그것밖에 없어.
(31) A: 나는 철이 조차 안 만났어.
　　 B: *나도 ___ 안 만났어.
　　 B': 나도 개조차 안 만났어.

(32) A: 나는 철이만 좋아해.
　　 B: *나도 ___ 좋아해.
　　 B': 나도 개만 좋아해.
(33) A: 나는 커피까지 마셨어.
　　 B: *나도 ___ 마셨어.
　　 B': 나도 그것까지 마셨어.

유사한 현상이 일본어에서도 관찰된다(Oku 2016 참고). Funakoshi(2016)에서 논의한 바와 같이, 초점 표지 'dake'를 가지고 있는 PP는 생략이 불가능하다.[13)]

(34) John-wa　Mary-to-dake　asob-e-ru. *Bill-mo [e] asob-e-ru.
　　 John-TOP Mary-with-only play-can-PRES Bill-also　play-can-PRES
　　 'Lit. John can play only with Mary. Bill can play [e], too.'

Oku(2016)에서 지적한 바와 같이, 위 현상은 "생략은 생략되는 요소를 초점제거(defocusing) 혹은 강세제거(deaccenting)함으로써 이루어진다"는 Tancredi(1992)의 제안으로 설명이 가능하다. 즉, 초점표지가 있는 XP의 생략은 생략의 인허조건인 초점제거(defocusing)와 상충하기 때문에 생략이 허용되지 않는 것으로 추정해볼 수 있다.

5. 맺음말

지금까지 한국어의 영논항에 대해 살펴보았다. 공백의 영논항은 크게 다음의 두 가지 - 언어학적 선행사가 존재하는 경우와 존재하지 않

---

13) Oku (2016)에서 논의된 바와 같이, 일본어에서 일반적으로 PP자체는 생략이 가능하다.

는 경우-로 나뉜다. 언어학적 선행사가 존재하지 않는 경우에는 문맥에서 화용적으로 허용되는 영논항이 있고, 임의 해석(arbitrary interpretation)을 갖는 영논항이 있다. 전자는 화용적 생략(pragmatic ellipsis)으로 설명되고, 후자는 pro로 설명된다. 다른 한편으로, 언어학적 선행사가 존재하는 경우에는 선행사와 엄밀 동일(strict identity) 해석을 갖는 논항과 이완 동일(sloppy identity)해석을 갖는 논항이 있다. 관련 자료로 명사류와 절 형태의 논항 생략을 살펴보았고, 일관되게 어휘적 핵(lexical core) 삭제 분석을 제시하였다. 이와 같이, 본 연구는 한국어가 일치(agreement) 현상 없이도 논항생략이 빈번하게 일어나는 radical pro-drop 언어임에도 불구하고 모든 영논항이 다 pro로 설명될 수 있는 것은 아니라고 재확인한다. 추가적으로 공백의 논항이 중의적 해석을 갖는 자료도 살펴보았는데, 이를 통해 영대명사 pro와 삭제연산 둘 다 한국어의 구와 절의 생략현상을 설명하기 위해 필요하다는 결론을 맺는다.

참고문헌

Abe, J. 2009. "Identification of Null Arguments in Japanese," in Hiroto Hoshi, ed., The Dynamics of the Language Faculty: Perspectives from Linguistics and Cognitive Neuroscience, Kuroshio Publishers, Tokyo, pp. 135-162.

Ahn, H-D., & Cho, S. 2009. On the absence of CP ellipsis in English and Korean. *Korean Journal of Linguistics* 34: 267-281.

Ahn, H-D., & Cho, S. 2010. More on the absence of CP ellipsis: A reply to Park (2009). *Studies in Generative Grammar* 20: 549-576.

Ahn, H-D., & Cho, S. 2011. Notes on apparent DP ellipsis: A reply to Lee and Kim 2010. *Korean Journal of Linguistics* 36: 457-471.

Cheng, Hsu-Te Johnny. 2013. Argument ellipsis, classifier phrases, and the DP parameter. Doctoral dissertation, University of Connecticut, Storrs.

Chomsky, N. 1995. Categories and transformations. *Chapter 4 of The Minimalist Program* (pp.219-394). Cambridge, MA: MIT Press.

Funakoshi, Kenshi. 2016. Verb-stranding verb phrase ellipsis in Japanese. Journal of East Asian Linguistics 25:113.142.

Han, Chung-hye, Jeffrey Lidz, and Julien Musolino. 2007. V-Raising and Grammar Competition in Korean: Evidence from Negation and Quantifier Scope. Linguistic Inquiry 38:1-47.

Huang, C.-T. J. 1999. *Chinese passives in comparative perspective*. Unpublished manuscript.

Huddleston, R., & Pullum, G. 2007. *A student's introduction to English grammar*. Cambridge University Press.

Kim, S-W. 1999. Sloppy/Strict identity, empty objects, and NP ellipsis, *Journal of East Asian Linguistics* 8: 255-284.

Larson, R. K. 1988. On the double object construction. *Linguistic Inquiry* 19(3): 335- 391.

Lee, W. and J. Kim. 2010. DP ellipsis as independent phenomena from pro in pro-drop languages. *Korean Journal of Linguistics* 29: 107-210.

Lee, W. 2011. Zero realization of arguments revisited. *Korean Journal of Linguistics* 36: 1031-1052.

Lee, W. 2014. Argumental gaps in Korean. The Linguistic Association of Korea Journal 22(1): 1-29.

Merchant, J. 2001. *The syntax of silence: Sluicing, islands, and the theory of ellipsis*. Oxford: Oxford University Press.

Monahan, P. 2003. Backward Object control in Korean. In G. Garland & M. Tsujimura (Eds.), *The proceedings of the 22nd West Coast Conference on Formal Linguistics* (pp. 356–369). Somerville, MA: Cascadilla Press.

Moon, G-S. 2010. Null arguments redux. *The Linguistic Association of Korea Journal* 18: 67–92.

Oku, S. 1998. LF Copy Analysis of Japanese Null Arguments, In M. Catherine Gruber, D.H., K. S. Olson, & T. Wysocki (Eds.), CLS 34 (pp. 299–314). Chicago Linguistic Society, Chicago, IL.

Oku, S. 2001. A Minimalist Theory of LF Copy, In G. M. Alexandrova & O. Arnaudova (Eds.), *The Minimalist Parameter* (pp.281–294). John Benjamins Publishing Company.

Oku, S. 2016. A Note on Ellipsis–Resistant Constituents. Nanzan Linguistics 11, 56–70.

Otani, K., & Whitman, J. 1991. V–Raising and VP Ellipsis. Linguistic Inquiry 22: 345–358.

Park, B-S., & Bae, S. 2012. Identifying null arguments: sometimes pro, sometimes ellipsis. *Korean Journal of Linguistics* 37: 845–866.

Park, M-K. 1994. *A Morpho–syntactic Study of Korean Verbal Inflection. Unpublished Doctoral Dissertation.* University of Connecticut, Storrs, Connecticut.

Park, M-K. 2012. Structurally ambiguous empty nominal pro–forms in Korean. *Korean Journal of Linguistics* 37: 825–843.

Polinsky, M., & Potsdam, E. 2002. Backward control. *Linguistics Inquiry* 33: 245–282.

Pollock, J-Y. 1989. Verb movement, universal grammar, and the structure of IP. *Linguistic Inquiry* 20, 365–424.

Saito, M. 2007. Notes on East Asian Argument Ellipsis. *Language Research* 43: 203–227.

Sakamoto, Y. 2016. Phases and argument ellipsis in Japanese. Journal of East Asian Linguistics 25: 243–274.

Stainton, Robert J. 2006. Words and thoughts: Subsentences, ellipsis, and the philosophy of language. Oxford: Oxford University Press.

Takahashi, Daiko. 2008. Noun phrase ellipsis. In The Oxford handbook of Japanese linguistics, 394–422. Oxford: OUP.

Takita, K. 2008. An Argument for Argument Ellipsis from –Sika NPIs. Paper presented at NELS 39, Cornell University

Tancredi, C. 1992. Deletion, Deaccenting, and Presupposition, Ph.D. dissertation, MIT.

Um, H-J. 2011. The nature of the null arguments in Korean. *Studies in Modern Grammar* 3: 73–93.

제 6 장

동아시아어 영논항을 다시 생각한다: 조응적 한정 표현으로서의 영논항*

박 명 관

1. 서론

한국어를 포함하는 동아시아어(East Asian languages)에서 논항 혹은 논항 명사구는 가시적인 형태가 아닌 비가시적인 형태로 출현할 수 있다. 이런 논항은 음성적으로 실현되지 않는다고 하여 영논항(null argument)이라고 불린다. 동아시아어에서 영어의 대명사에 상응하는 단어들이 지시사(demonstrative)와 직접 관련되어 있고 형태적으로 실현되는 대명사의

* 한국어 등에서 영논항에 관하여 폭넓고 깊이있게 연구해 오신, 그리고 한국생성문법학회 등의 한국 언어 관련 학회 발전에 큰 기여를 해 오신 문귀선 교수님의 정년퇴임을 축하하며 이 원고를 헌정하게 되어 큰 영광이다. 본 장은 『현대문법연구』 104호에 게재된 박명관(2019)를 약간 수정하여 다시 쓴 것이다. 재출판을 허락한 [현대문법학회]에 감사드린다.

존재가 분명하지 않아서, 생성문법 초기부터 일반적으로 동아시아어의 영논항은 영어 등의 가시적 대명사에 상응하는, 음성적으로 영 혹은 공 형태의 대명사(null/empty pronoun)로 분석되어 왔다(Kuroda (1965)).

영논항을 영대명사로 보는 분석에 문제를 제기하는 대표적 경험 현상은 소위 영논항의 이완지시 해석(sloppy-reference reading)과 양화 해석(quantificaitonal reading)이다. 먼저 이완지시 해석은 다음과 같은 담화에서 (1b)의 영논항(e로 표상됨)이 엄밀지시(strict reference) 해석으로서 '철수의 차'로 해석될 수도 있지만, '영희의 차'로도 해석되는 경우를 말한다.

> (1) a. 철수는 [자기의 차를] 닦았다.
>   b. 영희도 [e] 닦았다. [e] = (i) '철수의 차'; (ii) '영희의 차'; (ii) '차'

물론, Hoji(1998)은 (1b)의 영논항이 차의 소유자를 명시하지 않는 보통명사 형태로서 '차'를 말할 수 있으며, 이 해석은 이완지시-유사(sloppy-like) 해석이라고 명명한 바 있다. Hoji(1998)는 이를 바탕으로 예를 들어 (1a-b)에서 영논항의 선행사로 적격한 것은 '자기의 차'가 아닌 보통명사(구) '차'라고 주장하며, 영논항이 엄밀지시 혹은 이완지시 해석이 가능한 것은 보통명사(구) 내부 명시어(specifier) 자리 혹은 수식어 자리의 비가시적 pro에 기인한다고 보고 있다.[1] 한편, Takahashi(2008)은

---

1) Hoji(1998)과 달리, Saito(2007)은 (1b)의 주어가 대조 초점사 '-는'이 사용되고, 문장이 부정문이 되는 다음과 같은 맥락에서 이완지시 해석이 의무적이라고 관찰하면서, 이는 영논항을 보통명사(구) 대치로 간주하는 Hoji의 분석에 문제점이 제기됨을 지적하였다.
   (i) a. 철수는 자기의 차를 닦았다.
      b. 영희는 [e] 닦지 않았다.
   (ib)의 영논항이 이완지시 해석이 허용된다는 Saito의 관찰은 Hoji의 분석을 유지하는 경우 (ib)에서 주어가 대조 초점사가 붙고, 문장의 극성(polarity)이 (ia)와 비교하여 부정문이 되기 때문에 영논항이 대치하는 보통명사(구)의 명시어/수식어 자리에 설정되는 pro가 활성화될 수 있는 가능성이 높아져서 이완지시 해석이 가능하다고 여겨진다.

(1b)의 영논항의 이완지시 해석을 설명하기 위해서는 영논항은 논항 생략(argument ellipsis: AE)으로 설명되어야 한다고 주장한다. 이것은 이완지시 해석이 일반적으로 생략의 맥락에서 발생하기 때문이다.

영논항을 영대명사로 보는 분석에 문제를 제기하는 또 다른 사례는 영논항의 양화 해석이다.

> (2) a. 철수는 [선생님 세 분을] 존경해.
>   b. 영희도 또한 [e] 존경해.

(2b)에서 영논항은 선행 문장에 나타나는 영논항의 선행사로서 '선생님 세 분'의 해석도 가능하지만, '선생님 x분'의 해석도 가능하다. 즉, 후자의 해석은 양화 해석이라고 일반적으로 명명되며,[2] 이는 선행 문장에 나타나는 영논항의 선행사 '선생님 세 분'의 표현에서 명시된 숫자가 아닌 다른 숫자를 지칭할 수 있음을 말한다. 영논항의 양화 해석은 Hoji(1998)의 영논항에 대한 보통명사(구) 분석, 그리고 Takahashi(2008)의 영논항에 대한 AE 분석을 통하여 설명될 수 있다. Hoji의 분석은 보통명사(구)를 대치하는 영논항이 수분류사를 포함하지 않을 수 있기 때문에, 영논항이 갖는 수분류사의 해석은 통사부가 아닌 의미-화용부를 통해 이루어진다고 말할 수 있다. Takahashi의 분석은 영논항이 AE를 통하여 도출되었기 때문에, 일반적으로 생략 성분 내부의 지시

---

2) 실제로 영논항의 양화 해석이라함은 다음과 같은 문장에서 영논항의 선행사 '선생님 대부분'에 상응하여 영논항의 해석이 선행사와 동일한 집합의 선생님들이 아닌, 선행사와 상이한 집합의 선생님들을 지시하는 해석을 말한다. 본문에서 양화사가 아닌 수분류사를 사용하여 이 해석을 예시한 것은 우리말에서 수분류사의 사용이 양화사의 사용보다 더 일반적이라는 점을 반영하고 있다.
  (i) a. 철수는 선생님 대부분을 존경해.
     b. 영희도 또한 [e] 존경해.

관계가 엄밀하지 않고 지시 이완성(sloppiness)을 보인다는 점에서, 영논항의 양화 해석도 같은 선상에서 설명할 수 있다.

그러나 여기서 제기할 수 있는 중요한 문제는 (1b)나 (2b)와 같은 문장의 구조적 맥락에서 출현하는 영논항이 우리말 혹은 동아시아어의 영논항의 통사적 정체성을 규명하는데 적절한 예문인지를 다시 살펴봐야 할 것이다. 아래의 논의에서는 (1b)나 (2b)의 맥락은 영논항의 통사적 정체성을 밝히는데 적절한 맥락이 아님을 논증하면서, 영논항의 통사적 정체성을 밝히기 위해서는 동사구(VP) 혹은 시제구(TP) 생략 혹은 대용이 적용되기 어려운 혹은 불가능한 구조적 환경에서의 영논항의 분포를 파악하여야 함을 주장하게 될 것이다. 즉, 본고에서는 비생략 그리고 비대용 맥락에서 분포하는 영논항의 통사적 정체를 먼저 밝히고, 동아시아어의 영논항에 대한 통사적 정체의 새로운 규명을 뒷받침할 수 있는 경험적 자료를 다루게 될 것이다. 이를 바탕으로 다시 생략 및 대용의 맥락에서의 영논항으로 돌아가서, 비생략 그리고 비대용 맥락에서 출현하는 영논항의 통사적 정체성을 바탕으로 생략 및 대용 맥락의 영논항들이 이완지시 혹은 양화 해석을 어떻게 산출하는지에 관한 설명적 기제를 제안하게 될 것이다.

2. 영논항, 생략, 대용

(1b)와 (2b)에 나타나는 영논항이 이완지시 해석 혹은 양화 해석을 허용한다는 사실은 매우 흥미로운 사실이다. 그러나 여기서 지적하고 싶은 점은 (1b)나 (1c)와 같은 맥락이 영논항만의 생략이 아닌 더 큰 단위, 즉 동사구 생략 혹은 동사구 대용과 관련될 수 있다. 예를 들어, (1)

과 (2)에 상응하여 다음과 같이 영논항 자리에 외현적 (의사)대명사 ((pseudo-)pronoun)가 대신 출현할 수 있다.

(3) a. 철수는 자기의 차를 닦았다.
    b. 영희도 그것을 닦았다.
(4) a. 철수는 선생님 세 분을 존경해.
    b. 영희도 또한 [그들을] 존경해.

여기서 제기되는 질문은 (3b)와 (4b)의 해석이다. 전통적으로 예를 들어 Takahashi(2008)에 의하면, (3)과 (4)에 상응하는 일본어 예문에서 대명사는 이완지시 해석이나 양화 해석을 허용하지 않는다고 본다. 하지만 최근 안희돈과 조성은(2019)는 (3b)의 외현적 대명사는 엄밀지시 해석 및 이완지시-유사 해석뿐만 아니라 이완지시 해석을 허용하며, (4b)의 외현적 대명사는 비양화 해석 및 수량 비포함 해석뿐만 아니라 양화 해석을 허용한다고 주장한다. 즉, (1b)와 (2b)의 영논항과 (3b)와 (4b)의 외현적 대명사의 해석적 평행성(interpretational parallelism)에 기반을 두고, 안희돈과 조성은(2019)은 한국어의 영논항이 비외현적(covert) 대명사, 즉 pro라고 주장한다. 이 주장을 뒷받침하기 위하여, 영어에서 생략이 아닌 심층대용화(deep anaphora) 구문에서 그리고 외현적 대명사가 나타나는 구문에서 이완지시 해석이 허용되는 경우들을 제시한다.

(5) 심층대용화(deep anaphora), from Fiengo & May (1994:248, footnote 13):
    a. Max$_j$ hit his friend, and Oscar$_i$ did it, too.
       ('do it' = hit his$_{i/j}$ friend)
    b. Jordan$_j$ was happy to help her mom in the greenhouse, but Jacqueline$_i$ refused Ø.

(Ø = to help her$_{i/j}$ mother in the greenhouse)

(6) 'paycheck'-구문, from Guilliot and Malkawi (2009):

John gave [his paycheck]$_1$ to his mistress. Everybody else put [it]$_1$ in the bank.

또한 나음과 같은 문장에서처럼, 영어 외현적 대명사도 수사(numeral)의 이완지시(유사) 해석, 즉 양화 해석이 가능한 것처럼 보인다.

(7) John said to his mother that he saw [three friends] in the gym after a long time. His mother suggested inviting [them] to the party, but [two of them] only.

(1b) & (2b)의 영논항 그리고 (3b) & (4b)의 외현적 대명사 둘 다에서 그리고 (5)~(7)의 심층대용화 및 외현적 대명사에서 이완지시 해석 혹은 양화 해석이 허용된다는 점은 (1b) & (2b)의 영논항을 비외현적 대명사로 간주할 수 있도록 하는 매우 확증적 증거로 보인다. 그러나 여기서 제기되는 매우 중요한 질문은 (1b) & (2b), (3b) & (4b), (5)~(7)에서 영논항 및 외현적 대명사가 출현하는 구조적 환경이 영논항이나 외현적 대명사보다 더 큰 단위, 예를 들어 동사구 성분이 생략 혹은 대용이 적용될 수 있는 구조적 환경에 해당하기 때문에 실제 영논항의 통사적 정체성을 파악하기 위한 적절한 구조적 환경이 될 수 있는지 여부이다. 이를 위해서는 영논항이나 외현적 대명사를 포함하는 더 큰 성분이 생략이나 대용이 적용받기 불가능한 구조적 환경을 조사하는 것이 필요하며, 이는 다음절에서 논의한다.

3. 비생략, 비대용의 구조적 맥락에서의 영논항

비생략, 비대용의 구조적 맥락에서의 영논항의 해석적 특성을 살펴보기 위해 우리가 조사하여할 구조적 환경은 소위 문장/절 연쇄(narrative sequence, (Karttunen 1976))이다. 문장/절 연쇄의 구조적 환경에서는 한 절 혹은 한 문장에서 담화 지시체가 제시되고, 이어지는 절 혹은 문장에서 앞서 제시된 담화 지시체가 영논항 혹은 대명사로 대치된다. 여기서 주목할 점은 생략 혹은 대용의 구조적 맥락에서 이완지시 해석을 허용했던 명사적 표현이 문장/절 연쇄에서는 엄밀지시 해석만을 허용한다. 다음은 이를 예시한다. (8)은 주어 위치의, (9)는 목적어 위치의, 영논항을 보여준다.

(8) 어제 철이가 [자기 차를] 닦았다. 오늘 아침 먼지로 [e]/그것이 다시 더러워졌다.

(9) 철이가 운동장 밖으로 [자기 공을] 던졌다. 도로를 달리던 차가 [e]/ 그것을 밟았다.

앞서 생략 혹은 대용의 맥락에서는 영논항 혹은 외현적 대명사가 양화 해석을 허용하였지만, 다음의 문장/절 연쇄의 구조적 환경에서는 영논항 혹은 외현적 대명사가 양화 해석을 허용하지 않으며 비양화 해석, 즉 E-type 대명사 해석만을 허용한다.

(10) 교실 밖에 [학생 세 명이] 있다. [e]/그들이 철이를 만나러 와 있다.

(11) 김교수님 연구실 밖에 [학생 네 명이] 있다. 김교수님이 [e]/그들을 면담할 예정이다.

바로 위 문장/절 연쇄의 구조적 환경에서 영논항은 소위 조응적 한정 표현(anaphoric definite)의 성격을 갖는다(Jenks 2018). 조응적 한정 표현은 학자에 따라 청자 구정보적 한정 표현(familiar definite, (Kamp 1981, Heim 1982, Kamp and Reyle 1993, Chierchia 1995)) 혹은 강 한정 표현(strong definite, (Schwarz 2009)) 으로도 불린다. 용어의 다양성에도, 조응적/청자 구정보적/강 한정 표현은 선행 담화(문장 혹은 절)에서 명시적으로 제시된 언어적 선행사와 조응적 관계를 갖는 한정 표현을 말한다.

한국어에서 영논항은 조응적 한정 표현이어야 하지만, 지시 대상의 유일성(uniqueness)을 나타내는 약 한정 표현(weak definite)일 수 있다. 약 한정 표현은 일반적으로 담화상에서 명시적으로 제시된 언어적 선행사가 부재하지만, 언어 외적인 상황으로 지시 대상이 현저하게 드러나 청자에게 구정보로 간주된다. 따라서 약 한정 표현은 아래에서처럼 외현적으로 혹은 영논항으로 실현된다.

(12) a. 차를/버스를/기차를/엘리베이터를/[e] 타시오.
 b. 지금 {라디오를/[e] 듣고, TV를/[e] 보고} 있었다.

또한 발생하는 상황을 보고, 화자는 다음처럼 말할 수 있다.

(13) [상황: 촘스키 교수가 초청 강연을 위해 연단으로 올라가고 있다].
 A to B: {흥미로운 강연이/[e] 기대됩니다, 우리는 흥미로운 강연을/[e] 기대하고 있다}.

결국 특정한 상황에서 지시 대상의 유일성을 나타내는 약 한정 표현에 대하여 영논항을 사용할 수 있다는 점은 영논항이 한정 표현이라는 강한 주장으로 이끌게 한다. 그렇다면 더 나아가서, 동사의 파이 (phi)일치 자질에 의하여 일반적으로 주어가 영논항 혹은 pro로 실현되는 로만스 언어들(Romance languages)과 달리, 주어 혹은 목적어에서 영논항이 분포하는 한국어와 같은 소위 '급진적' 대명사-탈락('radical' pro-drop) 언어에 대한 Holmberg(2016)의 일반화를 상기하게 된다.

(14) The indefinite-pro-drop restriction (Holmberg 2016:80)
    An existential indefinite singular subject pronoun cannot be pro-dropped. (존재적 비한정 단수 주어 대명사는 대명사 탈락이 불가능하다.)

이 일반화의 타당성을 검토하기 위해, 다음의 우리말 예문을 살펴보자.

(15) 철이는 [[e] 이 기계를 한 손으로 작동할 수 있다고] 생각한다.

이 문장에서 영논항 [e]는 '철이'나 혹은 상황적으로 현저하게 두드러진 약 한정 대상이 될 수 있지만 비한정(indefinite) 대상이 될 수 없다. 이는 영논항이 항상 한정 대상을 지시한다고 말할 수 있다.

한편, (15)와 관련하여 Oku(1988)의 관찰을 고려할 수 있다. Oku는 (중국어와 달리) 일본어에서 내포절 주어가 이완지시 해석이 가능하다고 보고하고 있다. 이 관찰을 바탕으로 우리말에서 내포절 주어의 양화 해석 여부를 보도록 하자.

(16) A: 철이는 [[학생 3 명이] 회의를 떠났다고] 말했다.
    B: 영희도 [[e] 회의를 떠났다고] 말했다.

(16A)의 선행 문장 맥락에서 (16B)의 내포절 주어 영논항은 양화 해석이 허용된다. 이는 영논항이 비한정적 해석을 허용함을 보여주는 것이고, 이는 (15)의 해석 그리고 (14)의 일반화에 반하는 것이다. 이것은 일견 새로운 분석적 문제를 유발하는 것처럼 보이지만, 실제는 (16A)와 (16B)의 맥락에서의 영논항은 영논항을 포함하는 더 큰 성분의 생략 혹은 대용의 맥락이라는 점에서 (15)의 구조적 맥락과 다르다. 다시 말해, (16)에서의 영논항의 해석은 2절의 (2)에서의 영논항의 해석과 동일한 방식으로 설명되어야 함을 말한다.

4. 조응적 한정 표현으로서의 영논항

앞 절에서 영논항은 비생략, 비대용 맥락에서 한정 대상을 지시하는 한정 표현임을 논증하였다. 한정 표현은 조응적 한정 표현과 유일성을 나타내는 약 한정 표현 두 가지로 나뉜다. 영어의 경우 한정 표현은 일반적으로 정관사가 선행하는 보통명사구(common NP)로 표현하지만, 관사가 없는 우리말의 경우 약 한정 표현은 일반적으로 외견상 보통 명사구를 관사 없이 사용한다. 그렇다면 조응적 한정 표현의 통사적 구성은 어떠한가? 조응적 한정 표현의 통사적 구성을 살펴보기 위해서, 절/문장 연쇄(narrative sequence)의 맥락을 사용하여 선행 절/문장에서 비한정 표현이 도입되고 후행 절/문장에서 이를 다시 지시적으로 연결(linking)할 때 조응적 한정 표현이 될 것이다. 예를 들어, 첫 번째 문장에 도입되는 비한정 표현이 (i) 보통명사구와 (ii) 수분류사(numeral classifier)로 구성된 보통명사구가 될 경우, 다음과 같은 구성이 가능할 것이다.

(17) a. 연구실 앞에 학생이 있다. 지금 (그) 학생이/는 핸드폰을 보고
　　　있다.
　　b. 연구실 앞에 학생이 있다. 김 교수님이 (그) 학생을 면담할 예
　　　정이다.
(18) a. 연구실 앞에 학생 세 명이 있다. 지금 *(그) 학생 세 명이/은 핸
　　　드폰을 보고 있다.
　　b. 연구실 앞에 학생 세 명이 있다. 김 교수님이 *(그) 학생 세 명
　　　을 면담할 예정이다.

(18)을 먼저 볼 때, 수분류사와 함께 하는 보통명사구가 두 번째 문
장에서 조응적 한정 표현이 되기 위해서는 지시사 '그'의 수식이 꼭
필요하다. 수분류사와 함께 하는 보통명사구와 달리, (17)의 보통명사
구는 지시사 '그'의 수식을 받지 않고 단독으로 선행 문장에서 도입된
보통명사구와 조응적 관계의 한정 표현으로 역할할 수 있다.[3]

(17)과 (18)의 두 번째 문장에서 조응적 관계의 한정 표현을 영논항
으로 대치하면 다음과 같다.

(19) a. 연구실 앞에 학생이 있다. 지금 [e]/그가/는 핸드폰을 보고 있다.
　　b. 연구실 앞에 학생이 있다. 김 교수님이 [e]/그를 면담할 예정이다.
(20) a. 연구실 앞에 학생 세 명이 있다. 지금 [e]/그들이/은 핸드폰을
　　　보고 있다.

---

3) 다음 문장에서처럼, 후행하는 보통명사구(즉, *과일*)이 선행하는 보통명사구(즉, *사과*)
　를 포함하는 전체 종(kind)의 구체적 대상(token)을 나타내는 경우 전자가 조응적 한정
　표현이 되기 위해서는 지시사의 수식이 의무적이다.
　(i) 철이가 [사과]를 사 왔다. 나는 *(그) [과일]을 좋아하지 않는다.
　이와 달리, 전체와 부분 관계의 소위 다리놓기(bridging) 맥락에서는 다음에서처럼 지
　시사의 수식 없이 혹은 지시사가 수의적으로 수식하며 후행하는 보통명사구가 조응적
　한정 표현으로 출현할 수 있다.
　(ii) 철이가 [차]를 몰고 있었다. 나는 (그) [바퀴]가 빠지는 것을 보았다.
　(iii) 철이가 [소설]을 읽고 있다. 나는 [작가]의 이름을 모른다.

b. 연구실 앞에 학생 세 명이 있다. 김 교수님이 [e]/그들을 면담할
   예정이다.[4]

여기서 흥미로운 사실은 (19)에서 비한정 보통명사구를 선행사로 갖
는 두 번째 문장의 조응적 한정 표현의 보통명사구가 영논항으로 대
치될 수 있을 뿐만 아니라, 수분류사와 함께 하는 보통명사구는 지시
사 없이 조응적 한정 표현이 될 수 없지만, 영논항은 수분류사와 함께
하는 보통명사구의 조응적 한정 표현의 역할을 할 수 있다. 이는 다시
영논항이 대명사를 대신할 수 있다는 점에서 우리말의 영논항이 항상
한정 표현이 된다는 점을 보여주는 결정적 증거로 보인다.

(17)~(20)의 한국어 예문에 대응하는 중국어는 어떠한가? 중국어는
대표적으로 Mandarin Chinese와 Cantonese Chinese로 구분될 수 있는데,
여기서는 전자에 초점을 둔다. 먼저 조응적 한정 용법의 보통명사구와
수분류사가 선행하는 보통명사구를 보자.

(21) a. Xuesheng   zai   qianmian   yanjiushi.
        student   in   front   lab
        Xianzai (na-ge) xuesheng zai   kan   shouji.
        Now   that-Clf student   is   watch   mobile phone
        'A student is in front of the lab. Now the student is watching (his)
        mobile phone.'
     b. Xuesheng   zai   qianmian   yanjiushi.
        student   in   front   lab

---

4) 다음 문장에서 양화 해석이 허용된다고 지적할 수 있다. 하지만 이 담화에서 첫 번째
   문장과 세 번째 문장은 동사구 생략/대용의 맥락이 가능하기 때문에 양화 해석이 허용
   된다고 본다.
   (i) 연구실 앞에 학생 세 명이 있다. 김 교수님이 [e] 면담할 예정이다. 화장실 앞에도
      [e] 있다. 김 교수님이 (이어서/연이어) [e] 면담할 예정이다.

Jinjiaoshou dasuan miantan *(na-ge) xuesheng.
Prof. Kim plan interview that-Clf student
'A student is in front of the lab. Professor Kim is going to interview the student.'

(22) a. San-ming xuesheng zai qianmian yanjiushi.
three-Clf student in front lab
Xianzai *(na) san-ming xuesheng zai kan shouji.
Now that three-Clf student is watching mobile phone
'Three students are in front of the lab. Now the three students are watching (his) mobile phone.'

b. San-ming xuesheng zai qianmian yanjiushi.
three-Clf student in front lab
Jinjiaoshou dasuan miantna *(na) san-ming xuesheng.
Prof. Kim plan interview that three-Clf student
'Three students are in front of the lab. Professor Kim is going to interview the three students.'

한국어와 Mandarin Chinese는 (수분류사와 함께 하는) 보통명사구의 조응적 한정 용법이 거의 동일하다. 그러나 두 언어의 한 가지 주요한 차이는 한국어와 달리 Mandarin Chinese에서 보통명사구가 단독으로 목적어 위치에 출현하는 경우 조응적 한정 표현이 될 수 없다. 이는 Mandarin Chinese에서는 주어 위치가 주제어로 해석되기 때문에(Li and Thompson 1976), 보통명사구가 단독으로 주어 위치에 나오는 경우 주제 자질(topic feature)로 인하여, 조응적 한정 표현으로 해석될 수 있다. 그렇다면 보통명사구가 단독으로 목적어 위치에 나오는 경우 그러한 주제 자질의 부재로 인하여 조응적 한정 표현으로 역할할 수 없다고 말할 수 있다. 다음으로 제기할 수 있는 질문은 Mandarin Chinese와 한국어의 차이는 어디에 기인하는가? 즉, Mandarin Chinese에서는 보통명사구

가 단독으로 목적어 위치에 나오는 경우 조응적 한정 표현으로 역할
할 수 없지만, 한국어에서는 보통명사구가 단독으로 목적어 위치에 나
오는 경우 조응적 한정 표현으로 역할할 수 있다. 여기서 두 언어에서
보통명사구가 목적어 위치에서 조응적 한정 표현으로 역할할 수 있는
기능적 차이가 형태적 격조사(morphological C/case marker) 유무에 기인한다
고 볼 수 있다. Cheng and Sybesma(1999)의 제안을 받아들여, 보통명사구
가 한정적으로 해석되기 위해서는 통사부에 수의적으로 들어가는 내
현적 아오타 운용소(iota operator)의 어휘화가 중요하다고 보면서, Mandarin
Chinese와 달리 한국어에서 형태격 표지가 바로 아이타 운용소의 어휘
화를 가능하게 한다고 본다. 이를 뒷받침하는 증거로는 한국어 (17a)와
(17b)에서 격조사가 부재하는 경우, 다음에서처럼 격조사 부재의 보통
명사구는 조응적 한정 표현으로 해석되기 어렵다.

(23) a. 연구실 앞에 학생이 있다. 지금 학생 핸드폰을 보고 있다.
　　 b. 연구실 앞에 학생이 있다. 김 교수님이 학생 면담할 예정이다.

다시 Mandarin Chinese로 돌아가서, (21)~(22)의 조응적 한정 표현으
로서 보통명사구 혹은 수분류사가 선행하는 보통명사구가 영대명사로
대치되면 다음과 같다.

(24) a. Xuesheng　zai　qianmian　yanjiushi.
　　　　 Xianzai [e]/^{OK}ta　zai　kan　shouji.
　　 b. Xuesheng　zai　qianmian　yanjiushi.
　　　　 Jinjiaoshou　dasuan　miantan　*[e]/^{OK}ta.
(25) a. San-ming xuesheng　zai　qianmian　yanjiushi.
　　　　 Xianzai [e]/^{OK}tamen　zai　kan　shouji.

b. San-ming xuesheng zai qianmian yanjiushi.

　Jinjiaoshou dasuan miantna *[e]/^{OK}tamen.

여기서 주목할 점은 다음과 같다. 먼저, 중국어에서는 대명사와 영논항의 분포적 차이를 보인다. 대명사는 주어 혹은 목적어 위치 둘 다에서 출현할 수 있지만 영논항은 그렇지 않다. 즉 영논항은 주어 자리에서는 가능하지만, 목적어 자리에서는 가능하지 않다. 왜 그러한가? (21b)와 (24b)에서 보통명사구와 영논항이 동일하게 허용되지 않는다는 수용성의 대칭성을 바탕으로 영논항은 보통명사구의 대치의 결과로 도출되는 것이며, 영논항의 조응적 한정 해석은 보통명사구의 한정 해석에 상응하는 방식으로 이루어진다고 본다. 요약하여, (24b)와 (25b)에서 목적어 위치에 나타나는 영논항이 허용되지 않는 것은 Mandarin Chinese에서 영논항이 목적어 위치에서 조응적 한정 표현으로 통사적으로 허가될 수 없기 때문이다.[5]

Mandarin Chinese에서 목적어 위치의 영논항이 조응적 한정 표현으로 허가 받을 수 없다는 점은 Mandarin Chinese의 통사론에서 오래 동안 관찰적 사실로 간주되어온 Huang(1984)의 영논항에 대한 다음의 패러다임을 설명할 수 있다.

---

5) Mandarin Chinese의 다음 문장에서 대명사 대신에 영논항이 주어뿐만 아니라 목적어 위치에서 출현할 수 있다. 이 경우 영논항은 조응적 한정 표현이라기보다는 특정한 상황에서 현저하게 드러난 대상/개체를 지시하는 약 한정 표현이다.

(i) a. (ta) 　lai-le.

　(s/he) 　came-PERF

　'S/he came.'

b. Lisi hen xihuan (ta).

　Lisi very like (him/her)

　'Lisi likes him/her very much.' (Huang 1984: p. 537)

(26) a. Zhangsan₍ᵢ₎ shou [ta₍ᵢ/ⱼ₎ bu renshi Lisi.]

      Zhangsan say he not know Lisi

      'Zhangsan said that he did not know Lisi'

   b. Zhangsan₍ᵢ₎ shou [∅₍ᵢ/ⱼ₎ bu renshi Lisi.]

      Zhangsan say not know Lisi

      'Zhangsan said that (he) did not know Lisi'

   c. Zhangsan₍ᵢ₎ shou [Lisi bu renshi ta₍ᵢ/ⱼ₎.]

      Zhangsan say Lisi not know him

      'Zhangsan said that Lisi did not know him'

   d. Zhangsan₍ᵢ₎ shou [Lisi bu renshi ∅₍*ᵢ/ⱼ₎.]

      Zhangsan say Lisi not know

      'Zhangsan said that Lisi did not know (him)'

      [Huang 1984:537~8]

Mandarin Chinese의 영논항에 대한 위 패러다임의 주목할 점은 다음과 같다. 영논항은 주어 위치에서는 출현할 수 있지만 목적어 위치에서 출현할 수 없다. 한 가지 더 주목할 점은 (26d)에서 허용되지 않는 목적어 위치의 영논항이 주절 주어와 공지시 관계에 있을 때 영논항은 반드시 조응적 한정 표현으로 역할하여야 한다는 점이고, 이러한 목적어 영논항은 앞서 지적한 것처럼 통사적으로 허가받지 못하기 때문에 수용되지 않는 문장이 된다.

Mandarin Chinese의 영논항에 대한 Huang(1984)의 선도적 관찰 이후 상이한 관찰이 이루어졌다. Li(2014)는 다음과 같은 문장에서 Mandarin Chinese의 영논항이 목적어 위치에서 비한정 표현의 양화 해석이 가능하다고 관찰하고 있다.

(27) a. ta song yi-ge nanhai yi-ben shu₍ᵢ₎

he give one-CL boy one-CL book

wo song yi-ge nuhai (yi-ben shu).

I give one-CL girl one-CL book

'He gave a boy a book; I gave a girl (a book).'

b. ta song yi-ge nanhai yi-ben shu;

he give one-CL boy one-CL book

wo song (yi-ge nuhai) yi-zhu bi.

I give one-CL boy one-CL pen

'He gave a boy a book; I gave (a boy) a pen'

(27a-b)에서 출현하는 구조적 맥락은 이제 우리에게 익숙한 맥락이다. 즉 여기서는 영논항을 포함한 더 큰 단위, 즉 동사구의 생략 혹은 대용이 가능한 맥락이다. 그러나 대안적 설명으로, Mandarin Chinese에서 영논항이 목적어 위치에서는 조응적 한정 표현이 불가능함을 보았다. 영논항을 보통명사구의 대치로 간주하면서 이 보통명사구를 조응적 한정 표현으로 전환하는데 수의적으로 삽입되는 아오타 운용소를 어휘화하는데 한국어에서는 격표지 요소가 가용하지만, Mandarin Chinese에서는 아오타 운용소 어휘화 요소가 가용하지 않음을 보았다. 그렇다면 아이오타 운용소의 어휘화 요소가 가용하지 않은 상황에서 Mandarin Chinese에서 영논항은 한정 표현으로 해석되지 않고 비한정 요소로 해석된다고 예측된다. 이 가설의 타당성을 확인해 주는 증거가 (27a-b)에서 출현하는 영논항이다. 즉 이 예문들은 Huang(1984)의 (26)의 예문들과 상반된 예라기보다는, 두 자료들은 동전의 양면과 같이 Mandarin Chinese에서 목적어 위치의 영논항은 조응적 한정 표현은 되지 못하지만, 비한정 표현은 가능함을 예증하는 것이다.

Huang(1984)의 (26)과 관련하여 Li(2014)가 관찰한 것처럼 영논항이 비

섬(non-island) 환경과 달리 섬(island) 환경 내부에서 올 때 조응적 한정 표
현으로 역할할 수 있다는 점이다. 관련 예문은 다음과 같다.

(28) a. zhe-ge   laoshi$_2$ hen   hao, wo   mei kandao-guo
         this-CL   teacher very   good I   not see-ASP
         [[e$_1$ bu   xihuan e$_2$ de] xuesheng1]
                not like   DE student
         'This teacher$_2$ is very good. I have not seen students$_1$ who e$_1$ do
         not like (him$_2$).'

   b. wo faxian xiaotou$_1$ [yinwei   jingcha   mei renchu e$_{1/3}$] gaoxingdi
      I discover thief   because policemen not recognize   happily
      zou   le.
      leave LE
      'I discovered that the thief$_1$ left happily because the policemen did
      not recognize (him$_{1/3}$).'

(28a)에서는 관계절 속에서, 그리고 (28b)에서는 부사절 속에서 영논
항이 나타나고 있다. 이 영논항이 목적어에 출현하고 있다는 점에서
외견상 Huang(1984)의 Mandarin Chinese에서의 영논항 일반화에 반하는
것처럼 보인다.

우리는 (28)을 설명하기 위하여, Huang(1984)의 Mandarin Chinese에서
의 영논항에 대한 매우 통찰력있는 제안을 받아들이면서, Mandarin
Chinese에서의 목적어 위치의 영논항에 대한 본 연구의 제안과 관계시
킨다. 즉, Mandarin Chinese에서 비섬(non-island) 맥락에서의 목적어 위치
의 영논항은 조응적 한정 표현이 될 수 없다. 대안적으로 한 가지 잠
재적으로 가능한 것은 Huang(1984)이 제안한 것처럼 영논항이 이동을
통해서 문장 앞부분의 소위 영주제(null topic) 위치로 연결되는 경우이다.

비섬 맥락에서는 목적어 위치의 영논항이 이동을 통하여 영주제 위치
로 이동을 하여도 주제 자질의 결여로 목적어 위치에서 전위된 영논
항은 조응적 한정 해석을 받을 수 없다. 그러나 목적어에서 전위되는
영논항의 도출적 양상은 영논항의 출발점이 섬(island) 내부에서 출발한
다면, 다른 도출적 옵션을 선택할 수 있을 것으로 가정된다. 즉, 영논
항의 이동이 비섬 내부에서 이동하는 것과 달리 영논항이 섬 내부에
서 밖으로 이동하여야 할 때, 소위 복귀 대명사(resumptive pronoun) 전략을
원용할 수 있을 것으로 본다. 따라서 (28a-b)에서의 목적어 영논항이
섬 내부에 나타날 때 조응적 한정 해석이 가능한 것은 복귀 대명사로
통사적 허가가 가능하기 때문이라고 말할 수 있다.

Huang(1984)의 Mandarin Chinese에 있어서의 영논항 일반화는 한국어
및 일본어의 영논항에 대하여 흥미로운 예측을 가능하게 한다. 그러나
앞서 언급을 했듯이, Mandarin Chinese의 영논항과 달리 한국어에서는
비생략, 비대용의 구조적 환경에서 영논항은 주어 그리고 목적어 위치
둘 다에서 조응적 한정 표현이 되고 있음을 관찰하였다. 이와 같은 환
경이 Abe(2009, 2014)가 보고하는 일본어의 다음과 같은 패러다임이다.
즉, 영논항이 그것의 선행사로부터 성분통어(c-command)될 때, 영논항과
그것의 선행사는 영논항을 포함하는 더 큰 성분이 생략 혹은 대용의
구조적 환경이 될 수 없다. 이때 영논항은 조응적 한정 해석만을 허용
하고, 위에서 지적한 것처럼 이완지시 해석이나 혹은 양화 해석을 허
용하지 않는다.

(29) C-command relationship between its antecedent and the null
argument:
a. John-wa [zibun-no   musume1-ni]

John-TOP   self-GEN   daughter-DAT

[sensei-ga [e]₁   ai-tagatteiru to]   itta.   (*sloppy)

teacher-NOM   want-to-see   COMP   said

'Lit. John told self's daughter that the teacher wanted to see [e].'

(Abe 2009: 151)

b. [Taitei-no sensei]₁-ga   [[e]₁   kyoo-no

most-GEN   teacher-NOM   today-GEN

gogo   kuru to]   itta.   (*quantificational)

afternoon   come   COMP   said

'Lit. Most teachers said [e] would come this afternoon.

(Abe 2009: 149)

하지만 영논항이 그것의 선행사로부터 성분통어가 되지 않을 때, 영
논항은 그것을 포함하는 더 큰 성분이 생략 혹은 대용의 맥락이 가능
하기 때문에, 아래에서처럼 일본어에서 선행사가 이완지시 혹은 양화
해석을 허용하는 요소인 경우, 선행사에 뒤따르는 영논항은 이완지시
혹은 양화 해석을 허용한다.

(30) No c-command relationship between its antecedent and the null
argument:

a. [[Zibun-no   musume₁-o]   kiratteiru]   hito-ga

self-GEN   daughter-ACC   hate   person-NOM

Bill-ni   [[e]₁   aise   yo   to   tyuukokusita.

Bill-DAT   love   COMP   advised

'Lit. A person who hates self's daughter advised Bill to love [e].'

(^{OK}sloppy)   (Abe 2009: 152)

b. [[Taitei-no   sensei₁-o]   kiratteiru]

most-GEN   teacher-ACC   hate

gakusei-ga   [e]₁   hinansita.

student-NOM   criticized

'Lit. The students who hated most teachers criticized [e].'

(^{OK}quantificational)   (Abe 2009: 150)

한국어도 일본어처럼 동일한 패턴을 따른다. 다음에서처럼, 선행사가 영논항의 이완지시 혹은 양화 해석을 도출할 수 있는 환경이라고 하더라도 전자가 후자를 성분통어할 때 이완지시 혹은 양화 해석을 허용하지 않는다.

(31) C-command relationship between the antecedent and the null argument :

    a. 철이가 [자기 엄마]₁에게 [선생님이 [e]₁ 면담하고 싶어한다고] 말했다.　(*sloppy)

    b. [학생들 대부분]₁이 [[e]₁ 이번 주말에 야구장에 갈 것이라고] 말했다.　(*quantificational)

이와 달리, 영논항이 선행사에 의해 성분통어되지 않고, 영논항과 선행사를 관할하는 성분이 생략 혹은 대용의 환경이 가능한 경우, 다음에서처럼 영논항은 이완지시 혹은 양화 해석을 허용한다.

(32) No C-command relationship between the antecedent and the null argument :

    a. [[자기의 숙제]1를 끝낸] 학생이 철이에게 [[e]1 빨리 시작하라고] 말했다.

    (^{OK}sloppy)

    b. [[학생들 대부분]1을 지도했던] 선생님이 [e]1 칭찬했다.

    (^{OK}quantificational)

요약하면, Abe(2009, 2014)의 일본어 영논항의 패러다임 그리고 이에 상응하는 한국어 영논항의 패러다임은 두 언어에서 영논항이 선행사에 의해서 성분통어될 때, 이 영논항은 반드시 조응적 한정 해석을 갖으며, 생략 혹은 대용의 환경에서 허용되는 이완지시 혹은 양화 해석을 허용하지 않음을 보여주는 것이다. 물론 영논항이 선행사에 의해 성분통어되지 않을 때, 영논항은 생략 혹은 대용의 환경에서의 영논항과 동일하게 이완지시 혹은 양화 해석을 허용한다.

5. 생략 혹은 대용 환경에서의 영논항으로 다시 돌아가기

본 논문에서 현재까지의 논의를 바탕으로 볼 때, 동아시아어의 영논항은 조응적 한정 표현으로서 영대명사(empty pronoun)에 가깝다고 결론 내릴 수 있다. 물론 문제가 되는 것은 생략 혹은 대용 환경에서 영논항을 영대명사로 간주할 때 여러 경험적 문제들이 발생한다. 예를 들어, 앞서 논의한 (1)과 (2)를 아래에 (33)와 (34)로 다시 반복할 때, (34b)와 (35b)의 영논항을 영대명사로 설정하는 경우, 이 문장들이 허용하는 이완지시 혹은 양화 해석을 포착하지 못한다고 말할 수 있다(cf. Takahashi (2008)).

> (33) a. 철수는 [자기의 차를] 닦았다.
>   b. 영희도 [e] 닦았다.
> (34) a. 철수는 [선생님 세 분을] 존경해.
>   b. 영희도 또한 [e] 존경해.

그러나 앞서 지적한 것처럼, 생략 혹은 대용의 맥락에서는, 안희돈과 조성은(2019)이 지적한 것처럼, 다음에 (35)와 (36)으로 반복한 (3)과

(4)의 경우에 (33)과 (34)의 영논항이 대명사로 대체된 경우 이완지시 혹은 양화 해석이 가능함을 보았다. 이는 (33)과 (34)에서 영논항이 영 대명사가 되더라도 이완지시 혹은 양화 해석을 산출하는데 문제가 되지 않음을 의미한다.

(35) a. 철수는 [자기의 차를] 닦았다.
　　 b. 영희도 [그것을] 닦았다.
(36) a. 철수는 [선생님 세 분을] 존경해.
　　 b. 영희도 또한 [그들을] 존경해.

앞의 논의에서 이완지시 혹은 양화 해석이 가능한 구조적 맥락은 생략 혹은 대용의 맥락이고, 이 경우 영논항 그 자체의 요소보다도 이를 포함하는 더 큰 성분이 선행절 혹은 선행 문장과 갖는 구조적 평행성(structural parallelism)에 기인한다. 구조적 평행성을 이루는, 영논항 그 자체보다도 이를 포함하는 더 큰 성분의 정의는 Takahashi and Fox(2006)의 생략에 대한 평행성 영역(parallel domain)을 확대하여 대용의 경우도 적용할 수 있도록 다음처럼 수정을 가한다.

(37) For ellipsis/anaphora of EC/AC [elided/anaphoric constituent] to be licensed, there must exist a constituent, which reflexively dominates EC/AC, and satisfies the parallelism condition in (38).
[Call this constituent the parallelism domain (PD).]

(38) The parallelism domain (PD) for ellipsis/anaphora:
PD satisfies the parallelism condition if PD is semantically identical to another constituent in the antecedent clause, modulo focus-marked constituents.

이같은 분석 방향은 동아시아어에서 영논항이 이완지시(유사) 해석 그리고 양화 해석을 허용하는 경우를 포착하기 위하여, Huang(1988, 1991) 그리고 Otani and Whitman(1991)이 제안한 것과 같이 동아시아어에 영어의 동사구 생략에 상응하는 대용 현상이 존재한다는 가설을 받아들이는 것이며, 물론 본고에서는 동아시아어에서 영논항이 영대명사라는 점에서 동사구 생략이 아닌 동사구 대용이라고 본다. 결국, Partee(1973)을 따라, 이 같은 영논항을 포함한 더 큰 성분, 즉 동사구는 도출된 동사구 규칙(derived VP rule)에 의해 논리 형태부에서 람다 표기(lambda notation)에 의해 표상됨으로써, 영논항의 이완지시 혹은 양화 해석을 산출하게 된다고 볼 수 있다.

6. 결론

본고는 지난 20여 년 동안 동아시아어의 영논항에 대한 연구 방향을 반성적으로 검토하면서 출발하였다. 즉, 영논항은 영논항의 통사적 실체를 파악할 수 있는 구조적 환경을 먼저 조사하는 것이 선행되어야 함에도 불구하고, 과거 20년간의 동아시아어의 영논항 연구는 영논항의 통사적 실체가 '변질'될 수 있는 구조적 환경, 즉 생략 및 대용의 환경에서 영논항의 연구가 주를 이루었다는 점, 그리고 이런 방향의 연구의 문제점을 지적하였다.

따라서 본고는 비생략, 비대용의 구조적 환경에서의 영논항을 살펴보면서, 영논항은 유일성을 나타내는 약 한정 표현으로 가능하며, 또한 담화적으로 제시된 선행사와 지시적으로 연결된 조응적 한정 표현이 된다는 점에서 영논항은 공히 한정 표현임을 논증하였다. 이를 바탕으로, 후자의 용법에 집중하면서, 한국어와 Mandarin Chinese의 영논항 분포의 차이, 특히 Huang(1984)이 관찰한 한국어와 달리 Mandarin Chinese에서 조응적 한정 용법의 영논항이 왜 목적어 위치에서 허용되지 않는지를 설명하였으며, 또한 Abe(2009, 2014)의 관찰, 즉 영논항이 자신의 선행사에 의해 성분통어될 때, 영논항이 왜 이완지시 혹은 양화 해석을 허용하지 않는지에 관하여, 일본어와 한국어를 중심으로 설명하였다.

이와 같은 영논항의 전형적 용법, 즉 영논항이 조응적 한정 표현임을 규명하면서, 영논항의 전형적 용법이 생략 혹은 대용의 구조적 환경에서 이완지시 혹은 양화 해석을 어떻게 산출하게 되는지에 관하여, Takahashi and Fox(2006)의 생략 현상에 대한 평행성 영역을 대용 현상에 확대 수정함을 제안하면서 설명을 시도하였다. 이에 관해서는 현재의 분석이 다소 예비적이고 임시적이지만, 보다 상세한 분석은 차후 연구로 남겨둔다.

참고문헌

안희돈 · 조성은. 2019. 영논항의 pro(영대명사) 분석 재고. 언어와 언어학 86집.

Abe, J. 2009. Identification of null arguments in Japanese. In *The dynamics of the language faculty: Perspectives from linguistics and cognitive neuroscience*, ed. Hiroto Hoshi, 135–162. Tokyo: Kuroshio Publishers.

Abe, J. 2014. A *movement theory of anaphora*. Berlin: Mouton de Gruyter.

Cheng, L. L. S, and R. Sybesma. 1999. Bare and not-so-bare nouns and the structure of NP. *Linguistic Inquiry* 30:509–542.

Chierchia, G. 1995. *Dynamics of meaning*. Chicago: University of Chicago Press.

Fiengo, R. and R. May. 1994. *Indices and Identity*. Cambridge: MIT Press.

Guilliot, N and N. Malkawi. 2009. When Movement fails to Reconstruct. In *Merging Features*, ed. J. Brucart et al. Oxford: Oxford University Press.

Heim, I. 1982. *The semantics of definite and indefinite noun phrases*. Doctoral dissertation, University of Massachusetts, Amherst.

Hoji, H. 1998. Null object and sloppy identity in Japanese. *Linguistic Inquiry* 29: 127–152.

Holmberg, A. 2016. *The syntax of 'yes' and 'no'*. Cambridge: Cambridge University Press.

Huang, C.-T. James. 1984. On the distribution and reference of empty pronominals. *Linguistic Inquiry* 15:531–574.

Huang, C.-T. James. 1988. Comments on Hasegawa's paper. In *Proceedings of Japanese Syntax Workshop Issues on Empty Categories*, ed. Tawa Wako and Mineharu Nakayama, 77–93. New London: Connecticut College.

Huang, C.-T. James. 1991. Remarks on the status of the null object. In *Principles and Parameters in Comparative Grammar*, ed. Robert Freidin, 56–76. Cambridge, Mass.: MIT Press.

Jenks, P. 2018. Articulated definiteness without articles. *Linguistic Inquiry*. 49:501–536.

Kamp, H. 1981. A theory of truth and semantic representation. In *Formal methods in the study of language*, ed. J. A. G. Groenendijk, T. M. V. Janssen, and M. J. B. Stokhof, 277–322. Amsterdam: Mathematisch Centrum.

Kamp, H, and U. Reyle. 1993. *From discourse to logic*. Dordrecht: Kluwer.

Karttunen, L. 1976. Discourse referents. In *Notes from the linguistic underground*, Syntax and

Semantics 7, ed. J. D. McCawley. New York: Academic Press.

Li, C. N. and S. Thompson. 1976. Subject and Topic: A New Typology of Language. In *Subject and Topic*, ed. by Charles N. Li. New York: Academic Press. Pp. 457–491.

Li, Y. A. 2014. Born empty. *Lingua* 151:43–68.

Oku, S. 1998. *A theory of selection and reconstruction in the minimalist perspective*. Doctoral dissertation, University of Connecticut.

Otani, K and J. Whitman. 1991. V–raising and VP–ellipsis. *Linguistic Inquiry* 22: 345–358.

Partee, B. H. 1973. Some Transformational Extensions of Montague Grammar. *Jouirnal of Philosophical Logic* 2:509–534.

Schwarz, F. 2009. Two types of definites in natural language. Doctoral dissertation, University of Massachusetts, Amherst.

Saito, M. 2007. Notes on East Asian argument ellipsis. *Language Research* 43: 203–227.

Takahashi, D. 2008. Noun phrase ellipsis. In *The Oxford handbook of Japanese linguistics*, ed. Shigeru Miyagawa and Mamoru Saito, 394–422. Oxford: Oxford University Press.

Takahashi, S, and D. Fox. 2006. MaxElide and the re–binding problem. In *Proceedings of Semantics and Linguistic Theory*.

제 7 장

한국어 통제구문의 이동분석[*]

이 혜 란

1. 머리말

통제(control)는 주절주어(matrix subject) 혹은 주절목적어(matrix object)와 내포절주어(embedded subject) 사이의 의존성을 의미하며 이것은 각각 통제자(controller)와 피통제자(controllee)로 불린다. 일반적으로 통제자는 명시적인 명사로 나타나고 피통제자는 공범주로 나타난다. 통제구문과 관련된 주요 이슈는 첫째, 어디에 공범주가 나타나며 그것이 무엇인가, 둘째, 그 공범주는 어떻게 해석되며, 어떤 매카니즘이 적절한 해석을 위해 사용되는가 하는 것이다. 다음 예들은 전형적인 영어통제구문을 예시로 보여준다.

---

* 이 글은 2011년 생성문법연구 21권 4호에 실린 영어논문 'A Movement Analysis of Control Constructions in Korean'을 번역하고 다듬은 것이다.

영어

(1) a. John₁ promised Mary₂ [e₁/₂ to leave] (주어통제(Subject Control))

    b. John promised Mary [(John) to leave]

(2) a. John₁ persuaded Mary₂ [e∗₁/₂ to leave] (목적어통제(Object Control))

    b. John persuaded Mary [(Mary) to leave]

  (1a)의 공범주는 주절주어에 대한 의존성(주어통제)을 보여주고 (2a)의 공범주는 주절목적어(목적어통제)에 대한 의존성을 보여준다. 공범주들은 의무적으로 통제되며 비한정보문절에 나타난다. 주격이 이 자리에 부여될 수 없는 것은 격부여자(Case assigner)의 결여로 인함이며 따라서 명시적인 어휘요소가 나타날 수 없다. 이러한 통제현상을 설명하기 위해 많은 서로 다른 접근방법이 시도되었는데, 결속접근(Binding approach) (Chomsky 1981); 영격접근(Null Case approach) (Chomsky and Lasnik 1993, Martin 1996); 일치접근(Agree approach) (Landau 1999, 2004); 이동접근(Movement approach) (O'Neil 1995, Hornstein 1999, 2003) 등이 그것들이다. 여러 연구들 중에서 이동접근 (Hornstein 2003, Polinsky and Potsdam 2006 (P&P), Hornstein and Polinsky 2010, Boeckx, Hornstein, and Nunes 2010 (BHN))은 통제를 A-이동으로 환원하여 문법에서 통제모듈을 제거할 수 있다는 점에서 매력적이다. 일반적인 A-이동과의 유일한 차이점은 상승이동이 비의미역자리(non-theta-position)으로의 이동인데 반해 통제이동은 의미역자리(theta-position)로 이동한다는 것이다. 이동접근에서 중요한 가정은 의미역들(theta-roles)이 자질들이며 의미역자리로의 이동이 가능하다는 것이다.

  영어에서와 같이 한국어도 의무통제구문이 있다고 주장되어 왔다 (Madigan 2008a, Park 2011).[1] 그렇다 해도 한국어통제구문의 자세한 사항들

---

1) 본고에서 사용되는 한국어 의무통제구문들은 Hornstein (2003)의 의무통제구문 테스트,

은 영어통제구문과 다르다. 다음 예문들을 살펴본다.

비한정보문절(Infinitival complements) (3, 4, 5)

(3) a. 존이₁ 메리에게₂ [e₁/*₂²⁾떠나-기로] 약속했다 (주어통제)

    'John promised Mary to leave'

  b. 존이₁ [e₁ 떠나-려고] 노력했다 (주어통제)

    'John tried to leave'

  c. 존이₁ [e₁ 떠나-고자] 노력했다 (주어통제)

    'John tried to leave'

(4) 존이₁ 메리를/에게₂ [e*₁/₂ 떠나-도록] 설득했다 (목적어통제)

    'John persuaded Mary to leave'

(5) 존이₁ e*₁/₂ [메리가₂ 떠나-도록] 설득했다 (역행통제)

    'John persuaded Mary to leave'

한정보문절(Finite complements) (6, 7, 8, 9):

지시의향보문절(Jussive³⁾ complements) (6, 7, 8)

(6) 존이₁ 메리에게₂ [e*₁/₂ 떠나-라-고] 명령했다 (목적어통제)

    'John ordered Mary to leave'

(7) 선생님께서₁ 메리에게₂ [e₁/*₂ 점심을 사-마-고] 약속했다 (주어통제)

    'The teacher promised Mary to buy lunch'

(8) 존이₁ 메리에게₂ [e₁₊₂ 떠나-자-고] (분열통제 (Split Control))

    'John proposed Mary to leave'

(9) 존이₁ 메리에게2 [e₁/*₂ 떠나-겠⁴⁾-다-고] 약속했다 (주어통제)

즉 선행사의 존재, 국부성, 성분통어요구, 그리고 반엄밀해석(no strict reading), 반 de re 해석(no de re reading), *only DP*와 함께 반불변해석(no invariant reading)등의 시험을 거친 것으로서 Madigan (2008a)과 Park (2011)에도 잘 설명되어 있다.

2) 공범주는 *e*로 표시되고 때로 설명을 위하여 *PRO*나 *t*로 표시된다. 이 모두는 본고에서 이동 후 남겨진 복사로 본다.

3) Pak(2004)은 *la*(명령IMP: imperative), *ma*(약속PROM: promissive), *ca*(권유EXH: exhortative) 와 같은 불변화사를 지시의향문(jussives)으로 함께 분류한다. Madigan (2008a, b)은 한국어의 지시의향보문절을 의무통제보문절로 분석한다.

4) VOL = volitional mood marker

'John promised Mary to leave'

앞에서 본 영어의 예제처럼, (3)과 (4)는 주절주어와 주절목적어와의 의존성에 의한 주어통제 목적어통제를 보여준다. 순행통제(forward control)만 가능한 영어와 달리, (5)는 논쟁의 여지가 있기는 하지만 통제자가 피통제자를 따라 나오는 역행통제(backward control)이다.[5] 역행통제의 존재는 통제보문절의 주어자리에 어휘요소가 명시적으로 나타날 수 있음을 설명해 주고 이것은 보문절의 주어자리가 주격을 부여받는 격자리임을 시사한다. 한편 영어와 달리, *기로, 려고 고자, 도록*(kilo, lyeko, koca and tolok) 같은 보문소들이 비정형절보문절에 존재한다. 나아가 (6, 7, 8, 9)같은 한정통제구문들이 있으며 이중에서 (6, 7, 8)은 지시의향보문절을 내포하고 있다. 영어와 한국어 두 언어 사이의 차이점은 다음과 같이 요약된다.

(10) 영어와 한국어의 차이점
   (i) 순행통제 vs. 순행/역행통제
   (ii) 격 없음 vs. 주격
   (iii) 보문절주어로 명시적 어휘요소 부재
      vs. 보문절주어로 명시적 어휘요소 존재
   (iv) 보문소 부재 vs. 보문소 존재
   (v) 비한정통제보문절 vs. 비한정 & 한정통제보문절 (지시의향보문
      절 포함)

---

5) Monahan(2003)은 한국어의 역행통제를 통제이동이론의 주요증거로 보지만 Kwon, Monahan, and Polinsky(2010) 등 몇몇 학자들은 프러세싱의 문제로 보거나 pro의 존재로 본다. 본고는 논쟁의 여지가 있는 역행통제를 다음 과제로 남겨두면서 한국어의무통제구문이 통제이동이론으로 설명될 수 있는지에 초점을 맞춘다.

영어 한국어 통제구문 사이의 비교로부터 통제보문절의 구조가 두 언어에서 아주 다르다는 것이 발견된다. 본고는 영어 한국어 사이의 명백한 차이에도 불구하고 통제이동이론(MTC)이 한국어에 적용될 수 있다고 논의한다. (3, 4, 5)에서 공범주는 이동 후 남겨진 복사(copy)라고 본고에서 분석될 것이다. 이와 같이 (6, 7, 9)의 공범주 또한 MTC를 따라 나오는 복사이다. 따라서 제안하는 바는 (3, 4, 5)의 비한정절과 (6, 7, 9)의 한정절로부터 피통제자의 추출이 가능하다는 것이다.[6] 한정통제구문에서 보문절주어의 추출 가능성은 뒤에서 살펴 볼 브라질리언 포르투갈어와 히브리어 3인칭 가정법구문에서 경험적으로 증명된다. 이를 기초로 한국어의 비한정 및 한정보문절의 의무통제는 MTC하에서 A-이동으로 통일될 수 있다고 주장한다. 결과적으로 공범주는 남겨진 복사로 분석되고 그 해석은 이동에 의해 획득되는데, 이것은 별다른 가정이 없어도 성립하는 기본적인 최소주의(minimalism)의 운영(operation)이다.

2장에서는 통제보문절의 한정성과 비한정성에 대한 진단방법이 논의된다. 비한정통제 및 한정통제 둘 다 한국어에 존재하고 한정통제 또한 MTC에 의해 설명될 수 있다. 3장은 P&P와 BHN에 기초하여 무엇이 A-이동을 가능하게 하는지 조사하며 이로부터 수정된 자질체계가 제안된다. 히브리어 3인칭 가정문과 브라질리언포르투칼어에서 볼 수 있는 한정통제에서 [T, Phi]의 자질세트의 부족이 A-이동을 투명하게 한다는 BHN의 주장은 한국어에서 한정의무통제(finite OC)를 분석하는 방법을 제공한다. 4장은 한국어에서 비한정 한정통제가 수정된 자

---

6) (8)의 분열통제에 대한 논의는 본고에서 제외된다. Fujii(2006)는 분열통제를 이동에 의해 분석했다.

질체계에 기초해서 설명될 수 있다는 것을 보여준다. 5장은 주어통제와 CP를 가로지르는 격자리로부터의 이동이 최소성위배(minimality violation)처럼 보이는 경우들에 대해 의문를 제기한다. 이러한 최소성위배는 부가가정(adjunct hypothesis)에 의해 설명될 수 있고, 소위 부적절한 이동(improper movement)은 무상격 가정(default Case hypothesis)과 C의 A-지정어(A-pecifier)에 의해 설명된다. 6장은 한국어의 주어통제 목적어통제를 요약하며 본고를 결론짓는다.

2. 한정성과 비한정성 진단

Park(2011)은 아래와 같이 비한정절과 한정절을 구분하는 테스트기준을 제공한다.

> (11) 비한정절
>   i) 시제나 상 표지(tense or aspect markers)가 없다.
>   ii) 절 유형 표지(clause-typing markers)가 없다.
>   iii) 뿌리절(root clause)로 발화될 수 없다.
> (12) 한정절
>   i) 시제나 상 표지가 있다.
>   ii) 절 유형 표지가 있다.
>   iii) 내포되지 않고 뿌리절로 발화된다.

(11)에 대하여, Park(2011)은 다음의 데이터를 제공한다.

> (13=3) a. *존이$_1$ 메리에게$_2$ [e$_{1/*2}$ 떠나-ㄹ-기로] 약속했다 (11i)
>   'John promised Mary to leave (FUT)'

b. *존이₁ 메리에게₂ [e₁/*₂ 떠나-다-기로] 약속했다 (11ii)

　　'John promised Mary to leave (DEC)'

c. *[e 떠나-기로] (11iii)

　　'(John) leaves'

(13a, b, c) 각각은 (11i, ii, iii)에 해당하는 예문이다. 박종언(2011)은 시제 특성에 관하여 통제비한정절은 비현실[IRREALIS]자질을 가진다고 제안한다. 반면 (12)에 있는 한정절에 대한 정의를 채택한다면 내포된 지시의향구문을 포함한 내포된 명령문은 의지법표지(volitional mood marker)를 포함한 통제보문절이면서 한정절로서 아래와 같이 분석될 수 있다.

(14=6) 존이₁ 메리에게₂ [e*₁/₂ 떠나-라-고] 명령했다 (목적어통제) (12ii, iii)

　　'John ordered Mary to leave'

(15=9) 존이1 메리에게2 [e1/*2 떠나-겠-다-고] 약속했다 (주어통제)

　　(12ii, iii)

　　'John promised Mary to leave'

위의 문장에 박종언의 정의를 적용하면, (14)는 (12ii)에서처럼 절 유형 표시요소 '라'를 가지고 있고, (12iii)에서와 같이 뿌리절 '떠나라'로 ('leave') 발화된다. (15)는 (12ii)에서와 같이 절 유형 중 서술문 표시요소 '다'가 있고 (12iii)에서처럼 뿌리절 '떠나겠다'로 ('(I will) buy lunch for you') 발화된다. 그렇게 되면 위의 구조들은 비한정보문절이 아니라 한정보문절로 분석된다. 그러나 시제 혹은 상 표시요소는 두 구조에서 다 (12i)와 달리 허락되지 않는다. 박종언은 이 사실을 인지하고 지시의향 보문절의 시제는 비한정 보문절이 그러한 것처럼 비현실시제[IRREALIS] 자질을 가지고 있다고 제안한다. 보문절구조에 대한 그의 주장은 다음과 같이 요약된다.

(16) a. [CP [~~MoodP~~ [TP   T   [IRREALIS]... (비한정절)
    b. [CP [MoodP [TP   T... (서술문/ 의문문: 한정절)
    c. [CP [SP/AdP [JP [TP   T[IRREALIS][7]... (지시의향절)

   위의 구조에 기초하여 박종언은 비한정통제보문절이 MTC에 속하고 지시의향보문절은 결속의 몇 스텝을 거쳐 일치(Agree)에 속한다고 주장한다. 따라서 전자의 공범주는 복사(copy)이고 후자의 공범주는 pro로 분석한다.

   나는 기본적으로 보문절구조에 대해 비한정 및 한정절을 구분하는 박종언의 기준을 채택한다. 그러나 박종언과 달리 의무지시의향통제문(obligatory jussive control constructions)도 통제이동이론(MTC)에 의한 것이라고 분석하고자 한다. 자세히 들여다보면 지시의향보문절은 히브리어 3인칭 가정법과 브라질리언포르투갈어에서 보이는 한정통제보문절과 유사하다. 이 점을 다음 장에서 다루기로 한다.

3. 무엇이 A-이동을 가능하게 하는가?

3.1. Polinsky and Potsdam (2006) (P&P)에 의한 시제와 투과성

   P&P(2006: 15-16)는 의미시제(semantic tense)가 내포절의 투과성과 한정성을 결정하는 주요자질이라고 제안한다. 그들은 의미시제는 C와 T 핵에 있는 [T] 시제자질에 의해 통사부에서 표현된다고 가정한다. P&P는

---

7) SP =Speaker Phrase; AdP =Adressee Phrase; JP = Jussive Phrase

Landau(2004)로부터 다음 자질체계를 채택한다.

(17) C^0 와 T^0 의 자질 [T] (Landau 2004: 839)
    a. 독립시제(Independent tense): C^0에 [T] 없음(ø)
    b. 의존시제(Dependent tense): C^0에 [+T]
    c. 대용시제(Anaphoric tense): C^0에 [−T]

  P&P는 세 가지 대조를 시키는데 즉 (i) 완전히 독립적인 시제 (17a), (ii) 다른 시제영역에 의해 영역이 결정되는 의존시제 (17b), (iii) 다른 시제영역에 완전히 의존하는 대용시제 (17c)가 그것이다. 의존시제나 대용시제는 A-이동에 투과성이 있고, 한편 독립시제는 비투과성이라고 제안한다. 다음 그들의 제안을 도표로 살펴본다.

(18) 시제와 투과성 (Tense and transparency)

시제 (Tense)	완전히 독립적 (Fully independent)	의존적 (Dependent)	대용적 (Anaphoric)
투과성 (Opacity)	비투과성 (Opaque)	투과가능성 (Possibly transparent)	투과성 (Transparent)
이동 유효성 (Availability of A-movement)	불가 (No)	가능 (Yes)	가능 (Yes)
자질 (Feature)		비현실자질 (Irrealis)	비현실자질 (Irrealis)

P&P에 의하면 주절동사는 보문소의 [T] 자질에 선택제한(selectional

restriction)을 부과한다. 만약 주절동사가 내포된 C^0 핵에 선택제한을 부과하지 않는다면 그 핵은 독립적인 시제이다. 그러나 만약 내포된 C^0 핵에 선택제한을 부과한다면 보문절의 의미시제는 주절시제와 같거나 (대용시제), 혹은 부분적으로만 독립적이다(의존시제). P&P는 비현실시제 보문절을 가진 대용적 의존적시제의 경우만 히브리어 한정통제에서 발견되는 것처럼 A-이동에 투과성이 있다고 주장한다. 다음 예문은 Landau 2004: 813)로부터 온 것이다.

(19) Himlacti   le-Gil$_1$ se-ec$_{1/*2}$ yearsem
     I-recommended   to-Gil   that-ec[8]   will-register3sg.M
     la-xug le-balsanut.
     to-the-departmentto-linguistics
     'I recommended to Gil to register to the linguistics department'

(19)에서 히브리어 3인칭 가정법(Hebrew 3rd person subjunctives)은 보문소 se에 따라 나오는 공범주를 가진다. 주절동사 'recommend'는 내포절 C^0 핵에 미래시제를 요구하며 어떤 다른 시제도 선택되지 않아야 한다는 선택제약을 부과한다. 비록 추천(recommendation)의 시간과 Gil의 등록 (registering)시간이 다르다하더라도 보문절의 시제는 독립적이지 않은데 그것은 내포된 사건(event)의 시간이 주절사건의 시간에 의해 제약되고 의존되기 때문이다. 즉, 내포된 사건은 항상 시간순서에서 주절사건 후에 일어나야 한다는 것이다. 보문절은 독립적이지 않고 의존적인 시제이며 이것은 내포된 CP 경계를 A-이동에 대해 투과성이 있도록 한다. 주절사건시간과 내포사건시간이 동일하기를 요구하는 대용시제는

---

8) ec = empty category (공범주)

여기서 적용되지 않는다. Landau가 코멘트하듯이 히브리어 통제보문절에서 허락되는 유일한 시제는 비현실(Irrealis)시제를 표현하는 미래시제이다.

세 가지 시제의 대조를 명확하게 하기 위해 다음 Landau(2004: 836)의 데이터를 살펴본다.

(20) a. *Yesterday, John managed to solve the problem tomorrow
 b. *Yesterday, John began to solve the problem tomorrow
 c. Yesterday, John hoped to solve the problem tomorrow.

P&P를 따라 위의 데이터를 설명해보자면, (20a, b)에 있는 함축보문절과 상적 보문절(implicative and aspectual complements)은 주절사건시간과 내포절사건시간이 동일한 대용시제를 가져야 한다. 반면 (20c)는 의존시제를 가지는데, 비현실(irrealis)시제를 가진 내포절시제가 주절동사에 의해 선택되고 제약되기 때문이다. 이 내포절시제는 항상 주절사건시간 이후에 오는 미래시제를 표현한다. 독립시제는 주절동사에 의해 부과된 선택제약이 없는 모든 한정보문절에 나타난다. 다음 예문을 살펴본다.

(21) John says that he was attended the class yesterday.
(22) John said that there will be no change in schedule.

(21)과 (22)는 주절동사에 의해 부과된 선택제약이 없고 주절사건시간과 관계없이 내포절시제가 자유롭게 완전히 독립적이다. 이와 같이 보문절시제에 있어서 세 가지 방식의 대조는 다음 장에서 살펴 볼 한국어 통제보문절 분석을 위해서도 사용될 수 있다.

3.2. Boecks, Hornstein, and Nunes(2010) (BHN)에 의한 자질체계

P&P의 분석은 직설법구문(indicatives)으로 이루어진 독립적인 시제를 가진 절 속으로 하이퍼상승(hyper-raising)과 한정통제가 가능한 브라질리언포르투갈어 같은 언어를 설명할 수 없다. Landau's(2004: 849-850)의 일치에 기반한 분석(Agree-based analysis) 또한 직설법절 속으로 의무통제하는 것을 막을 수 없다. 다음 브라질리언포르트갈어 데이터를 살펴본다 (BHN 2010: 66, 71).

의무통제(Obligatory Control)
(23) O   João disse que comprou um   carro novo
     the João said that bought   a   car   new
     'João said that he bought a new car'

하이퍼상승(Hyper-raising)
(24) Os estudantes parecem/acabaram   que viajaram   mais   cedo
     the students seem.3PL/finished.3PL that traveled.3PL more   early
     'The students seem to have traveled earlier'

BHN에 따르면, 위 구조에 있는 시제 핵 T는 직설법이며 통제보문절과 상승보문절은 영어주석에서 보이듯이 과거시제표지를 가질 수 있다. Boeckx(2003, 2008)을 인용하면서 BHN(2010)은 A-이동의 투과성을 가능하게 하는 속성은 파이자질(phi-features)과 시제자질(tense-features)의 결여이라고 주장한다. 주목할 점은 자질의 부재가 아니라 결여라는 것이며 어떤 자질들은 비록 다른 자질들이 존재하더라도 결여되어 있다. 위 브라질리언포르투갈어의 경우에 직설법의 사용으로, 즉, [T+]의 값을 가지는 과거시제표지를 가짐으로써 시제자질은 결여되어 있지 않으나 파이자질은 결여되어 있다. Ferreira(2009)와 Nunes(2008)를 따라 BHN은 브라질어 직설법 T는 인칭(person)과 수(number)를 완전히 명시하여 도출(derivation)에 들어가거나 수(number)만 명시하여 도출에 들어간다고 가정한다. 수(number)만 명시된 T는 디폴트 3인칭 값을 가지며, 파이자질이 결여되어 있어서 [phi-] 값을 가진다. 만약 두 개의 자질세트 중 하나의 세트가 [-]값을 가지면 보문절은 A-이동에 투과성을 가지게 된다. 브라질리언포르투갈어는 [T+, phi-] 값을 가지므로 일단 이동이론 (movement theory)이 채택된다면 한정통제(finite control)와 한정상승(finite raising)이 가능하다. 이러한 사실에 기초하여 BHN은 [T±]와 [phi±]의 조합이 의무통제의 용이성과 A-이동의 가능성을 제공한다고 제안한다. 자신들의 분석이 경험적으로 더 낫다고 보는데, 이는 Landau's(2004)의 분석은 브라질리언포르트갈어의 의무통제에 관하여 직설법보문절의 투과성을 설명할 수 없기 때문이라는 것이다. Landau는 직설법예문들을 비통제영역으로 분류한다. P&P 또한 브라질리언포르트갈어를 설명할 수 없는데 이는 독립시제가 A-이동에 대해 투과성이 없다고 주장하기 때문이다. 의무통제의 용이성과 A-이동에 대해서 BHN의 자질체계를 살펴보자(BHN 2010: 66, 69).

(25) 시제와 T의 파이자질속성 (Tense and phi-feature properties of T)

Obligatory control(의무통제)/ A-movement(A-이동)			No control(비통제)/ *A-movement (A-이동 불가능)
[T-, phi-]	[T+, phi-]	[T-, phi+]	[T+, phi+]
untensed uninflected	tensed uninflected	Balkan untensed	English indicatives (영어직설법),

infinitives, etc. (무시제 비굴절 비한정절 등)	infinitives (시제 비굴절 비한정절), Brazilian Portuguese indicatives(브라질 리언포르투갈어 직설법), Hebrew 3rd-person subjunctives, etc. (히브리어3인칭 가정법 등)	subjunctive, etc.(발칸 무시제 가정법 등)	Balkan tensed subjunctives, etc. (발칸시제가정법 등)

위 테이블에서 [T]나 [phi]가 [−] 값으로 결여되어 있을 때, 내포절은 투과성이 있고 따라서 A-이동이 가능하다. 발칸언어들뿐 아니라 브라질리언포르투갈어와 히브리어3인칭가정법구문이 그러한 경우이며 A-이동에 의한 한정통제가 가능하다.

3.3. 한국어보문절 분석을 위한 수정자질체계

시제속성(Tense properties)은 P&P와 BHN에서 다르게 해석되고 표현된다. P&P는 의미시제 개념을 채택하고 한편 BHN은 시제표지의 존재와 부재에 기초하여 시제(tensed) 무시제(untensed) 사이의 이분성을 사용한다. 우리의 분석에서는 BHN의 [T±, phi±] 자질체계가 채택된다. 그러나 [T±] 자질은 P&P의 의미시제 개념을 포함하도록 수정된다. 독립시제는 P&P에서 [ø]로 표시되나 본 분석에서는 [T+]로 표시되는데 이 시제는 시제표지와 함께 시제자질들을 가지고 있기 때문이다.

(26) T의 수정된 자질체계(Revised feature system of T)

P&P	Anaphoric(대용적)	Dependent (의존적)	Independent(독립적)
	-T	+T	∅
BHN	No tense marker(시제표지무)		Tense marker(시제표지)
	untensed(무시제) T-		tensed(시제) T+
Revised (수정)	Anaphoric(대용적)	Dependent (의존적)	Independent(독립적)
	T-	T+	T+

테이블 (26)은 P&P와 BHN에 기초하여 본고가 수정한 자질체계를 보여준다. 주절과 내포절 시제가 동일한 경우 [T-]로 표시하고 대용시제로 부른다. 주절에 내포절시제가 의존적인 경우 [T+]로 표시하고 의존시제로 부른다. 주절과 내포절시제가 서로 다르며 독립적일 경우 [T+]로 표시하고 독립시제로 부른다. 다음에 나오는 한국어보문절 분석에서는 (26)에 있는 수정된 자질체계가 적용된다.

4. 한국어에서 무엇이 A-이동을 가능하게 하는가?

4.1. 한국어 통제

P&P와 BHN을 따른 수정된 자질체계에 기초하여 한국어통제구문의 속성은 아래와 같이 관찰된다.

(27) a. 어제 존이₁ 메리에게2 [e₁/*₂ 내일 떠나기로] 약속했다.

     'Yesterday John promised Mary to leave tomorrow'

   b. *오늘 존이₁ 메리에게2 [e₁/*₂ 어제 떠나기로] 약속했다.

     'Today John promised Mary to leave yesterday'

  (27a)에서 시간부사의 가능성은 시제가 대용적이지 않다는 것을 보여준다. 즉 내포된 사건시간은 주절 사건시간과 동일하지 않다. 시간부사가 (27b)에서 독립적으로 사용될 수 없다는 사실은 독립시제가 통제보문절에 나타날 수 없다는 것을 시사한다. 한국어 통제부문절의 시제는 대용적이지도 독립적이지도 않고 주절동사에 의해 제약되며 의존적이다. 내포된 사건은 주절동사에 의해 부과된 선택제약과 함께 항상 주절사건 후에 일어난다. 그렇다면 보문절의 핵은 [T+]로 표현될 것이다. 반면 [phi]자질에 관해서는 그 값이 [-]인데, 그 이유는 한국어에서 명시적인 완전한 파이일치(overt full phi-agreement)는 없어 보이기 때문이다. 일률성 원칙(Uniformity Principle(Chomsky 2001:2))에 따라 추상적인 파이일치가 있을 수 있다 하더라도 파이자질은 한국어에서 완전하지 않고 불완전하다. 논쟁의 여지가 있지만 대체로 존대어, 복수, 지시의향 구문 등에서만 불완전하게 존재한다고 볼 수 있다.

  한국어 상적동사(aspectual verbs)와 함축동사(implicative verbs)는 (20)에 있는 영어의 상적동사 함축동사와 같이 의미시제가 이러한 동사관련 구문에 포함되어 있지 않다.

(28) a. 존이₁ [e₁ 달리기] 시작했다.

     'John began to run'

   b. *어제 존이₁ [e₁ 내일 달리기] 시작했다.

     'Yesterday John began to run tomorrow'

(29) a. 존이₁ [e₁ 숙제를 하려고] 시도했다.
    'John tried to do (his) homework'
  b. *어제 존이₁ [e₁ 내일 숙제를 하려고] 시도했다.
    'Yesterday John tried to do homework tomorrow'

(28)과 (29)에서 시제가 대용적인데 이는 보문절 사건시간과 주절 사건시간이 동일하여 다른 시간부사를 허용하지 않기 때문이다. 그렇다면 보문절의 핵은 [T-, phi-]를 자질로 가질 것이다.

지시의향보문절은 시제속성이 표현된다. 시제속성에 대해 다음 지시의향뿌리절과 지시의향보문절을 살펴보자. 대표적인 예로 명령문(imperatives)을 보문절로 사용하지만 약속문(promissives)와 권유문(exhortatives)에도 동일하게 적용된다. 아래 (30)은 Pak(2006)에게서 인용된 것이다.

(30) a. 점심을 먹-*었-라
    'Eat (PAST) lunch'
  b. 이제 공부하-*었-자
    'Now let's study (PAST)'
  c. 내일 내가 점심을 사-*었-마
    'Tomorrow I (will) buy (PAST) lunch'
(31) a. 존이₁ 메리에게₂ [e*₁/₂ 숙제를 하라고] 명령했다
    'John ordered Mary to do homework"'
  b. 어제 존이₁ 메리에게₂ [e*₁/₂ 내일 숙제를 하라고] 명령했다
    'Yesterday John ordered Mary to do homework tomorrow'
  c. *오늘 존이₁ 메리에게₂ [e*₁/₂ 어제 숙제를 하라고] 명령했다
    'Today John ordered Mary to do homework yesterday'

특히 지시의향뿌리절인 명령문은 (30)에서처럼 시제를 허락하지 않는다. 그러나 (31b)는 지시의향보문절이 의미시제를 가짐을 보여주고

(31c)는 독립시제는 허락되지 않음을 보여준다. 내포시제는 주절동사에 의해 제약되고 선택되어서 내포사건이 항상 주절사건 후에 일어나면서 비현실시제(irrealis)를 표현한다. 따라서 지시의향보문절의 시제는 의존적(dependent)으로 특징화되고 [T+]로 명기된다.

[phi] 자질에 관하여, 지시의향보문절은 파이자질(인칭자질)이 명기되지 않고 뿌리지시의향문은 부분적으로 파이자질(인칭자질)에 대해 명기된다고 가정한다. 뿌리지시의향은 인칭자질이 명기되어 있지만 수자질이 결여되어 있어서 파이자질이 완전하지 않고 결핍되어 있다는 것을 주목하자. 우선 뿌리지시의향 예문들을 Pak(2006) 데이터에서 살펴본다.

> (32)　a. 점심을 먹어-라
> 　　　　'Eat lunch'
> 　　　b. 이제 공부하-자
> 　　　　'Now let's study'
> 　　　c. 내일 내가 점심을 사-마 (Pak 2006)
> 　　　　'Tomorrow I will buy lunch'

뿌리절에서, -라(명령문표지)는 수신자(addressee)인 주어와 일치하고 주어는 2인칭 값을 가지며, -자(권유문표지)는 발화자(speaker)와 수신자 둘 다 포함하는 주어와 일치하고 주어는 1인칭복수 값을 가지며, -마(약속문표지)는 발화자인 주어와 일치하며 주어는 1인칭단수의 값을 가진다. 만약 BHN이 한국어 경우에 적용되면 지시의향뿌리문은 인칭자질은 있지만 수자질이 결여되어 완전한 파이자질을 가지지 않는다고 말할 수 있다. 지시의향뿌리문은 따라서 [ph-]로 분석된다.

지시의향보문절을 살펴보되 명령문과 약속문 중심으로 분석한다. 또한 지시의향보문절이 직접화법이 아니라 간접화법에 보문절로 사용된다는 것을 확인하기 위해 대명사를 가진 후치사구를 괄호 안에 넣어 예문을 제시한다.

(33) a. 존이$_1$ 메리에게$_2$ [e$_{*1/2}$ (그녀의 방에서) 공부를 하라고] 명령했다
　　　　'John ordered Mary to study (in her room)'

　　 b. 존이$_1$ 나에게$_2$ [e$_{*1/2}$ (나의 방에서) 공부를 하라고] 명령했다
　　　　'John ordered me to study (in my room)'

　　 c. 존이$_1$ 너에게$_2$ [e$_{*1/2}$ (너의 방에서) 공부를 하라고] 명령했다/니?
　　　　'John ordered you to study (in your room)'
　　　　'Did John ordered you to study (in your room)?'

　　 d. 존이　　XP　　　　[(XP) 공부를 하라고] 명령했다/니?
　　　　　↑＿＿＿＿＿＿｜

(34) a. 선생님께서 [e1 (그의/자기의 돈으로) 점심을 사마고] 약속했다
　　　　'The teacher promised to buy lunch (with his own money)'

　　 b. 내가1 [e1 (나의 돈으로) 점심을 사마고] 약속했다
　　　　'I promised to buy lunch'

　　 c. 너가1 [e1 (너의 돈으로) 점심을 사마고] 약속했다/니?
　　　　'You promised to buy lunch'
　　　　'Did you promise to buy lunch?'

　　 d. XP　　　　[(XP) 점심을 사마고] 약속했다/니?
　　　↑＿＿＿＿＿＿｜

(33)에서 명령문표지 *-라*는 (33a)에서는 3인칭과 일치하고 (33b)에서는 1인칭과 일치하며 (33c)에서는 2인칭과 일치하는데, 이것은 공범주가 적절한 통제자(controller), 즉 목적어통제에 의해 해석되기 때문이다. 목적어통제가 이루어지면 어떤 인칭과도 일치가 용이해진다. (34)도

마찬가지이다. 약속문표지 −마는 (34a)의 3인칭과 일치하고 (34b)에서는 1인칭과 일치하고 (34c)에서는 2인칭과 일치하는데, 이것은 공범주가 주어통제자(subject controller), 즉 주어통제에 의해 정체가 확인되기 때문이다. 지시의향보문절의 핵이 배번집합(numeration)에 도입될 때 인칭명시(person specification) 없이 도입된다고 가정할 때 이런 현상이 가능하다. (33d)와 (34d)에서처럼 목적어통제자와 주어통제자가 보문절의 주어자리에서 목적어자리와 주어자리로 MTC에 의해 실제로 각각 이동한다고 볼 수 있다. BHN과 본고의 수정자질체계에 의한 분석에 따르면 지시의향보문절은 [ph-]자질을 가지고, 따라서 A−이동에 대해 투과성이 있으므로 이러한 이동이 가능하다.

  한국어 보문절은 시제와 파이자질에 대해 다음과 같이 요약된다. 테이블은 히브리어 3인칭 가정법, 브라질리언포르투칼어, 발칸어에 관한 BHN의 것을 한국어보문절에 적용한 것이다. (26)에서 수정된 시제자질이 파이자질과 조합되어 사용된다.

(35) 한국어 자질조합(Korean feature combination)

Obligatory control(의무통제)/ A-movement(A−이동)		N/A	No control(비통제)/ A-movement(A−이동) 비통제이면서 상승구문인 경우 A−이동 가능
[T−, phi−]	[T+, phi−]	[T−, phi−]	[T+, phi−]
No overt tense marker(명시시제표지 없음)			Overt tense marker (명시시제표지)
(A) untensed uninflected	(B) tensed uninflected	(C) untensed inflected	(D) tensed uninflected

infinitival control complements (무시제 무굴절 비한정 통제보문절 (e.g., aspectual implicative verbs상적, 함축동사))	infinitival control complements (시제 무굴절 비한정 통제보문절)	finites(무시제 굴절 한정절 (e.g., jussive roots저시브 뿌리절))	finites(시제 무굴절 한정절) (e.g., Raising-to-Subject (RTS)(주어자리상승) Raising-to-Object (RTO))(목적어자리상승)
	(B') tensed uninflected finite(시제 무굴절 한정절 (e.g., jussive complements 지시의향 보문절))		

위의 테이블은 다음과 같이 해석된다.

(36) a. (35B)의 통제보문절과 (35B')의 지시의향보문절은 [T+, phi-]를 가지고 그러한 자질에 의해 보문절은 의존시제를 가지며(P&P 2006), 파이자질 결손에 의해 A-이동에 대해 투과성이 있다. (35A)의 대용시제를 가진 통제보문절은 [T-, phi-]를 가지며 투과성이 있다.

b. 지시의향뿌리절은 시제와 파이자질이 결여되어 있다고 가정한 다면 (35A)와 같은 자질들을 가지고 있다. 지시의향에서 파이 자질은 결여되어 있다고 가정하는데, 그것은 수자질이 결여되

고 인칭자질만 나타나기 때문이다. (35C)에서 지시의향뿌리절 (jussive roots)은 보문절이 아니라 뿌리절이므로 통제나 A-이동 과 관계없다.

c. 직설법구문에서 주어자리상승과 목적어자리상승은 [T+, phi-] 자질들을 가지는데, 이러한 자질들에 의해 RTS/RTO 보문절은 독립시제를 이루지만 파이자질 결여로 인해 A-이동에 대해 여전히 투과성이 있다.

d. (35B, B')의 통제구문과 (35D)의 상승구문은 시제와 파이자질에 관해 같은 속성을 가지고 있어 동일하게 투과성이 있다. 비한 정절과 한정절이 보문절을 이루는데, 이들은 같은 자질속성을 가진다.

e. 주격이 (35A, B, B', C, D)에 있는 모든 보문절에 나타나는데 이 보문절들은 자질세트중 하나가 결여되거나 모든 자질세트가 결여되며, 이러한 사실은 한국어에서 주격이 시제나 파이자질에 의해 부여되지 않는다는 것을 의미한다.

P&P에 따르면 시제의 대용적 의존적 성격은 내포된 CP를 투과성이 있게 만든다. BHN을 따르면 [T]와 [phi]로 이루어지는 자질세트가 완전하지 않거나 [-]값을 가져서 결여되어 있으면 보문절은 A-이동을 허락한다. P&P와 BHN 두 연구에 기초하면 비한정통제보문절과 한정통제보문절(지시의향보문절(jussive complements)) 둘다 동일하게 MTC하에서 A-이동에 의해 설명될 수 있다. 더 나아가 다음 장에서 살펴볼 것이지만 통제와 상승 둘 다 복사이동이론(Copy theory of movement (Chomsky 1995))아래서 A-이동으로 통합가능하다. 직설법구문의 주어자리상승과 목적어자리상승에서 A-이동은 한국어의 파이자질 불완전성 때문이라고 볼 수 있다. 이동의 통제이론(MTC)은 이와 같이 통제와 상승구문 둘 다를 포함하는 복사이동이론으로 확장가능하다.

4.2. 한국어 상승

영어류의 언어와 달리, 한국어의 RTS/RTO같은 상승구문은 독립시제를 가지고 있고 서술문(직설법)을 보문절로 가진다. 상승이 한국어상승동사와 함께 일어난다고 가정하면(cf. Lasnik and Saito (1991), Chomsky (2005, 2006), and Lee (2007) 등), A-이동이 여러 종류의 완전한 시제표지를 가진 상승구문에서 어떻게 가능한지 의문이 들 수 있다. (35)의 자질조합에 대한 제안으로부터 파이자질이 한국어보문절의 핵에 충분히 명시되지 않기 때문에 A-이동이 가능하다고 말할 수 있다. 우선 RTS 경우를 살펴본다.

(37) a. 의사가 [t⁹⁾ 메리를 진찰하-었-던-겟] 같다
　　　 'The doctor seems to examine (PAST-RET) Mary'
　　 b. 의사가 [t 메리를 진찰하-ㄹ-겟] 같았다
　　　 'The doctor seemed to examine (FUT) Mary'
숙어(Idioms)
(38) a. 존은 발이 [t 넓-었-던-겟] 같다
　　　 'As for John, his foot seems to be (PAST-RET[10])) wide'
　　　 'As for John, he seems to have (PAST-RET) many acquaintances'
　　 b. 존은 발이 [t 넓-은-겟] 같았다
　　　 'As for John, his foot seemed to be (PRES) wide'
　　　 'As for John, he seemed to have (PRES) many acquaintances'

(37)과 (38)에서 보면 보문절의 시제표지에도 불구하고 주어자리상승이 일어난 것을 볼 수 있다. 영어상승보문절이 대용시제를 가진 비

---

9) 흔적 t는 복사이동이론에서 복사이다.
10) RET = retrospective

한정절로 표현될 때 한국어상승보문절은 완전한 독립시제로 표현된다. 한국어 RTS구문은 시제표지가 완전히 자유로운 한정보문절을 가진 것으로 분석된다.

RTO예문들을 살펴보도록 한다.

(39) a. 존은 메리가 정직하다고 생각한다.
'John thinks that Mary is honest'
b. 존은 메리를 [t 정직하다고] 생각한다
'John thinks Mary to be honest'
c. 존은 메리를 [t 정직하-었-다고] 생각한다
'John thinks Mary(ACC) to be (PAST) honest'
d. 존은 메리를 [t 정직하-ㄹ거-라고] 생각했다
'John thought Mary to be (FUT) honest'

(39)의 구문들은 ECM(Exceptionally Case Marked)이나 RTO로 분석된다. RTS처럼 한국어상승보문절은 영어상승보문절이 대용시제를 가진 비한정절로 표현되는 동안 완전한 독립시제로 표현된다. 서술표지 -다와 서로 다른 시제표지의 자유로운 교체를 가지는 한국어 RTO 구문은 RTS와 마찬가지로 한정보문절을 가진 것으로 분석되어져야 한다.

이제 문제는 어떻게 주어가 P&P의 견지에서 비투과성인 한정보문절 바깥으로 추출되느냐 하는 것이다. P&P와 달리 BHN(2010)에 기초하면 독립시제를 가진 한정절도 투과성이 있는데, 이것은 [T, phi]의 자질세트 중 하나가 [-]값을 가지기 때문이다. 한국어 RTS/RTO 경우에 파이자질은 내재적으로 [-]값을 가지는데, 이것은 한국어가 추상적인 파이일치(abstract phi-agreement)가 존재한다고 볼 수 있지만 완전한 파이자질은 가지고 있지 않기 때문이다. 이런 이유로 상승보문절은 A-이동에 대해 투과성이 있다. (35)에 있는 자질조합은 통제와 상승을 동시에 설명하고 둘 다 A-이동으로 축약된다. 공범주는 이동 후 남겨진 복사로 분석되고 해석의 의존성은 이동에 의해 얻어진다. 통제와 상승을 통일하려는 시도가 이러한 분석에서 경험적으로 증명된다. 한국어의 통제 상승 둘 다 A-이동으로 축약될 수 있다는 가능성을 제시하는 것이 본고의 주장이다.

5. 문제가 되는 경우들

5.1. 표면적인 최소성 위배

통제이동이론(MTC)에 반하는 논증 중 하나는 Culicover and Jackendoff (2001)와 Landau(1999, 2004)에 의해 제기된 *promise*와 같은 타동사로 된 통제술어의 경우이다.

(40) a. John₁ promised Mary₂ [PRO₁/*₂ to leave]

b. [John [T [(John) promised **Mary** [(John) to (John) leave]]]]

위의 구문은 공범주가 목적어를 가로질러 주어와 해석되기 때문에 표면적으로 최소성 위배(minimality violation)를 보여준다. 첫째, Hornstein (2003)은 아이들의 언어습득에 대한 관찰의 결과로써 자신의 주장을 옹호한다. Carol Chomsky(1969)와 Gary Milsark의 관찰에 기초하여, *promise*의 구조가 특수하고 *promise*의 특수성은 아이들의 후기습득에 의해 증명된다는 것을 받아들인다. 특수성이 있다는 것은 목적어가 통제구문습득의 과정에서 예외적으로 무시되고, 그래서 아이들은 특별한 동사의 사용을 습득하는데 어려움을 느낀다는 뜻이다. 둘째, *promise*형 동사의 목적어는 실제로 영전치사(null preposition)의 보충어로 분석될 수 있는 간접목적어라고 그는 말한다. 다음 예는, Hornstein and Polinsky(2010: 18-20)에서 가져왔다.

> 영전치사가설(Null P hypothesis)
>
> (41) a. John₁ promised [P Mary] [PRO₁ to leave]
>
>   b. John₁ seems to Mary [t₁ to like beer]

DP인 *John*은 상승구문에서 경험자역인 PP 즉, *to Mary*를 가로지르고, 통제구문에서의 *John*은 주절 주어 자리로 이동하기 위해서 [P *Mary*]를 가로지른다. Hornstein and Polinsky(2010: 18-20)으로부터 더 많은 예를 살펴보도록 한다.

> 유사한 동사들(Similar types of verbs)
>
> (42) a. I₁ vowed/committed to Bill PRO₁ to leave
>
>   b. John committed Bill₁ PRO₁ to leave early.

*vow*와 *commit*과 같은 형의 동사들은 두 가지 구조를 보여준다고 계속해서 말한다. (42a)에서 문제의 DP는 PP인 *to Bill*을 가로질러 주어 자리로 이동하고, 한편 (42b)에서는 또 다른 구문에서 목적어 자리로 이동한다.

한국어도 정확하게 같은 문제를 아래와 같이 가지고 있다.

> (43=3) 존이₁ 메리에게2 [e₁/*₂ 떠나기로] 약속했다 (주어통제)
>
>   'John promised Mary to leave'

(44=9) 존이₁ 메리에게2 [e₁/*₂ 떠나겠다고] 약속했다(주어통제)
      'John promised Mary to leave'
(45=7) 선생님께서₁ 메리에게2 [e₁/*₂ 점심을 사마고] 약속했다(주어통제)
      'The teacher promised Mary to buy lunch'

영어의 경우와 유사하게 한국어에서도 문제 되는 것은, 공범주가 목적어 대신 주어와 확인되고 그것은 최소주의(Minimalism)에서 최소거리이동(Shortest Move)이나 최단거리연결조건(Minimal Link Condition)과 같은 기본적인 이동원칙을 위배한다는 점이다.[11] 조금 더 자세히 살펴보면, 모든 주절 동사는 같은 형의 동사 즉, 참여동사(verbs of commitment)이다. 모든 보문절은 같은 종류의 주절술어에 의해 선택되는데, 그것은 '약속하다'('promise')와 '다짐하다'('pledge')와 같은 것이다. 이러한 관점에서, 영어와 한국어 공히, 이슈가 되는 구문은 참여동사와 관련되는 하나의 문제로 축약된다.

Kim(2003)은 영어에서 *promise*의 목적어를 동사에 의해 의미역 표시되지 않은 부가어로 취급한다. 이러한 아이디어를 수용하여 한국어 구문에 적용하면 참여동사의 간접적인 명사(indirect DP)는 부가어가 될 수가 있고, 이것들은 한국어 통제구문에서 주어통제를 차단하지 못한다. Urushibara(1991)은 '-에게' 요소에 대한 PP분석을 제안한다. '-에게'구가 PP로 취급된다면 영어의 영전치사 가정(null P hypothesis)과 같은 논의가 한국어 데이터에도 적용될 수 있다. 그러나 차이점은 P가 한국어에서는 영(null)이 아니다. PP분석의 문제는 목적어 통제에 속하는 '명령하다'('order')를 가진 명령지시의향문(imperative jussives)은 설명될 수 없다는

---

11) 통제의 국부성(locality)은 Rosenbaum (1967)에 의해 제안되었는데 최소거리원칙(Minimal Distance Principle (MDP))으로 불린다.

것이다: (i.e. John₁-i Mary₂-eykey [e₂ ttena-la-ko] myenglyengha-yss-ta ('John ordered Mary to leave'). *eykey*를 가진 DP는 이러한 구문에서 부가어가 아니고 보문절 주어는 *Mary-eykey*를 가로질러 목적어 자리로 갈 수 없다. 통제이동이론(MTC) 접근이 영어와 한국어에서 *promise*형의 통제 술어에 적용될 수 있는지는 논쟁의 여지가 있지만, Kim(2003)을 따라서 참여동사의 추가DP(extra DP)는 부가어라고 잠정적으로 본고에서 제안한다.

5.2. CP를 가로지르는 격자리로부터의 이동

역방향통제(backward contro)가 존재한다고 가정하고서, 주격을 가진 명시적인 어휘요소가 보문절 주어자리에 나타난다. 대명사나 재귀사도 보문절 주어자리에 나타날 수 있다. 아래 예문을 살펴본다.

(46=5) 존이₁ e∗₁/₂ [메리가₂ 떠나도록] 설득했다 (역행통제)
        'John persuaded Mary to leave'
(47) 존이₁ 메리에게₂ [그녀가∗₁/₂/e∗₁/₂ 떠나라고] 명령했다 (목적어통제)
        'John ordered Mary to leave'
(48) 존이₁ 메리에게₂ [그가/자기가₁/∗₂/e₁/∗₂ 떠나기로] 약속했다 (주어통제)
        'John promised Mary to leave'

일반적으로 A-이동은 격자리에서 금지되므로 보문절 주어자리로부터의 이동은 금지되어야 한다. Kim(1990)은 주격은 TENSE에 의해서도 혹은 INFL내의 AGR에 의해서도 부여되지 않고, PF에서 디폴트로 부여된다고 주장한다. 이것은 Spec-TP가 격자리가 아니어서 A-이동이 가능하다는 의미이다. 따라서, 본고에서는 이를 받아들여서 디폴트로 부여된 주격은 (32A-D)에 있는 서로 다른 시제와 파이자질의 속성에 상관없이 보문절 주어자리에 나타난다고 제안한다.

남아있는 문제는, 어떻게 DP가 CP경계를 건너서 부적절한 이동 (improper movement(A-A'-A))을 할 수 있는가 하는 것이다. P&P(2006: 16)는 CP 를 가로지르는 A-이동에 대한 방법을 제안한다. C에 있는 선택적인 EPP자질과 동반하는 [±T]자질이 A-지정어를 C에 허락한다. 보문절 주어는 Spec-CP를 통과해서 주어자리 혹은 목적어 자리로 이동한다. 의존적이거나 대용적인 시제를 가진 보문절으로부터 나온 이동은 값이 주어진 [T]자질과 동반하는 EPP자질 때문에 허락된다. (49a, b)에 P&P 의 설명이 도식화되어 있고, 한국어보문절은 (35)의 수정된 자질시스템에 기초하여 (49c)에 표현된다. (49a,b,c)의 손쉬운 비교를 위해 (49c) 를 head-final구조로 바꾸지 않았다.

(49) a. ...[CP (NP) C^{EPP}[±T] [TP (NP) T[±T] [VP (NP)   (투과성)

　　 b. ...[CP　　　　C　　　[TP NP T　　　 [VP (NP) (비투과성)
　　　　한국어

　　 c. ...[CP (NP) C^{EPP}[T±, phi-] [TP (NP) T[T±, phi-]] [VP (NP)
　　　　　　　　　　　　　　　　　　　　　　　　　　　　　(투과성)

(49c)에서 보여지듯이 한국어보문절의 투과성은 파일자질이 이 언어에서 본질적으로 결여되어 있어서 항상 가능한 듯 보인다. 이것은 한정과 비한정 통제구문 그리고 다양한 시제표지와 진술(직설법)표지를 가진 상승구문의 투과성을 설명해 준다. Tanaka(2002)는 일본어 RTO 예문들에서 CP를 빠져나가는 이동을 허락한다. 이와같이 한국어에서 Spec-TP 자리로부터 CP를 빠져나가는 이동이 가능하다고 본고는 제안한다.

또 다른 남아있는 의문은 (46-48)에서 명시적인 주어를 가진 통제보
문절의 경우 하나 이상의 복사가 어떻게 남아 있느냐 하는 것인데, 복
사이동이론은 어순화(linearization)로 인해 다른 모든 복사를 삭제하고 하
나의 복사만 발음되는 것을 허락하기 때문이다. P&P(2006: 3-4)는 아래와
같은 통찰력있는 유형을 제시한다.

> (50) a. [Higher copy ...... ~~Lower copy~~] 대용사 순행통제/상승
> b. [[~~Higher copy~~ ...... Lower copy] 후방조응사 역행통제/상승
> c. [Higher copy ...... Lower copy] 재현성복사(resumption copy) 통제/
> 상승

P&aP(2006: 10-11)는 Assamese(Haddad 2006)나 Zapotec(Lee 2003, BHN 2005) 혹
은 Tongan(Chung 1978)같은 언어들이 (50c)에 있듯이 통제와 상승에서 복
사를 사용하는 것을 보여준다. Assamese에서의 주어통제 현상이 P&P에
아래와 같이 제시되어 있다.

> (51) [Ram-e   dukh   kor-i]   *(tar)   bhagar   log-il
> Ram-ERG   sorrow do-INF   he.GEN exhausted feel-PAST
> 'Having made himself sad, Ram felt exhausted'

(51)에 있는 Assamese는 (46-48)에 있는 명시적인 보문절 주어를 가
진 한국어 통제구문과 평행을 이룬다. 삭제되지 않은 명시적 보문절
주어는 같은 식으로 설명되는데, 즉, 대명사가 이동이 일어난 후 재현
성(resumption) 전략으로 삽입되었다는 것이다. Gamerschlag(2007: 102)는 한
국어에서 내포된 주어의 실현은 강조나 대조를 위한 목적을 제외하면
잉여적이라는 것을 관찰한다. 한국어에서 명시적인 통제보문절 주어

는, 강조나 대조의 의미적 효과를 가져오는 재현성 전략으로서, 이동 후에 삽입된다고 본고는 제안한다.

6. 맺음말

일단 비한정 한정 보문절이 둘 다 투과성이 있다고 받아들이면 표면적으로 달라보이는 현상들이 통일된다. 비한정통제보문절과 한정통제보문절 사이에 분리된 모든 의무통제구문들은 통제이동이론(MTC)에 의해 설명될 수 있다. 더 나아가 상승구문을 포함하여 모두 A-이동으로 환원될 수 있다. 한국어의 의무통제구문들은 아래와 같이 요약된다. 진한글씨체는 이동에 의한 복사 중에서 발음되는 복사를 표시한다.

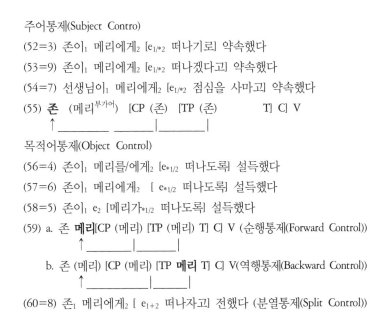

주어통제(Subject Contro)

(52=3) 존이$_1$ 메리에게$_2$ [e$_{1/*2}$ 떠나기로] 약속했다

(53=9) 존이$_1$ 메리에게$_2$ [e$_{1/*2}$ 떠나겠다고] 약속했다

(54=7) 선생님이$_1$ 메리에게$_2$ [e$_{1/*2}$ 점심을 사마고] 약속했다

(55) **존** (메리^{부가어}) [CP (존) [TP (존)   T] C] V
  ↑_____ _____|_____|

목적어통제(Object Control)

(56=4) 존이$_1$ 메리를/에게$_2$ [e$_{*1/2}$ 떠나도록] 설득했다

(57=6) 존이$_1$ 메리에게$_2$ [e$_{*1/2}$ 떠나도록] 설득했다

(58=5) 존이$_1$ e$_2$ [메리가$_{*1/2}$ 떠나도록] 설득했다

(59) a. 존 **메리**[CP (메리) [TP (메리) T] C] V (순행통제(Forward Control))
  ↑_____|_____|

  b. 존 (메리) [CP (메리) [TP **메리** T] C] V(역행통제(Backward Control))
  ↑_____|_____|

(60=8) 존$_1$ 메리에게$_2$ [e$_{1+2}$ 떠나자고] 전했다 (분열통제(Split Control))

(55)와 (59)에서 보듯이 의무통제구문들은 복사이동이론에 기초하여 통제이동이론(MTC)에 의해 분석된다. 이동은 두 번째 의미역 자질점검에 의해 동기화된다. C의 A-지정어가 보문절의 투과성으로 인해 허락된다. (58, 59b)의 역행통제와 (60)의 분열통제에 대한 자세한 분석은 나중연구로 남겨지는데, 서두에 언급한 것처럼 역행통제가 실제로 존재하느냐 아니냐 하는 것이 여전히 해결되어야 하기 때문이고, 분열통제 또한 부분통제(Partial Control)과 함께 논란의 여지가 있는 논제이다.

지금까지 한국어에서 의무통제구문에 속하는 비한정과 한정통제구문 둘 다 A-이동으로 환원된다는 것을 보여주었다. 보문절의 자질조합이 내포된 CP를 투과성이 있게 만든다. 자질체계를 이용한 동일한 설명이 RTS와 RTO같은 상승구문의 투과성에도 적용될 수 있다. 통제에서의 주요 관심사는 공범주의 정체성과 해석인데, 그에 대한 답은 공범주가 이동 후에 남겨진 복사라는 것이고 그 해석은 이동의 결과로서 따라온다는 것이다. 본고는 통제이동이론(MTC)접근을 통해 문법에서 통제모듈을 제거함으로써 문법의 최소주의 이론을 달성할 수 있는 가능성을 제시해 보았다. 의무통제구문을 상승구문과 함께 다루었으며 많은 남겨진 과제들은 다음 연구로 미루어 둔다.

참고문헌

Boeckx, Cedric. 2003. *Islands and chains*. Amsterdam: John Benjamins.

Boeckx, Cedric, Hornstein, Norbert, and Jairo Nunes 2010. Control as Movement. New York: Cambridge University Press.

Boeckx, Cedric. 2008. *Bare syntax*. Oxford University Press.

Chomsky, Carol. 1969. The acquisition of syntax in children from 5 to 10. Cambridge, Mass: MIT Press.

Chomsky, Noam. 1981. *Lectures on Government and Binding*. Dordrecht: Foris.

Chomsky, Noam. 1995. *The Minimalist Program*. Cambridge, Mass: MIT Press.

Chomsky, Noam 2001. Derivation by phase. In Ken Hale: *A life in language*, ed. by Michael Kenstowicz, 1-52. Cambridge, Mass: MIT.

Chomsky, Noam. 2005. On phases. Ms., MIT, Mass: Cambridge.

Chomsky, Noam. 2006. Approaching UG from below. Ms. MIT, Mass: Cambridge.

Chomsky, Noam and Howard Lasnik. 1993. The theory of principle and parameters. In *Syntax: An international handbook of contemporary research*, ed. by J. Jacobs et al., 506-569. Berlin: Mouton de Gruyter.

Chung, Sandra. 1978. *Case marking and grammatical relations in Polynesian*. Austin: University of Texas press.

Culicover, Peter W. and Ray Jackendoff. 2001. Control is not movement. *Linguistic Inquiry* 32: 493-511.

Ferreira, Marcelo. 2009. Null subjects and finite control in Brazilian Portuguese. In *Minimalist essays on Brazilian Portuguese syntax*, ed. by Jairo Nunes, 17-49. Amsterdam: John Benjamins.

Fujii, Tomohiro. 2006. Some theoretical issues in Japanese control. Doctoral dissertation, University of Maryland, College Park.

Gamerschlag, Thomas. 2007. Semantic and structural aspects of complement control in Korean. In *Studies in complement control: Zas Papers in Linguistics* 47, ed. by Barbara Stiebels, 81-123.

Haddad, Youssef. 2006. Control in Assamese. Questionnaire, project "Variation in Control Structures".

Han, Chung Hye. 2000. The structure and interpretation of imperatives: Mood and force in universal grammar. New York and London: Graland.

Hornstein, Norbert. 1999. Movement and control. Linguistic Inquiry 30: 69-96.

Hornstein, Norbert. 2003. On control. In Minimalist syntax, ed. by Randall Hendrick, 6-81. Oxford: Blackwell.

Hornstein, Norbert and Maria Polinsky. 2010. Control as movement: Across languages and constructions. In *Movement theory of control*, ed. by Norbert Hornstein and Maria Polinsky, 1-44. John Benjamins: Amsterdam, Philadelphia.

Kim, Young-Joo. 1990. The syntax and semantics of Korean Case: The interaction between lexical and syntactic levels of representation. Doctoral dissertation, Harvard University.

Kim, Young-Sun. 2003. Merge theory of control and implicit argument control. *Studies in Generative Grammar 13*: 285-303.

Ko, Heejeong. 2004. Constraining scrambling: Cyclic linearization and subject movement. *WCCFL 23 Proceedings*.

Kwon, Nayoung, Philip Monahan and Maria Polinsky. 2010. Object control in Korean: A backward control impostor. In *Movement theory of control*, ed. by Norbert Hornstein and Maria Polinsky, 299-328. John Benjamins.

Kwon, Nayoung and Maria Polinsky. 2006. Object control in Korean: structure and processing. *Proceedings of Japanese Korean Linguistics 15*. CSLI Publications.

Landau, Idan. 1999. Elements of control. Doctoral dissertation. MIT.

Landau, Idan. 2004. The scale of finiteness and the calculus of control. Natural Language and Linguistic Theory 22: 811-877.

Lasnik, Howard and Mamoru Saito. 1991. On the subject of infinitives. *CSL 27*: 324-343. Chicago Linguistic Society, University of Chicago.

Lee, Felicia 2003. Anaphoric R-expressions as bound variables. *Syntax 6*: 84-114.

Lee, Hyeran. 2007. A raising-to-object analysis of Korean ECM constructions. *Studies in Generative Studies 17*: 361-396.

Madigan. Sean. 2008. Control Constructions in Korean. Doctoral Dissertation, University of Delaware.

Madigan. Sean. 2008. Obligatory split control into exhortative complements in Korean. *Linguistic Inquiry 38*: 493-502.

Martin, Roger. 1996. A minimalist theory of control. Doctoral dissertation, University of Conneticut, Storrs.

Monahan, Philip. 2003. Backward object control in Korean. WCCFL 22: 101-114.

Nunes, Jairo. 2008. Inherent Case as a licensing condition for A-movement: the case of hyper-raising constructions in Brazilian Portuguese. *Journal of Portuguese Linguistics* 7: 83-108.

O'Neil, John. 1995. Out of control. Proceedings of the 25th Annual Meeting of the North East Linguistic Society. Amherst: GLSA, University of Massachusetts, Amherst, 361-171

Park, Miok. 2004. Agreement of sentence final particles in jussive clauses. Paper presented at the Western Conference on Linguistics (WECOL), University of Southern California, Los Angeles, CA.

Pak, Miok. 2006. Jussive clauses and agreement of sentence final particles in Korean. *Japanese/Korean Linguistics 14*: 295-306. Stanford, CA: CSLI Publications.

Pak, Miok, Paul Portner, and Raffaella Zanuttini. 2008. Agreement in promissive, imperative, and exhortative clauses. Korean Linguistics 14, 157-175.

Park, Jong Un. 2011. Clause structure and null subjects: Referential dependencies in Korean. Ph.D. Dissertation, Georgetown University.

Pesetsky, David and Esther Torrego. 2002. The tense, Case and nature of syntactic categories. Ms., MIT and University of Massachusetts, Boston.

Polinsky, Maria, and Eric Potsdam. 2006. Expanding the scope of control and raising. Syntax 9: 171-192.

Polinsky, Maria, Philip J. Monahan, and Nayoung Kwon. 2007. Object control in Korean: How many constructions?. Language Research 43: 1-33.

Rosenbaum, Peter S. 1967. The grammar of English sentential complementation. In Readings in English transformational grammar, ed. by Roderick Jacobs and Peter Rosenbaum, 20-29. Waltham, MA: Ginn.

Stowell, Tim. 1982. The tense of infinitives. *Linguistic Inquiry 13*: 561-570.

Tanaka, Hidekasu. 2002. Raising to object out of CP. *Linguistic Inquiry 33*: 637-652

Urushibara, Saeko. 1991. Ey/Ekey: A postposition or a Case marker? In *Harvard Studies in Korean Linguistics 4*: 421-431. Department of Linguistics, Harvard University.

제 8 장

분류사 언어의 명사구 생략

박 소 영

1. 서론

문장 안에는 눈에 보이지는 않지만 엄연히 존재하는 요소들이 있다. 문맥적으로 충분히 복원 가능한 요소들에 대해서는 수의적으로 그 음형을 실현시키지 않는 것인데, 언어 역시 경제성을 추구한다는 입장에서 보면 이는 어쩌면 당연한 결과일 것이다. 수 세대 동안 통사 이론의 전개는 이렇게 문장 내에 표면적으로는 보이지 않지만 실제로 존재하는 공범주들(null categories)의 정체와 유형을 확인하고 정의하는 데에 많은 부분이 할당되어 왔다. 지금까지 활발하게 논의된 대표적인 공범주로는 pro, PRO, 흔적(trace) 등을 들 수 있다.

이 논문에서는 이렇게 눈에 보이지 않는 요소들에 대한 논의를 해보려고 한다. 그 중에서도 한국어의 명사구 구성, 특히 수분류사 구성에 나타나는 영형 명사에 대하여 그것의 정체성이 과연 무엇인지 탐구하고자 한다. 한국어는 소위 분류사 언어(classifier language)로서, 셈의 연산을 위해서는 물질-가산 명사의 구분 없이 분류사가 동반되어야 하는데, 이러한 수분류사 구성에서 아래 (1)에서와 같이 명사가 영형으로 실현될 수 있다.

(1) 가. 철수는 [논문 한 편]을 읽었고, 영희는 [∅ 두 편]을 읽었다.
    나. 철수는 [한 편의 논문]을 읽었고, 영희는 [두 편 ∅]을 읽었다.

예문 (1가)는 수분류사가 명사에 후행하는 구성을, (1나)는 명사에 선행하는 구성을 나타낸다. 이들 후행절에서 반복되는 명사 '논문'은 영형으로 실현될 수 있다.

이러한 소위 '생략' 현상은 비단 한국어에만 국한된 것이 아니다. 분류사 언어에 속하는 일본어나 중국어와 같은 동아시아 언어에서도, 비분류사 언어(non-classifier language)인 가령 영어에서도 널리 분포한다.

(2) 가. Taroo-wa   [san-satsu-no hon]-o   kattaga,
        -Top   three-Cl-NO book-Acc   bought but
     Hanako-wa   [go-satsu ∅]-o   katta.
        -Top   five-Cl   -Acc   bought
     'Although Taroo bought three books, Hanako bought five.'
   나. suiran   Zhangsan   mai-le   [san-ben   shu],
      every day   read   three-Cl   book
      dan   Lisi   mai-le   [wu-ben   ∅]
      but   read   ive-Cl
      'Zhangsan reads three books, but Lisi reads five.'
   다. Everyday John reads [three papers], but Susan reads [two ∅].

위 (2가), (2나)의 문장에서는 수분류사 밑에서, (2다)에서는 수사 밑에서 명사가 영형으로 실현되고 있다.

현재까지 통사론적 논의의 맥락에서 한국어 예문 (1)에 나타난 영형 명사구 분석에 대한 가능한 대안으로는 크게 세 가지를 들 수 있다.

(3) 가. 공범주 pro의 실현
나. 영형 대용어(pro-form)의 실현
다. 음성형식 삭제(PF-deletion)의 결과

이 논문은 이 중에서 (3다)의 분석, 즉 이들 영형 명사가 음성형식 삭제 방식에 의한 생략의 결과임을 증명하고자 한다. 한국어는 음성형식 삭제에 의한 명사구 생략이 존재하는 언어이며, 한국어의 수분류사는 명사구 생략을 인허할 수 있음을 주장한다. 이러한 논의는 수분류사 구성을 비롯한 한국어 명사구 구성의 통사론과 긴밀한 연관성을 갖는다.

2. 논의의 배경

2.1. 분류사 언어

분류사 언어에서의 명사구 생략(전통적으로는 N'-생략, Jackendoff 1971)에 대한 시발적인 논의는 Saito, Lin and Murasugi(2008)를 참조할 수 있다(이 외에도 Takahashi 2008; Watanabe 2010; Tang 2011; Li 2013, 참조; 비분류사 언어의 명사구 생략 논의는 Lobeck 1995; Corver and van Koppen 2006; Alexiadou and Gengel 2012; Lipták and Saab 2014; Merchant 2014 참조). 이들 연구는 일본어와 중국어의 명사구 구성 내부에 나타나는 영형 명사를 생략의 결과로 분석하였다.

이들은 아래 예문 (4가)와 (4나)의 문법성 대조를 기반으로, 이들은 생략의 기제에 대해 명사구 기능범주의 명시어 위치가 채워져 있을 경우에만 생략이 인허된다고 하였다(Lobeck 1990, 1995, 2006).

(4) 가. Taroo-no   taido-wa   yoi ga,
          -NO   attitude-Top good though
       Hanako-no   taido-wa   yoku-nai.
          -NO attitude-Top   good-not
      'Taro's attitude is good, but Hanako's is not good.'
   나. *hare-no   hi-wa   yoi ga,
       sun-NO   day-Top   good though
       ame-no   hi-wa   ochikomu.
       rain-NO   day-Top   depressed
      'Sunny days are good, but I feel depressed on rainy day.'

(4가)의 'hanako-no'의 소유주 논항은 DP의 명시어 위치로 이동 가능하여 생략을 인허하지만, (4나)의 'ame-no'의 부가어는 해당 위치로 이동할 수 없기 때문에 생략이 불가능하다는 것이다. 이는 아래 (5)의 수형도로 요약될 수 있다.

(5)

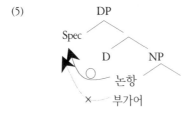

중국어 명사구 논항 역시 (4가)와 같은 통사 문맥에서 생략 가능하다.

(6) Zhangsan de che bi Lisi de ~~che~~ gen gui.
     DE car than   DE   more expensive
   'Zhangsan's car is more expensive than Lisi's.'

분석 (6)에 따르면, (7)은 'Lisi'가 DP의 명시어 위치에 채워졌기 때문에 그 기능핵 D가 명사구 생략을 인허한다는 것이다.

한편 수분류사 문맥의 경우를 살펴보기로 하자. (7가)는 일본어, (7나)는 중국어의 예를 나타낸다.

(7) 가. *Taroo-wa   ichi-nichi-ni [san-satsu-no hon]-o yomu ga
          -Top every-day-in three-Cl-NO book-Acc read but
      Hanako-wa [go-satsu-no ~~hon~~]-o   yomu.
          -Top five-Cl-NO   book-Acc read
      'Taro reads three books but Hanako reads five.'
  나. Suiran   Zhangsan mai-le [san-ben shu],
      every day   read   three-Cl book
      dan Lisi mai-le [wu-ben ~~shu~~].
      but   read   five-Cl book
      'Zhangsan reads three books, but Lisi reads five.'

Saito, Lin and Murasugi(2008)는 일본어 수분류사는 부가어에 해당하므로 명사구 생략을 인허하지 못하지만, 중국어의 수분류사는 아래 (8)과 같은 기능핵 구조를 이루기 때문에 생략을 인허한다고 하였다.

(8)

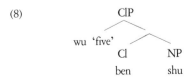

위 (8)의 수형도에서 분류사는 기능핵 Cl(assifier)이며, 수사는 그 명시어 위치를 채운다. 따라서 Cl은 그것의 보충어인 명사구 생략을 인허한다 는 것이다(일본어 논의에 대한 반론으로는 Watanabe 2010 참조).

한편 일본어 명사구 내부의 영형 명사를 생략의 결과로 보는 Saito, Lin and Murasugi(2008)의 입장과는 달리, 명사구 대용의 결과로 보아야 한다는 견해도 만만치 않다. Hiraiwa(2016)은 일본어에 명사구 생략이 존재하지 않고, 명사구 생략처럼 보이는 구문은 모두 명사구 대용의 결과로 분석해야 한다고 주장하였다(Kamio 1983). 이러한 입장에서는 (4 가)의 문장은 아래 (9)로 분석된다.

> (9) Hanako-no   no → hanako-no
>   -NO one

일본어의 속격과 명사구 대용어는 각각 'no'로 동일한 음성형태를 가 지고 있으므로 중음탈락이 일어나 결국 'no'가 한 번만 실현된 음성형 태가 된다는 것이다. Hiraiwa(2016)은 (7가)의 일본어 수분류사 문맥에서 명사구 대용이 불가한 이유에 대하여 대용어 'no'는 NP 내부에 결합 되는 수식어의 선행을 필요로 하는데 해당 수분류사는 NP 외부에 결 합되는 요소이기 때문이라고 하였다. 이렇게 분류사 언어에서 명사구 구성 내부에 나타나는 영형 명사에 대해서 그것이 음성형식 삭제에 의한 생략의 결과인지, 아니면 대용의 결과인지 아직 의견이 분분한 상태이다.

2.2. 한국어의 경우

일본어, 중국어와는 달리, 한국어에서는 속격 소유주가 선행하는 환경에서 명사구 대용어 '것'이 반드시 사용되어야 한다.

> (10) 가. *철이의 논문은 영이의 ~~논문~~보다 더 길다.
> 나. *철이의 논문은 영이의 ~~논문~~보다 더 길다.
> 다. 철이의 논문은 [영이의 것]보다 더 길다.

(10가)의 명사 '논문'이 생략된 문장은 비문법적이다. 속격 '의'와 비교격 조사 '보다'가 인접한 형태론적 연쇄는 한국어에서는 허용되지 않는데, 이를 피하기 위해 '의'를 삭제시킨다 하더라도 여전히 비문법적인 문장이다. 이 경우 대용어 '것'이 반드시 사용되어야 하는데, 범언어적으로 명사구 생략이 가능한 환경에서 한국어는 불가능한 양상을 보인다. 이 때문에 한국어는 명사구 생략이 존재하지 않는다는 견해가 현재로서는 지배적인 것으로 보인다(Seo 2009; An 2010; Bae 2012; 반론으로는 이정식 2013).

그러나 앞서 (1)에 예시된 것처럼 수분류사 구성에서는 일견 명사구가 생략 가능한 것으로 보인다. 이는 아래 (11)에 다시 제시한다.

> (11) 가. 철수는 [논문 한 편]을 읽었고, 영희는 [Ø 두 편]을 읽었다.
> 나. 철수는 [한 편의 논문]을 읽었고, 영희는 [두 편 Ø]을 읽었다.

한국어에 과연 명사구 생략이 존재하는 것인지의 여부를 밝히기 위해서는 위 (11)의 구성에 나타나는 영형 명사의 정체를 밝혀야 한다. 이 영형 명사가 과연 현존하는 공범주인 pro에 의한 것인지, 아니면 명사구 영형 대용어로 귀속될 수 있는 것인지 면밀하게 따져 보기로 한다.

3. pro 분석에 대한 반증

수분류사 구성에 나타나는 영형 명사에 대한 첫 번째 대안으로 공범주 pro 분석을 검토해 보고자 한다. 공범주와 그것의 가시적 실현 형태 사이에는 의미 차이가 존재하지 않는다는 전제 아래, pro에 대응하는 외현적인 한국어 대명사 '그것'과 대조하여 검토하기로 한다.

3.1. 이완 해석(sloppy reading) 가능성

영형 명사가 실현된 수분류사 구성과 pro에 대응하는 대명사 '그것'이 실현된 구성은 이완 해석의 가능성 여부에 있어서 서로 명백한 대조를 보인다.

> (12) 가. 학생들은 [자기 논문 한 편]을 읽었으나, 교수들은 [두 편]을 읽었다.
> 　　　나. 학생들은 [자기 논문 한 편]을 읽었으나, 교수들은 [그것 두 편]을 읽었다.

예문 (12가)의 후행절은 교수들이 '학생들의 논문'을 읽었다는 엄밀 해석(strict reading)뿐만 아니라, '교수 자신들의 논문'을 읽었다는 이완 해석을 허용한다. 그러나 대명사 '그것'이 실현된 (12나)의 후행절은 이러한 이완 해석을 자연스럽게 허용하지 않는다. 물론 대명사 '그것'이 우연적으로 '교수들의 논문'을 지칭할 수는 있겠으나, 사실 '그것'이 지시할 수 있는 대상의 범위는 훨씬 더 넓다. 이러한 해석은 (12가)의 해석 양상과는 다르다. 이는 pro 분석이 해당 구문에 대하여 적합하지 않음을 보여준다.

3.2. 선행 명사구 지시 가능성

다음으로 속격 소유주가 실현된 수분류사 구성의 의미 해석 양상은 이들 영형 명사가 pro로 분석될 수 없음을 보여준다.

> (13) 가. 철수는 [박 교수님의 논문 한 편]은 읽었으나,
> [김 교수님의   두 편]은 읽지 못했다.
> 나. 철수는 [박 교수님의 논문 한 편]은 읽었으나,
> [김 교수님의 그것 두 편]은 읽지 못했다.

(13가)의 후행절 목적어는 '김 교수님의 논문 두 편'을 지시하는 것으로 해석된다. 이외의 다른 해석은 가능하지 않다. 반면 가시적 대명사가 실현된 (13나)의 후행절 목적어는 화자가 염두에 두고 있는 특정적인(specific) 어떤 것 두 편을 의미한다. 그것이 수필일 수도 있고, 시일 수도 있다. 화자가 염두에 두고 있는 것이 우연적으로 '논문'일 수도 있겠으나, 무표적으로 '논문'을 지시하는 해석은 가능하지 않다. 이는 pro 분석이 해당 구문에 합당하지 않음을 보여준다.

4. 대용어 분석에 대한 반증

두 번째 대안으로는 영형 대용어 분석을 들 수 있다. 다음 4장에서

는 가시적인 명사구 대용어인 '것'과의 분포를 대조함으로써, 해당 분석의 타당성을 검토하기로 한다.

4.1. '것'과의 상보적 분포

소위 의존 명사(최현배 1965; 남기심 · 고영근 1984), 혹은 형식 명사 '것'은 주로 구체성의 가산성 명사를 대용하는 것으로(우형식 1995) 간주된다. 이러한 대용 명사 '것'은 관형어를 필수적으로 요구하는데, 한국어의 관형어 성분으로는 관형절, 속격이 붙은 체언, 관형사 등이 있다.

> (14) 가. 내가 산 책은 [그가 산 [것]]보다 더 비싸다.
> 나. 철이의 책은 [영이의 [것]]보다 더 비싸다.
> 다. 헌 신발은 [새 [것]]보다 더 편하다.

이러한 대용 명사 '것'은 위 (14다)가 예시하듯이 특히 성상관형사 '새/헌' 등 뒤에도 출현 가능하다. 한국어의 모든 관형어들은 이러한 성상관형사에 반드시 선행하여야 하는데, 아래 (15)는 성상관형사를 기준으로 한 관형어들의 통사적 위치를 예시한다.

> (15) 가. [내가 사 준] 철이의 새 가방/것 (관형절 > 체언-의 > 성상)
> 나. 철이의 [내가 사 준] 새 가방/것 (체언-의 > 관형절 > 성상)
> 다. *[내가 사 준] 새 철이의 가방/것 (*관형절 > 성상 > 체언-의)
> 라. *철이의 새 [내가 사 준] 가방/것 (*체언-의 > 성상 > 관형절)
> 마. *새 [내가 사 준] 철이의 가방/것 (*성상 > 관형절 > 체언-의)
> 바. *새 철이의 [내가 사 준] 가방/것 (*성상 > 체언-의 > 관형절)

즉 성상관형사 '새'는 피수식 명사의 가장 가까이에 위치하여야 하는데, '새'에 선행하는 다른 모든 관형어들은 이러한 성상관형사보다 구조적으로 높은 위치에 결합되는 것이다. 대용 명사 '것'은 이러한 관형어들이 선행하기만 하면 원칙적으로 출현 가능함을 알 수 있다.

수분류사 구성에 나타나는 영형 명사를 영형 대용어로 분석하는 견해는 이들 구성에 대용 명사 '것'이 출현 가능함을 예측한다. 그러나 이는 아래 (17)과 같이 사실에 부합되지 않는다. 관형어의 선행을 요구하는 '것'의 조건을 따라 속격이 결합한 수분류사 구성을 검토한다. 속격 수분류사는 성상관형사에 반드시 선행하는 어순을 보이므로 무표적인 경우에 '것'이 출현 가능함을 예측하는 것이다.

(16) 가. 두 편의 새 논문
　　　나. *새 두 편의 논문
(17) 가. 나는 두 편의 논문을 읽었으나, 철이는 [세 편　　]을 읽었다.
　　　나. *나는 두 편의 논문을 읽었으나, 철이는 [세 편의 겟]을 읽었다.

위 (17나)가 예시하듯이 수분류사 구성에 '것'이 출현하면 비문법적이다. 즉 해당 수분류사 구성은 명사구 대용어가 나타날 수 있는 통사적 환경이 아닌 것이다. 이는 (17가)의 구성을 영형 대용어로는 분석할 수 없음을 증명한다.

4.2. 속격 내부 논항과의 분포

다음으로는 속격 내부 논항(internal argument)과의 분포를 통하여 대용어 분석을 검토해 보기로 한다. 한국어 명사구 내에서 행위주(agent) 논항은 대상(theme) 논항을 반드시 선행해야 한다(명사구 내부 성분들의 어순 제약에 대한 범언어적 관점에서의 자세한 통사적 논의는 Simpson and Park 2019 참조).
그러나 부가어와의 상대적 위치에는 제약이 없다.

> (18) 가. 조세현의 히말라야의 사진(조세현이 히말라야를 찍은 사진)
>   나. *히말라야의 조세현의 사진
> (19) 가. 조세현의 히말라야에서의 사진
>   나. 히말라야에서의 조세현의 사진

이러한 대상 논항은 명사구의 내부 논항으로서 명사의 보충어로 병합된다. 이는 성상관형사와의 상대적 위치로부터 확인된다.

> (20) 가. 새 히말라야(*-의) 사진
>   나. 히말라야*(-의) 새 사진

(19가)에서처럼 대상 논항이 '새'에 후행할 경우에는 속격이 허용되지 않는다. 반면 '새'에 선행할 경우에는 속격이 반드시 실현되어야 한다. 이 글에서는 명사구 내부에 최초 병합된 대상 논항은 그 병합 위치에서는 명사핵에 의하여 무표격을 받지만(혹은 포합(incorporation) 과정에 의하여 격 요구 조건이 만족될 수도 있다, 홍용철 1994; 박정섭 2004), 유표적 속격을 받기 위해서는 명사구 외부로 이동해야 한다고 가정한다(Simpson and Park 2019).

> (21)

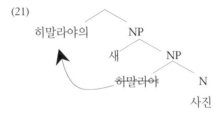

그렇다면 이러한 속격 내부논항과 명사구 대용어 '것'과의 분포를 살펴보기로 하자. (19나)가 예시하듯이 속격 내부논항은 성상관형사 '새'에 선행하므로, 대용어 '것'이 이에 후행하리라고 예측된다. 그러나 이는 사실과 다르다.

(22) 가. ??라벤더의 그림은 잘 그렸지만, 해바라기의 것(해석: 해바라기를 그린 그림)은 잘못 그렸다.
  나. ??국어문법의 강의는 수강하였지만 영어문법의 것(해석: 영어문법을 가르치는 강의)은 수강하지 못하였다.
(23) 가. *이영희의 라벤더의 그림은 잘 그렸지만, 김철수의 해바라기의 것은 잘 못 그렸다.
  나. *박 교수님의 국어문법의 강의는 수강하였지만, 김 교수님의 영어문법의 것은 수강하지 못하였다.

내부논항이 '것' 앞에 출현하는 위 (22), (23)은 외부논항만이 출현하는 아래 (24)의 예문과는 그 수용성에 있어서 확연한 대조를 이룬다.

(24) 가. 이영희의 그림은 잘 그렸지만, 김철수의 것(해석: 김철수가 그린 그림)은 잘못 그렸다.
  나. 박 교수님의 강의는 수강하였지만 김 교수님의 것(해석: 김 교수님이 가르치는 강의)은 수강하지 못하였다.

이러한 현상은 생략에 대한 대용어 접근 방식의 예측에 정확하게 부합된다. 생략을 '비가시적으로 실현되는 언어 형태'라고 정의한다면, 사실 엄밀하게 말해 생략은 그 비가시성의 원인에 따라 두 가지의 하위 유형이 있다(Hankamer and Sag 1976; Baltin 2012; Li 2014; Merchant 2014). 첫째, 통사부 표상에 애초부터 영형 대용어로 존재하기 때문에 비가시적인 것이다(Hankamer and Sag 1976의 소위 '심층조응(deep anaphora)'). 둘째, 통사부에
서는 완전한 구성으로 존재하지만 음성형식부에서 그 음형을 실현시
키지 않고 삭제시키기 때문에 비가시성이 초래되는 것이다(소위 '표층조
응(surface anaphora)'). 전자는 생략에 대한 대용어 접근 방식으로(Fiengo and
May 1994; Chung et al. 1995), 후자는 음성형식 삭제 접근 방식으로(Merchant
2001, 2004; Fox and Lasnik 2003) 명명되어 왔다.

생략의 대용어 분석에 따르면 명사구 대용어가 명사구가 요구되는
통사구조 내에 통으로 병합되므로, 그 내부 구조는 통사부 연산에 불
투명하다. 따라서 (21)과 같은 내부논항의 적출(extraction)과 같은 현상은
불가능할 것으로 예측된다. 반면 음성형식 삭제 분석은 이러한 적출
현상이 가능할 것으로 예측하는데, 가령 명사구 보충어로 병합되는 대
상 논항이 통사부에서 명사구 외부로 적출되고 이후 음성형식부에서
명사구의 삭제 과정을 거치게 된다면, 이미 명사구 외부에 이동해 있
는 대상 논항은 삭제 과정에서 살아남아 외현적으로 실현될 수 있을
것임이 예측되는 것이다.

수분류사 구성에 나타나는 영형 명사를 대용어의 실현으로 보는 견
해는 속격 내부논항이 해당 구성에 (22), (23)과 같이 나오지 못할 것으
로 예측한다. 그러나 이는 사실에 부합되지 않는다.

(25) 가. 라벤더의 그림 두 장은 잘 그렸지만, 해바라기의 두 장은 잘
못 그렸다.
나. 국어문법의 강의 3학점은 수강하였지만, 영어문법의 3학점은
수강하지 못하였다.
(26) 가. 라벤더의 두 장의 그림은 잘 그렸지만, 해바라기의 두 장은
잘못 그렸다.
나. 국어문법의 3학점의 강의는 수강하였지만, 영어문법의 3학점

은 수강하지 못하였다.

즉 수분류사 구성의 영형 명사는 '것'과는 대조적인 양상을 보인다. 전자는 내부논항의 적출을 허용하지만, 후자는 허용하지 않는다. 이는 해당 구성의 영형 명사를 영형 대용어로 분석할 수 없음을 말해준다. 오히려 이러한 내부논항 적출 가능성은 음성형식 삭제 분석의 예측에 정확하게 합치된다.

5. 분석: 음성형식 삭제

5.1. 제안

앞서 3장과 4장에서는 수분류사 구성에 나타나는 영형 명사에 대한 첫 번째와 두 번째 대안을 검토하였는데, 그 두 대안 모두 적합하지 않은 것으로 판명되었다. 이 논문은 해당 구성을 세 번째 분석, 즉 음성형식부에서의 명사구 삭제에 의한 것으로 분석한다. (8)에 제시된 수분류사 구성을 가정한다면, 이는 아래 (27)과 같이 도식적으로 나타낼 수 있다.

(27)

분류사는 분류사구 ClP 투사의 핵 위치를 차지한다. 수관형사 '세'는

분류사구의 명시어 위치를 차지한다. 한국어 분류사는 그 보충어의 생략을 인허하는 기능핵으로 간주된다.

Watanabe(2006, 2008, 2010) 식의 명사구 내부 이동을 한국어에 가정한다면, (1가)의 후행절 목적어 명사구의 도출 과정은 아래 (28)과 같이 상정될 수 있다.

(28) 가. [XP 논문 [ClP 두 [NP ~~논문~~] 편<E>]]   (통사부)
     나. [XP ~~논문~~ [ClP 두 [NP ~~논문~~] 편<E>]]   (음성형식부)

먼저 통사부에서 명사구 '논문'이 수분류사구 앞으로 이동하여(Watanabe 2006에 따르면 CaseP) 표면 어순을 도출한다. 이러한 통사구조 정보는 음성형식부로 유입된다. 생략 자질을 가진 분류사 핵에 의하여 그것의 보충어인 명사구 '논문'은 생략을 경험하여 그 음성형식이 삭제된다.

다음으로 (1나)의 수분류사 구성은 아래 (29)와 같이 상정될 수 있다.

(29) 가. [YP [ClP 두 [~~논문~~] 편] [XP 논문 [ClP 두 [NP ~~논문~~] 편<E>]]
       (통사부)
     나. [YP [ClP 두 [~~논문~~] 편] [XP ~~논문~~ ~~[ClP 두 [NP 논문] 편~~<E>]]
       (음성형식부)

(29가)의 구조에서 잔여 분류사구가 앞으로 이동한다(QP, Watanabe 2006). 음성형식부에서 분류사 핵에 의해 명사구 '논문'의 음성형식이 삭제된다. 수분류사 다음에 후행하는 가시적인 체언이 없으므로 '의'의 삽입은 일어나지 않는다(An 2014; 일본어 'no'에 대한 유사한 견해로는 Kitagawa and

Ross 1982 참조). 요컨대 (1가)와 (1나)의 수분류사 구성의 영형 명사는 음
성형식 삭제 방식으로 분석될 수 있다. 다음으로는 이러한 분석을 확
장하여 여타 한국어 수분류사 관련 구성을 검토해 보기로 한다.

5.2. 확장 1: 속격 수분류사 구성의 두 가지 유형

앞서 우리는 속격 수분류사 구성에 '것'이 사용될 수 없음을 확인하
였다. 그러나 '것'이 허용되는 속격 수분류사 구성이 있다.

> (30) 가. 나는 열 장의 논문을 읽었으나 그는 오십 장의 것을 읽었다.
> (속성 해석)
> 나. 나는 열 장의 논문을 읽었으나 그는 오십 장을 읽었다.
> (양적 해석)
> (31) 가. 열 자루의 색연필은 오천 원이지만 열 두 자루의 것은 육천
> 원이다.   (속성 해석)
> 나. 열 자루의 색연필은 오천 원이지만 열 두 자루는 육천 원이다.
> (양적 해석)

(30가), (31가)에서 명사구 대용어 '것'이 나타나는데, 이들 문장은 문법
적이다. 이는 우리가 살펴본 예문 (17)과는 대조적이다. 그러나 이는
(17)과는 다른 해석을 갖는데, 가령 (30가)의 속격 수분류사는 '논문'의
길이에 대한 속성을 한정하는 소위 속성 해석(property reading)으로 '오십
장의 길이를 가진 논문'으로 해석된다(일본어 대응 표현에 대해서는 Kamio
1983; 중국어에 대해서는 Li 2013 참조). 반면 (30나)는 단순하게 수량을 재는
양적 해석(quantity reading)을 가지는데, '읽은 논문의 양이 오십 장'이라는
의미로 해석된다. 이때 '것'은 사용되지 않는데, 이는 예문 (17)에서와

같다. 요컨대 속격 수분류사가 양적 해석을 가질 경우에는 명사구 생략 전략이 운용되지만, 속성 해석을 가질 경우에는 '것'에 의한 명사구 대용 전략이 운용되어야 하는 것이다. 이는 전자의 수분류사는 명사구 생략을 인허하는 기능핵의 구조를 갖지만, 후자는 명사구 생략을 인허하지 않는 일종의 부가어 구조를 가짐을 함의한다. 즉 속격 수분류사 구성은 잠재적으로 두 가지의 구조적 중의성을 갖는 것이다.

한국어 속격 수분류사 구성은 이렇게 중의적인 해석을 허용한다.

> (32) 한 근의 멜론
> 　가. 속성 해석: 무게가 한 근이 나가는 멜론
> 　나. 양적 해석: 개수에 상관없이 멜론이 한 근이라는 양

(32가)의 속성 해석은 멜론 하나의 무게가 한 근이라는 의미이고, (32나)의 양적 해석은 전체 멜론의 양이 개수에 상관없이 한 근이라는 의미이다(범언어적 관점에서의 논의는 Schwarzschild 2006 참조). 반면 무속격 수분류사 구성은 이러한 중의적인 해석을 허용하지 않고 오직 양적 해석만을 가진다.

> (33) 멜론 한 근
> 　양적 해석: 개수에 상관없이 멜론이 한 근이라는 양

무속격 수분류사 구성은 양적 해석을 가지는 속격 수분류사 구성과 마찬가지로 명사구 생략을 허용한다. 이는 이들 두 구성이 서로 구조적으로 연관되어 있음을 암시한다.

기존 속격 수분류사 구문 분석으로는 크게 두 가지의 견해가 있다.

하나는 무속격 수분류사 구성에서 어떠한 식으로든 도출되어 나왔다
고 보는 견해이다(김영희 1983; 시정곤 2000; Park 2008). 다른 한 견해는 무속
격 수분류사 구성과는 애초부터 다른 구조, 즉 부가어 구조를 갖는다
고 보는 견해이다(최기용 2001; Shin 2009). 그런데 (30), (31)의 명사구 대용
과 생략 양상은 그 두 견해 모두 인정되어야 함을 보여준다. 즉 양적
해석의 속격 수분류사는 전자의 견해로, 속성 해석의 수분류사는 후자
로 분석되어야 하는 것이다.

5.3. 확장 2: 수관형사와 '것'

한국어 지시, 수, 성상관형사는 일정한 어순 제약을 보인다. 그런데
명사구 대용어 '것'은 지시관형사와 성상관형사 뒤에는 나타날 수 있
지만, 수관형사 뒤에는 나타날 수 없다.

(34) 그 다섯 새 집 (지시 > 수 > 성상)
　　가. 그 (새) 것
　　나. *다섯 것
　　다. 새 것

수관형사는 명사 가장 가까이에 위치하는 성상관형사보다 선행하여야
하지만 이상하게도 '것'이 허용되지 않는 것이다.

이러한 공백에 대해서 수관형사가 가진 의미상의 특이성으로 설명
하려는 시도가 있었다(우형식 1995). 그러나 주목할 만한 사실은 다른 수
식어가 개입되면 대용어 '것'이 수관형사 뒤에 나타날 수 있다는 것이
다(cf. five (*ones) vs. five new ones).

(35) 다섯 *(새) 것

(34나)와 (35)의 대조는 의미론적으로는 설명되지 않는다. 다른 수식어
가 개입된다고 하더라도 수관형사의 의미론적 특이성은 유지되어야
할 것이기 때문이다. 대신 (34나)의 사실은 동사구조에 의한 것으로 설
명되어야 할 것이다.

이 논문의 분석에 따르면, (34나)의 비적법성은 해당 환경이 명사구
생략이 적용될 수 있는 환경이기 때문인 것으로 해석될 수 있다. 보다
구체적으로 말해 한국어는 분류사 언어로서 수량을 측정하기 위해서
는 기정적으로 분류사 사용이 전제된다고 한다면, (34나)처럼 수관형
사(혹은 수사)가 출현하는 환경은 분류사가 가시적으로 드러나 있든 그
렇지 않든 간에 분류사구 투사를 전제하는 구조라고 할 수 있다. 한국
어 분류사는 명사구 생략을 인허하는 기능핵에 해당하므로, 해당 환경
에서는 명사구 대용 대신 생략이 적용되어야 하는 것이다.

(36)

반면 다른 성상관형사가 개입되면 '것'이 사용될 수 있는데, 이는
성상관형사의 개입으로 분류사가 명사구를 그것의 직접적인 보충어로
취할 수 없으므로(Lobeck 1995) 생략 대신 대용이 운용되어야 하는 것으
로 설명 가능하다.

(37)

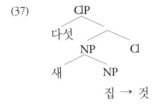

집 → 것

요컨대 한국어 분류사는 명사구 생략을 인허하는 기능핵이며, 이는 수 관형사와 대용어 '것'과의 상보적 분포를 자연스럽게 설명해 준다.

6. 결론

이상의 논의를 통해, 우리는 수분류사 구성에 나타나는 영형 명사가 음성형식부 삭제에 의한 생략의 결과임을 논증하였다. 한국어 수분류 사는 명사구 생략을 인허하는 기능핵에 해당하며, 따라서 한국어는 명 사구 생략이 존재하는 언어임을 확인하였다.

그러나 이 논문에서 다루지 못한 남은 문제가 있다. 첫째 질문은 한 국어에서 분류사핵이 명사구 생략을 인허할 수 있다면, 왜 중국어나 영어(혹은 일본어)와는 달리 한국어의 속격 소유주 명사 환경에서 명사 구 생략이 인허되지 않고 그 대신 대용 전략이 운용되어야 하는가에 대한 문제이다. 둘째 질문은 한국어에서 수분류사 이외에 명사구 생략 을 인허하는 또 다른 기능핵이 명사구 내에 존재하는가이다.

첫째 질문에 대해서는 크게 두 가지 가능한 해석이 있다. 먼저 한국 어 속격은 다른 언어와는 달리 D에 의한 것이 아니라고 보는 해석이 다. 한국어는 아예 D가 투사되지 않고(Bošković 2008, 2014; Bae 2012) '의'는 모두 일종의 수식어 표지라고 보는 입장이 있다(홍용철 2013; An 2014, 그러나 이에 대한 반론으로는 박소영 2014; Simpson and Park 2019 참조). 아니면 이보다 좀 더 약한 입장에서 D가 투사되기는 하지만 D에서의 명시어-핵 일치가 존재하지 않으므로(Fukui 1986; Kuroda 1992; Lobeck 2006) 명사구 생략을 인허하지 못한다고 보는 입장도 가능하다. 한편 이들 견해와는 상반적으로 명사구의 본질적인 구조적 차이를 인정하지 않고 형태-음운론적인 원인으로 돌리는 방법도 가능한데, 가령 속격 '의'는 한국어에서 모든 조사와의 연쇄를 허용하지 않고 반드시 삭제되어야 하는데 이는 결국 의미 해석 상의 문제를 초래시키므로 생략이 일어나지 못한다고 보는 것이다. 생략이 기본적으로 의미 복원이 가능한 환경에서 언어 사용의 경제성을 위해 일어나는 것이라고 한다면(Panagiotidis 2003; Babiers 2005), 의미 해석에 문제를 초래하는 이러한 통사 과정은 허용되지 않을 것이기 때문이다.

둘째 질문에 대해 범언어적으로 명사구 생략을 인허하는 명사구 기능핵으로는 D, Num(ber)(Saito and Murasugi 1990; Lobeck 1995; Takahashi 2008; Merchant 2014), Cl(assifier)(Alexiadou and Gengel 2012), Foc(us)(Cover and van Koppen 2006; Eguren 2010) 등이 논의되어 왔다. 한국어 명사구 내에 각각의 기능핵이 존재하는지의 여부와 해당 기능핵이 과연 생략 인허자로 기능할 수 있는가, 그리고 그 원인이 무엇인지의 문제는 이 논문에서는 다루지 못했다. 이 논문의 목적은 한국어의 분류사가 명사구 생략을 인허하는 기능핵임을 증명하는 것으로, 한국어에 명사구 생략을 인허하는 또 다른 기능핵이 존재하는가의 문제는 추후의 연구로 남겨두기로 한다.

참고문헌

김용하, 1999, 한국어 격과 어순의 최소주의 문법. 서울: 한국문화사.

김영희, 1983, 한국어 셈숱화 구문의 통사론. 연세대학교 박사학위논문.

남기심, 고영근, 1984. 표준국어문법론. 서울: 탑출판사.

박소영, 2014, 관형격 조사 '의'의 두 유형. 현대문법연구 81: 1-27.

박정섭, 2004, 속격 표지의 수의성에 대하여. 생성문법연구 16: 3-18.

우형식, 1995, 의존명사 '것', '바', '줄'의 분포와 기능. 웅진어문학 3: 5-38.

최기용, 2009, 한국어 격과 조사의 생성 통사론. 서울: 한국문화사.

홍용철, 1994, 융합 이론과 격 조사의 분포. 생성문법연구 4: 1-43.

홍용철, 2010, 한국어 명사 외곽 수식어들의 어순과 명사구 구조. 생성문법연구 20: 27-50.

Aelbrecht, Lobke. 2010. *The Syntactic Licensing of Ellipsis*. Amsterdam: John Benjamins.

Alexiadou, Artemis, and Kirsten Gengel. 2012. NP ellipsis without focus move-ment/projection: the role of classifiers. In *Contrast and Positions in Information Structure*, eds. Ivona Kucerová, and Ad Neeleman, 177-205. Cambridge: Cambridge University Press.

An, Duk-Ho. 2012. NP-ellipsis, its imposters, and minor argument pronominalization in Korean. *Korean Journal of Linguistics* 37: 345-356.

An, Duk-Ho. 2014. Genitive case in Korean and its implications for noun phrase structure. *Journal of East Asian Linguistics* 23: 361-356.

Bae, Sun-Hee. 2012. NP languages do not have NP-ellipsis: Examination of Korean and Japanese. Ms. Harvard University.

Baltin, Mark. 2012. Deletion versus pro-forms: An overly simple dichotomy? *Natural Language and Linguistic Theory* 30: 381-423.

Barbiers, Sjef. 2005. Variation in the morphosyntax of ONE. *Journal of Comparative Germanic Linguistics* 8: 159-183.

Borer, Hagit. 2005. *Structuring Sense* I. Oxford: Oxford University Press.

Bošković, Željko. 2008. What will you have, DP or NP? *North East Linguistic Society* 37.

Bošković, Željko. 2014. Now I'm a phase, now I'm not a phase: On the variability of phases with extraction and ellipsis. *Linguistic Inquiry* 45: 27-89.

Choi, Ki-Yong. 2001. The structure and interpretation of non-genitive numeral classifier constructions in Korean. *Linguistic Research* 37.3: 445-480.

Chung, Sandra, William Ladusaw, and James McCloskey. 1995. Sluicing and logical form. *Natural Language Semantics* 3: 1-44.

Corver, Norbert, and Marjo van Koppen. 2006. Let's focus on noun ellipsis. *Glow Newsletter* 57.

Corver, Norbert, and Marjo van Koppen. 2011. NP-ellipsis with adjectival remnants: A micro-comparative perspective. *Natural Language and Linguistic Theory* 29(2): 371-421.

Den Dikken, Marcel. 2006. *Relators and Linkers*. Oxford: MIT Press.

Eguren, Luis. 2010. Contrastive focus and nominal ellipsis in Spanish. *Lingua* 120(2): 435-457.

Fiengo, Robert, and Robert May. 1994. *Indices and Identity*. Cambridge, Mass.: MIT Press.

Fox, Danny, and Howard Lasnik. 2003. Successive cyclic movement and island repair. *Linguistic Inquiry* 34: 143-154.

Fukui, Naoki. 1986. A theory of category projection and its implication. Ph. D. dissertation. MIT.

Fukui, Naoki, and Hiromu Sakai. 2003. The visibility guideline for functional categories: Verb raising in Japanese and related issues. *Lingua* 113: 321-375.

Hankamer, Jorge, and Ivan Sag. 1976. Deep and surface anaphora. *Linguistic Inquiry* 7: 391-426.

Hiraiwa, Ken. 2016. NP-ellipsis: A comparative syntax of Japanese and Okinawan. *Natural Language and Linguistic Theory* 34: 1345-1387.

Jackendoff, Ray. 1971. Gapping and related rules. *Linguistic Inquiry* 2(1): 21-35.

Kamio, Akio. 1983. Meisiku-no koozoo [The structure of noun phrases]. In *Nihongo-no Kihon Koozoo*, ed. K. Inoue. Tokyo: Sanseidoo.

Kitagawa, Chisato, and Claudia Ross. 1982. Prenominal modification in Chinese and Japanese. *Linguistic Analysis* 9: 19-53.

Kuroda, S.-Y. 1992. *Japanese Syntax and Semantics*. Dordrecht: Kluwer.

Lee, Jeong-Shik. 2013. N'-ellipsis in Korean. *Studies in Modern Grammar* 72: 121-137.

Li, Audrey. 2013. P-insertion and Ellipsis. *Studies in Chinese Linguistics* 34: 99-127.

Li, Audrey. 2014. Born empty. *Lingua* 151: 43-68.

Lipták, Anikó, and Andrés Saab. 2014. No N-raising out of NPs in Spanish: ellipsis as a diagnostic of head movement. *Natural Language and Linguistic Theory* 32: 1247-1271.

Llombart-Huesca, Amalia. 2002. Anaphoric oneand NP-ellipsis. *Studia Linguistica* 56:

59-89.

Lobeck, Anne. 1990. Functional heads as proper governors. *North East Linguistic Society* 20: 348-362. Amherst: GLSA.

Lobeck, Anne. 1995. *Ellipsis: Functional heads, licensing, and identification.* New York: Oxford University Press.

Lobeck, Anne. 2006. Ellipsis in DP. In *The Blackwell Companion to Syntax*, eds. Martin Everaert, Henk van Riemsdijk, Rob Goedemans, and Bart Hollebrandse, Vol. 2: 145-173. New York: Blackwell.

Lobeck, Anne, and Petra Sleeman. 2015. Ellipsis in DP. In *The Blackwell Companion to Syntax*, eds. Martin Everaert, and Henk Van Riemsdijk. New York: Wiley-Blackwell.

Maeda, Masako, and Daiko Takahashi. 2014. NP-ellipsis in the Nagasaki dialect of Japanese. *Japanese/Korean Linguistics* 23: 119-131.

Merchant, Jason. 2001. *The Syntax of Silence.* Oxford: Oxford University Press.

Merchant, Jason. 2004. Fragments and ellipsis. *Linguistics and Philosophy* 27: 661-738.

Merchant, Jason. 2013. Diagnosing ellipsis. In Diagnosing Syntax, eds. Lisa Lai-Shen Cheng, and Norbert Corver, 537-542. Oxford: Oxford University Press.

Merchant, Jason. 2014. Gender mismatches under nominal ellipsis. *Lingua* 151: 9-32.

Panagiotidis, Phoevos. 2003. One, empty nouns, and theta-assignment. *Linguistic Inquiry* 34: 281-292.

Park, So-Young. 2008. Functional categories: the syntax of DP and DegP. Ph. D. dissertation. University of Southern California.

Saito, Mamoru, Jonah Lin, and Keiko Murasugi. 2008. N'-ellipsis and the structure of noun phrases in Chinese and Japanese. *Journal of East Asian Linguistics* 17: 247-271.

Schwarzschild, Roger. 2006. The role of dimensions in the syntax of noun phrases. *Syntax* 9(1): 67-110.

Seo, Saet-Byol. 2009. Constraints on NP-ellipsis and DP-internal movement. MA thesis. Seoul National University.

Shin, Keun-Young. 2009. Numeral quantifiers: NP modifiers and relational quantity nominals. *Language Research* 45(1): 131-156.

Simpson, Andrew. 2003. On the status of modifying DE and the syntax of Chinese DP. In *On the Formal Way to Chinese Languages.* Stanford: CSLI.

Simpson, Andrew, and So-Young Park. 2019. Strict vs. free word order patterns in Korean nominal phrases and Cyclic Linearization. *Studia Linguistica* 73: 139-174.

Takahashi, Daiko. 2008. Noun phrase ellipsis in Japanese. In *The Oxford Handbook of Japanese Linguistics*, eds. Shigeru Miyagawa, and Mamoru Saito, 394–421. Oxford: Oxford University Press.

Tang, Sze–Wing. 2011. A parametric approach to NP ellipsis in Mandarin and Cantonese. *Journal of East Asian Linguistics* 20: 107–115.

Watanabe, Akira. 2006. Functional projections of nominals in Japanese. *Natural Language and Linguistic* Theory 24: 241–306.

Watanabe, Akira. 2008. The structure of DP. In The *Oxford Handbook of Japanese Linguistics*, eds. Shigeru Miyagawa, and Mamoru Saito, 513–540. New York: Oxford University Press.

Watanabe, Akira. 2010. Notes on nominal ellipsis and the nature of *no* and classifiers in Japanese. *Journal of East Asian Linguistics* 19: 61–74.

제 9 장

한국어 수분류사구의 복수성과 조응적 해석[*]

박 종 언 · 박 명 관

1. 서론

언어 유형론적으로 '분류사 언어'(classifier language)라고 알려진 한국어 수분류사구(numeral classifier phrases)에는 수사-분류사 복합체(numeral-classifier complex)와 관련명사구(associate NP) 간의 상대적 어순 및 격 표지(Case marker)가 결합된 성분이 무엇인가에 따라 네 가지 변이형이 존재한다. 첫째, '명사 후 수분류사구'(post-nominal numeral classifier phrase)에서는 아래 (1a)에서와 같이 수사-분류사 복합체가 피수식 명사에 선행하며, 격 표지는 후행하는 수사-분류사 복합체에 나타난다. 두 번째로, '명사 후 유동 수분류사구'(post-nominal floating numeral classifier phrase)에서는 (1b)처럼 격 표지가 수사-분류사 복합체와 결합한다는 점에서 (1a)와 대조를 보인다. 세 번

---
* 본 장은 『언어와 언어학』 88집에 게재된 박종언 & 박명관(2020)을 약간 수정하여 다시 쓴 것이다. 재출판을 허락해준 한국외국어대학교 언어연구소에 감사드린다.

째, (1c)와 같은 '명사 선행 수분류사구'(pre-nominal numeral classifier phrase)는 수사-분류사 복합체가 명사를 선행하며, 둘 사이에 격 표지 '-의'가 의무적으로 요구된다. 마지막으로, 분류사 없이 수사만 명사에 선행하고 격 표지 '-의'는 요구되지 않는 (1d)와 같은 '명사 선행 수사구'(pre-nominal numeral phrase)가 있다.

> (1) a. 명사 후 수분류사구[1]
>   학생 세 명{-이/-을}, 학생 셋{-이/-을}
> b. 명사 후 유동 수분류사구
>   학생{-이/-을} 세 명, 학생{-이/-을} 셋
> c. 명사 선행 수분류사구
>   세 명*(-의) 학생{-이/-을}
> d. 명사 선행 수사구
>   세 학생{-이/-을}

이 (1a)-(1d) 각 유형의 수(분류)사구는 관련명사(구)가 '사람'을 나타내는 것, 즉 [±Human] 자질(본고에선 편의상 '유정성'(humanity)이라고 칭함)을 지닌 것인데, 사람에 해당되지 않는 관련명사구 역시도 네 가지 유형의 구문을 형성할 수 있다. 아래 (2a)-(2d)는 각각 (1a)-(1d)에 상응하는 예에 해당된다.

> (2) a. 명사 후 수분류사구

---

1) Choi(2001)는 '명사 후 수분류사구'를 '분류사 격형'으로, '명사 후 유동 수분류사구'는 '명사 격형'이라고 명명하였다. 참고로 분류사가 수반되지 않은 경우 (2d)처럼 관련명사구가 '사람'을 나타내지 않을 경우 부자연스럽게 들리는데, 이는 사람을 지칭하는 명사에 비해 개별 개체를 지칭하기 위한 수단으로 잘 사용되지 않기 때문이라는 주장이 있다. 다른 한편으로는, 사람을 지칭하지 않는 명사구는 복수 표지(plural marker)가 붙지 않을 경우 복수로 해석되기 때문이라는 견해도 있다.

책 두 권{-이/-을}, 책 둘{-이/-을}
b. 명사 후 유동 수분류사구
　책{-이/-을} 두 권, 책{-이/-을} 둘
c. 명사 선행 수분류사구
　두 권*(-의) 책{-이/-을}
d. 명사 선행 수사구
　두 책{-이/-을}

위에 제시된 네 가지 유형 가운데 본 논문에서는 (1a)-(1b) 및 (2a)-(2b)와 같은 '명사 후 (유동) 수분류사구'에 대해 다룰 예정인데, 첫 번째 주제는 해당 구문에서 복수 개체를 지칭하는 관련명사구에 복수 표지(plural marker)가 허용되는 환경에 대한 일반화와 관련된 것으로, 지시사 및 관형절과의 공기(co-occurrence) 유무가 동일 구문의 관련명사에의 복수 표지 인허와 상관성이 있음을 보여주는 경험적 자료 및 통사적 분석을 제시하고자 한다. 예를 들면, (3)에서 보듯 한국어의 수분류사구에서 관련명사구가 유정성이 결여된 경우 복수 표지가 불허되는 반면, (4)처럼 관련명사구가 유정성을 지니는 경우엔 허용된다.

(3)　비유정([-Human]) 명사의 경우: 복수 표지 불허
　　a. 책(*/??들) 두 권이
　　b. 여우(*/???들) 네 마리가
(4)　유정([+Human]) 명사의 경우: 복수 표지 허용
　　학생(**들**) 세 명이

하지만 관련명사구가 관형절(편의상 관계절(relative clause, RC)로 표기)의 수식을 받게 되면, 유정성에 따른 복수 표지 허용 유무에 있어서의 예문 (3)과 (4) 사이의 차이는 아래 (5)-(6)에서처럼 중화(neutralization) 된다.[2]

(5) 관형절 > 비유정 명사 > 수분류사

    [RC 보고 싶은 책(들) (#) 두 권이 (특정 그룹의 책들) (cf. (3a))

(6) 관형절 > 유정 명사 ...

    [RC 면담했던] 학생(들) (#) 세 명이 (특정 그룹의 학생들)

즉, 유정성을 지닌 명사 '학생'은 관형절의 수식을 받더라도 (6)처럼 여전히 복수 표지의 수의적 사용이 가능하지만, (5)와 같이 사물을 나타내는 명사 '책'이 관형절의 수식을 받으면 복수 표지가 허용되는데 이는 수식을 받지 않은 (3)과 대조된다.

또한, 관형절뿐만 아니라 지시사인 '이'나 '그'의 수식을 받을 경우에도 관련명사구의 유정성에 따른 복수 표지 허용 여부에 있어서의 대조가 사라지거나 다른 양상으로 나타난다. 특히, 이러한 중화 현상은 관련명사구와 수사-분류사 복합체 사이에 운율 경계(prosodic boundary)가 존재할 때 그 관찰이 보다 용이해진다.[3] 먼저, 아래 (7b)처럼 유정성이 결여된 관련명사 '책'이 지시사와 다른 운율 단위에 속할 경우엔 복수 표지의 사용이 여전히 부자연스럽게 들리는 반면, (7a)와 같이 명사 '책'과 지시사가 '이'가 동일한 운율 단위 내에 공기할 경우 복수 표지가 (수의적으로) 허용된다.

(7) 지시사 > 비유정 명사 > 수분류사

---

2) 여기서 '중화'란 복수 개체 지칭 맥락에서 복수 표지를 불허하는 분류사 수반 비유정 명사에 (6)과 같이 전위 수식어가 추가되면 복수 표지가 수의적으로 허용되고, (5)처럼 관련명사가 유정 명사인 명사 후 분류사 구와 외견 상 유사해지는 현상을 말한다. (5)번 예문의 적법성 판단에 대한 검증과 관련해서는 본고에 제시된 자료들은 학회 및 워크숍 발표를 통해 검증의 기회가 있었으며, 기존 문헌에도 비유정 명사가 복수 표지를 수의적으로 허용하는 사례에 대한 보고가 있음(송석중 1993; 백미현 2002; 염재일 2012).

3) 운율 경계를 '#'로 표시하기로 한다.

    a. [이 책(들)] # 두 권이 (cf. (3a))
    b. 이 # [책(??-들) 두 권]이

다음으로, (8b)처럼 관련명사와 지시사가 서로 다른 운율 단위에 속할 때는 명사에의 복수 표지 사용의 수의성이 그대로 유지된다. 그러나 (8a)에서와 같이 사람을 나타내는 관련명사와 지시사가 같은 운율 단위 내에 공기하면 복수 표지의 사용이 의무화되며, 이는 명사 선행 수식어가 없고 따라서 복수 표지가 수의적인 (4)의 경우와 대조를 이룬다.

(8) 지시사 > 유정 명사 > 수분류사
    a. [이 학생*(-들)] # 세 명이 (cf. (4))
    b. 이 # [학생(-들) 세 명]이

복수 표지는 명사구가 복수 개체를 나타낼 경우 그 개체들을 개별화(individuation) 혹은 분할(dividing) 기능을 담당하고 있으며, 명사구 언어(NP language)에서는 분류사가 복수 표지와 동일한 기능을 담당한다는 주장이 제기되어 왔다(Cheng and Sybesma 1999, Simpson 2005 등). 따라서 수식어를 수반하지 않는 명사구(bare NP)가 집단이나 종류를 나타내는 명사구 언어에서는 분할이 상대적으로 용이한 유정 명사가 아니라면, 분류사의 존재 여부와 상관없이 관련명사에 복수 표지 부착이 허용되지 않는 것이 언어의 경제성 측면에서 당연하다 하겠다. 그러나 본 논문에서는 유정성이 결여된 관련명사라 하더라도 같은 운율 단위 내에 수식어가 부가될 경우 해당 명사가 지칭하는 복수 개체의 분할을 용이(facilitation)하게 하여 복수 표지 인허에 영향을 주는 유정성의 기능이 약화됨을 보이고자 한다. 그 과정에서 한국어의 명사 후 수분류사구의 통사적 구조가 무엇인지를 규명하고 복수 표지와 수사-분류사 복합체가 통사부에서 어떻게 상호작용을 하는가에 대한 도출적 분석(derivational analysis)을 제시할 예정이다.

두 번째 핵심 주제로는 지금까지 기술한 특징을 지닌 명사 후 수분류사를 포함한 이야기 연쇄(narrative sequence)에서 선행사가 복수인 경우 후행 발화에서 '조응적 해석'(anaphoric interpretation)을 일으키는 조응 표현으로 어떤 형태가 허용되는가를 알아보고자 한다. 이와 더불어, 후속 발화에 수분류사구 대신 영논항으로 대체하여 조응적 해석을 야기할 때, 그 범주적 지위(categorial status)가 무엇인지를 살펴볼 예정이다. 잘 알려져 있듯이 영논항이 엄밀지시해석(strict identity interpretation)만을 허용하느냐 이완지시해석(sloppy identity interpretation)도 허용하는가는 해당 영논항의 범주적 지위가 '영대명사'인 pro(Moon 2010, 안희돈 & 조성은 2019, 2020)인지 '생략된 명사'(elided NP)(Oku 1998, Kim 1999, Saito 2004, 2007, Takahashi 2008, Lee 2011, Um 2011, 박범식 & 오세랑 2014 등)인지 규명하는데 필요한 주요 단서라는 주장이 오랫동안 제기되었다. 그러나 본고에서는 박명관(2019)의 주장을 따라 선행 연구들이 동사구 생략이나 대용 환경을 기반으로 영논항의 범주적 지위를 밝히려 해왔던 문제점을 지적하고, 이야기 연쇄 환경에서 영논항이 사용된 조응적 해석 자료를 바탕으로 우리말 영논항이 한정 표현(definite expression)이며 '대체된 명사'(substituted NP)임을 보이고자 한다.

이후의 본 논문의 구성에 대해 언급하자면, 2절에서는 우리말 명사 후 수분류사구에 적합한 통사구조를 제시하고자 한다. 3절에서는 복수 표지 허용에 대한 유정성의 영향이 중화되는 경우 관련명사가 전위 수식어 및 복수 표지와 통사적으로 어떻게 상호작용하는가에 대한 도출적 분석을 제시한다. 4절에서는 명사 후 수분류사구가 관여한 이야기 연쇄에서 선행 발화에서 관련명사의 피수식 여부가 후행 발화에 나타난 조응 표현의 형태와 해석에 미치는 영향과 동일 환경의 후속 발화에서 영논항 사용 시 그 범주적 지위가 무엇인지에 대해 논의하고자 한다. 5절에서는 결론을 제시하고, 부록에서는 우리말의 복수 표지가 부가어(adjunct)라는 Kim & Melcin(2018)의 주장과 논거를 소개한다.

2. 수분류사구의 통사 구조

본고에서는 Park & Park(2019)과 J. Park(2019)의 주장에 기반하여, 우리말 명사 후 수분류사구가 아래 (9)와 같은 통사구조를 갖는 것으로 가정한다.

(9)

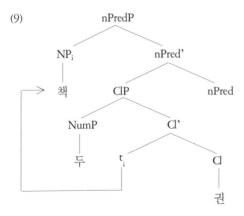

위에 제시된 통사구조의 주요한 특징에 대해 설명하자면, 우선 관련 명사구인 '책'은 분류사구(Classifier Phrase, 이하 ClP)의 핵(head)인 '권'에 의해

선택(selection)되는 반면 수사인 '두'는 수사구(Number Phrase, 이하 NumP)는 CIP의 지정어(specifier) 위치에 자리한다. 이때 Cl^0은 보충어(complement)인 관련명사가 지칭하는 개체를 개체화(individuation)하는 역할을 하는 비대격(unaccusative)의 성격을 지닌 (명사성) 핵에 해당된다(Cheng and Sybesma 1999, Li 1999 for Chinese; Watanabe 2006, Huang & Ochi 2012 for Japanese).

두 번째, CIP는 (명사성) 술어구(nPred Phrase, 이하 nPredP)의 핵인 $nPred^0$에 의해 선택되며, 관련명사구가 nPredP의 지정어 자리로 이동을 하는데, 이는 관련명사구와 해당 명사구가 적출되고 남은 통사체인 CIP 간의 주술 관계(subject-predicate relation), 특히 'aboutness' 관계를 충족하기 위함이다(김영희 1976, 한송화 1999, S.-Y. Park 2009). 본고에서는 또한 '모든'이나 '많은'과 같은 양화(형용)사나 관형절이 관련명사구가 nPredP의 지정어 위치로 이동한 후 부가되어 수식을 하는 것으로 가정한다. 이 가정은 영어의 관계절이나 부가어인 일부 전치사구는 피수식 명사구가 통사부에서 이동을 한 후 '지연 병합'(Late Merge)이 가능하다는 Lebeaux (1988)의 가설에 기반을 두고 있다.

세 번째로, 명사 선행 양화사나 관형절 외에 '이', '그', '저' 같은 지시사 역시도 관련명사구가 이동한 후 부가가 가능한데, 본고에서는 이들 지시사가 nPredP 지정어에 자리한 관련명사구에 직접 부가될 수도 있고 혹은 nPredP에 부가될 수도 있는 것으로 주장한다. 그리고 지시사가 어떤 요소에 부가되는지에 대한 구조적 중의성은 휴지(pause) 등의 운율적 경계에 의해 해소되는 것으로 가정하고자 한다.

네 번째로, 우리말의 복수 표지 '-들' 역시 부가어(adjunct)에 해당되며 (Wiltschko 2008, Kim & Melchin 2018), 유정성([+/-Human]), 친숙함(familarity) 및 지시사의 수식 여부 등 다양한 맥락 정보(contextual information)에 따라 nPredP

의 지정어 위치에 있는 관련명사구에 부착 가능한 것으로 보고자 한다.[4)]

(9)에 제시된 바와 같이 우리말 명사 후 수분류사구에서 ClP의 핵어인 Cl^0이 관련명사구를 보충어로 선택한 후 ClP를 동사가 선택하는 것으로 볼 수 있는 증거가 있다. 우선, nPredP가 아닌 관련명사구가 ClP의 보충어로 선택된다는 주장은 영어와 달리 수사-분류사 복합체와 비수식 명사구(bare NP)가 아닌 '학생 세 명'과 같은 명사구와 공기할 수 없다는 사실에 의해 뒷받침 가능하다.

> (10) a. two of the three students
> b. *[학생 세 명]ᵢ-(이) 두 tᵢ 명-이 Park & Park (2019: (6), (7a))

다음으로, 동사에 의해 직접 선택되는 것이 관련명사가 아닌 ClP라는 가정의 타당성은 아래 (11a)와 (11b) 간의 문법성에 있어서의 대조에 의해 확인할 수 있겠다((11)의 자료는 K. Y. Shin(2017)의 자료를 Park & Park(2019)이 차용함.).

> (11) a. 철이가 [와인 두 병]-을 깨트렸다.
> b. ??철이가 [두 병-의 와인]-을 깨트렸다.
>
> Park & Park (2019: (46a,c))

---

4) 복수 표지가 부가어라는 주장에 대한 논거는 본 논문의 부록을 참조할 것. 그리고 익명의 심사자는 흥미롭게도 분류사 언어인 한국어의 명사는 '개체 지시적'이라기보다 '부류 지시적'일지라도 한정사구(DP) 언어처럼 복수 표지 자체가 개체화의 기능을 담당할 수 있다고 지적한다. 그 근거로 복수 표지가 결여된 '학생'의 경우는 부류지시적인 반면, 복수 표지가 결합된 '학생들'은 개체지시적인 점을 들고 있다. 본고에서는 분류사 외에 지시사 등이 관련명사의 개체화를 인허하는 것으로 주장하고 있으므로, 만일 '그 학생들'처럼 지시사와 복수 표지가 공기 시에는 두 기능범주에 의해 개체화가 반복적으로 일어나는 잉여성의 문제가 있을 수 있다. 이 잉여성의 문제를 피하기 위해 복수 표지에 의한 개체화는 지시사에 의한 경우보다 더 수의적이라고 가정할 수 있을 것이며, 그런 측면에서 복수 표지가 관형절이나 소유격 명사 등의 비직시적 전위 수식어에 더 가깝다고 할 수 있음.

Park & Park(2019)과 J. Park(2019)에서 자세히 논의되었듯이, 본고에서 수용하고 있는 (9)의 통사구조 및 도출은 소위 '술어 접근법'(predication approach)에 해당되며, 이 접근법은 몇 가지 경험적인 장점이 있다. 첫 번째로, 분류사 언어(classifier language)의 경우 관련명사구가 의미하는 복수 개체를 분류사가 우선적으로 개체화한 후, 개체화된 복수 개체를 대상으로 수사(numerals)가 작용역(scope)을 갖게 된다는 Simpson(2005)의 일반화를 포착 가능한 이점이 있다.

다음으로, 술어 접근법은 왜 관련명사구가 ClP를 벗어나 nPredP까지 이동을 해야 하는가에 대한 명확한 동기를 부여해준다. An(2018) 등 기존의 몇몇 연구들이 관련명사구가 명사구 내에서 기저생성된 위치에서 상위로 이동하는 것으로 제안을 하면서도, 어떤 요인에 의해 이동이 발생하는가에 대해서는 분명히 밝히지 않고 도출 종료 시의 어순(word order)을 위해 이동이 일어난다는 식의 가정을 하고 있다[5].

세 번째로, 소절(small clause)의 술어인 경우 (12b)에서와 같이 생략이 불가능한 점을 감안하면 술어에 해당되는 수사-분류사 복합체의 삭제는 불가능할 것으로 예측되며, 실제 이러한 예측은 아래와 (13b)를 통

---

[5] 관련명사가 주어이고 수사-분류사 복합체가 술어임을 뒷받침하는 근거는 다음의 예에서 찾아볼 수 있다(홍용철 2019a: (29)-(30)).
  (i) a. 두 개는 사과가 아니고 토마토이다.
      b. *두 권이 책이다. (fails to be the subject of the copula verb ' - i') cf. 두 권은 책이다.
      c. *책 그 두 권 (fails to be modified by the demonstrative)
      d. *책인 두 권 (fails to be modified by a relative clause)
  (ii) a. [그 책] 두 권 (modifiable by the demonstrative)
      b. 두 권인 그 책 (modifiable by a relative clause)
      c. 그 책이 두 권이다. (can be the subject of the copula verb '-i')
  그러나 홍용철(2019b)에서는 반대로 관련명사가 술어이고 수분류사가 주어로 '전도된 주술 관계'(inverted predication relation)가 성립한다고 주장한다. 이 주장의 장단점에 대한 논의는 J. Park(2019)을 참조할 것.

해 확증이 가능하다.

(12) a. 김 교수가 이 학생을 천재로 생각한다.
　　 b. 박 교수도 이 학생을 *(천재로) 생각한다.

Park & Park(2019: (44))

(13) a. 김 교수가 학생을 세 명 만났다.
　　 b. 박 교수도 학생을 *(세 명) 만났다.

Park & Park(2019: (43))

이상 2절에서 본고에서 가정하고 있는 우리말 명사 후 수분류사구의 통사적 구조와 그 특징에 대해 간략히 알아보았다. 여기서 제시된 통사 구조는 향후 복수 표지나 명사 선행 수식어 등의 도입 위치는 물론, 각각과 관련명사와의 상호작용 방식에 대한 논의의 시발점이 될 것이다.

3. 수분류사구에서의 복수 표지의 분포

서론에서 기술하였듯이, 우리말의 명사 후 수분류사구에서 복수 표지의 분포는 기본적으로 관련명사(associate NP)의 유정성에 크게 영향을 받는다. 즉, 아래 (14a, b)로 반복된 (3a, b)에서와 같이 관련명사가 사람이나 동물 등 유정성을 지닌 경우 복수 개체를 지칭할 때 복수 표지 '-들'이 수의적으로 허용되는 반면, (15)로 반복된 (4)와 같이 유정성이 결여된 사물이 관련명사일 때는 복수 표지가 허용되지 않는다.

(14) 비유정([-Human]) 명사의 경우: 복수 표지 불허
　　 a. 책(*/??들) 두 권이
　　 b. 여우(*/???들) 네 마리가

(15) 유정([+Human]) 명사의 경우: 복수 표지 허용
   학생(**들**) 세 명이

가산성(countability)에 대한 기존의 연구에 따르면, 명사구 언어(NP language)인 우리말에서 수식어를 수반하지 않은 명사구(bare NP)는 집단(group)이나 부류(kind)를 표현하므로, 가능한 한 복수 표지를 사용할 필요가 없다고 주장한다(Chierchia 1998; 일본어와 관련해서는 Nakanishi & Tomioka 2004 참조). 그럼에도 유정 명사와 비유정 명사 간에는 차이가 있는데, 유정성을 지닌 명사의 경우는 수의적이긴 하나 통사적으로 분할하기(syntactically dividing)가 수월하게 허용되는 경향이 있는 반면 비유정 명사의 경우는 그렇지 않다는 것이다. 이러한 관점에서는 왜 유정 명사는 복수 표지의 사용이 수의적으로라도 허용되는 반면, 비유정 명사의 경우는 그 사용이 금지되는가에 대한 설명이 가능하다고 하겠다.

반면, 서론에서 주지한 바 있듯이, 이러한 유정성에 따른 복수 표지 허용 여부의 차이는 전위 수식하는 관형절이나 지시사에 의해 중화(neutralization)되는 경향이 있다. 즉, 관련명사가 비유정 명사인 '책'이라 해도, (16a)처럼 관형절에 의해 수식을 받거나 (16b)처럼 지시사에 의해 수식을 받을 경우 복수 표지가 수의적으로 허용되며, 이는 전위 수식어가 없는 (14)와 대조를 이룬다.

(16) 관련명사가 비유정 명사일 경우
   a. [$_{RC}$ 보고 싶은 책(들) (#) 두 권이
   b. 이 책(들) (#) 두 권을 'two of these books'; 'these two books'

이와 유사하게 관련명사가 유정 명사인 '학생'일 경우에는 (17a)처럼

관형절의 수식을 받게 되면 복수 표지의 수의성이 그대로 유지되기도 하지만, (17b)처럼 지시사에 의해 전위 수식을 받을 경우엔 복수 표지의 사용이 의무화되는 특징을 보인다. 관형절을 수반하는 (17a)의 경우는 그렇지 않더라도, 지시사가 선행하는 (17b)의 사례는 전위 수식어가 없는 (15)와는 극명한 대비를 이룬다.

(17) 관련명사가 유정 명사일 경우
　　a. [RC 면담했던] 학생(들) (#) 세 명이
　　b. 이 학생*(들) (#) 세 명이 'three of these students'; 'these three students'

이렇듯 유정 명사와 비유정 명사 간 복수 표지 허용에 있어서의 차이는 전위 수식어 부가 시 중화되는 경향이 있으며, 이를 다음과 같이 일반화할 수 있다.

(18) 명사 후 수분류사구에서 관련명사의 복수 표지의 허용 여부는 관련명사의 유정성과 상관하며, 전위 수식어 사용 시 유정성과 별개로 복수 표지의 수의적 사용이 허용된다.

여기서 주목해야 할 중요한 사실은 전위 수식어가 관련명사와 동일한 운율 단위(prosodic unit)에 공기할 경우에 한 하여 유정성 중화 효과가 나타난다는 점이다. 즉, 아래 (19)에서 보듯, 지시사가 관련명사구와 휴지(pause)에 의해 분리될 경우엔 비유정 명사인 '책'에 복수 표지의 사용이 불허되며, 이는 (16b)와 분명한 대조를 보인다.

(19) 이 # [책(*/??-들) (#) 두 권-을] 'these two books'

　마찬가지로, 아래 (20)에 제시되어 있듯이, 지시사가 관련명사와 운율 경계에 의해 분리되면 (17b)와 달리 유정 명사인 '학생'이 복수 표지를 반드시 취할 필요가 없게 된다.

　　(20) 이 # [학생(-늘) 세 명-이] 'these three students'

　본고에서는 (16b) vs. (19) 간의 대조와 (17b) vs. (20) 간의 차이는 전위 수식어가 도출 단계에서 언제 어떤 구조적 위치에 부가되는가에 따라 발생하는 것으로 보고자 한다. 즉, (16b)와 (17b)처럼 유정성 중화 효과가 나타날 경우의 전위 수식어 중 지시사는 관련명사구가 nPredP의 지정어 자리로 이동한 후 Lebeaux(1988)식의 '지연 병합'에 의해 명사구에 직접 부가(adjunction)된 것으로 가정하며, (19)와 (20)처럼 중화 효과가 나타나지 않는 경우 지시사는 관련명사구가 이동한 후 명사구가 아닌 전체 nPredP에 부가되는 것으로 분석하고자 한다.6) 보다 구체적으로 (16b)는 (21)과 같은 형상을, (19)는 (22)와 같은 구조를 지니는 것으로 가정한다.

---

6) 본고에서는 통사구조가 운율구조로 사상(mapping)된다는 Selkirk(1984)이나 Nespor & Vogel(1986) 등이 제안한 표준적인 가정을 수용하나, 관련명사구와 전위 수식어가 운율구(Intonational Phrase)나 음운구(Phonological Phrase) 등 가운데 정확히 어떤 형태의 운율 단위로 투사되는가에 대해서는 논외로 한다. 다만, 3절에서 기술을 했듯이, 지시사 같은 전위 수식어와 관련명사구 사이에 휴지가 없는 경우는 nPredP의 지정어 내에 두 요소가 공기하는 반면, 둘 사이에 휴지가 있는 경우 관련명사구는 nPredP 지정어에 나타나고 전위 수식어는 nPredP에 부가되는 것으로 가정한다.

(21)

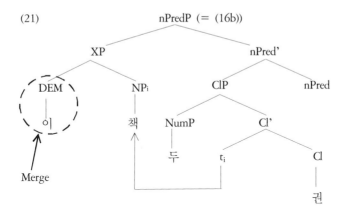

(22)

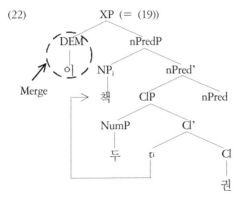

전위 수식어가 지시사인 경우 통사구조 상에서 어떤 방식으로 관련 명사구의 유정성이 중화되는가에 대해 살펴보았다. 그러나 지시사와 달리 관형절은 비유정 명사가 복수 표지를 수의적으로 인허하도록 촉진시키기는 하나, 지시사처럼 유정 명사의 복수 표지의 사용을 의무화하지는 않는다는 점은 이미 주지한 바 있다. 즉, 관형절은 관련명사구의 유정성에 따른 차이를 완전히 중화시킨다고는 할 수 없는데, 중화 효과의 정도에 있어 이와 유사한 종류의 전위 수식어가 있다. 특히, 관형절과 유사하게 비직시적(non-deictic) 소유격 명사는 (23)에서 보듯 비유

정 명사가 수의적으로 복수 표지와 공기 가능하도록 촉진시키는 역할
은 하나, (24)와 같이 유정 명사가 의무적으로 복수 표지를 취할 필요
는 없다.

> (23) 관련명사가 비유정 명사인 경우
>> a. 철이-의 책(-들) # 두 권
>>> 'two of Cheli's books, two copies of Cheli's book, Cheli's two books'
>> b. ?철이-의 # [책(-들) 두 권]
>>> 'Cheli's two books, two of Cheli's books, two copies of Cheli's book'
>
> (24) 관련명사가 유정 명사인 경우
>> a. 김 교수-의 학생(-들) # 세 명
>>> 'three of Prof. Kim's students, Prof. Kim's three students'
>> b. ?김 교수-의 # [학생(-들) 세 명]
>>> 'Prof. Kim's three students, three of Prof. Kim's students'

더군다나 관련명사구가 비유정 명사인 (23)나 유정 명사인 (24) 공통
적으로 소유격 명사와 동일한 운율 단위 내에 나타나건 그렇지 않건
간에 근본적인 차이는 없는 것으로 관찰된다. 이러한 사실에 입각하여
본고에서는 명사 후 분류사 구문에서 명사의 전위 수식어는 그 속성
에 따라 관련명사에 대한 개체화에 있어서 차이를 보이는 것으로 가
정하고자 한다. 즉, 전위 수식어 가운데 직시적(deictic) 성격이 강한 지시
사는 후속 관련명사의 개체화가 의무적이어서 결합된 '{이/그/저}+유
정 명사'가 단수로만 의미 해석이 가능한 반면, 비직시적인 관형절이
나 소유격 명사의 경우 개체화가 수의적이어서 '{관형절/소유격 명
사}+비유정 명사'는 맥락에 따라 단수나 복수로 해석 가능하다는 것

이다. 다만, 직시성에 따라 개체화에 있어서 차이가 발생하는 이유가 통사적인 요인 외에 어떠한 요인이 작용하기 때문인지에 대해서는 차후 연구를 기약하기로 한다.

다음 절에서는 명사 후 수분류사구가 논항으로 사용된 담화 맥락에서 후행 발화의 가시적 표현이나 영논항이 조응적 해석을 야기할 경우, 가시적 조응 표현은 어떤 형태를 취하는가, 영논항의 경우 그 범주적 지위는 무엇인가와 각각은 어떤 유형의 해석을 허용 하는가 등에 대해 논하도록 한다.

4. 수분류사구와 조응현상

4.1 가시적 조응 표현과 조응적 해석

이 절에서는 이야기 연쇄(narrative sequence) 환경에서 선행 발화에 수분류사구가 논항으로 사용되고 후행 발화에 조응적 해석을 수반하는 가시적 표현이 사용된 예들을 살펴보도록 하자. 특히, 전위 수식어 존재 여부가 관련 명사의 유정성에 따른 복수 표지의 사용에 영향을 준다는 점을 감안하여, 수분류사구 내 관련명사가 유정 명사인 경우와 비유정 명사인 경우를 구별하여 논의하도록 한다. 우선적으로 선행 담화에 나타난 수분류사구의 관련명사가 유정 명사인 경우를 알아보되, 전위 수식어인 지시사의 존재 여부가 유정성에 따른 복수 표지 허용에 있어서의 차이를 중화시키므로 지시사가 수식어로 사용된 경우와 그렇지 않은 경우를 구별하여 논의하는 것이 필요하겠다. 첫 번째로, 다음의 예는 관련명사가 유정 명사이며, 지시사가 관련명사에 선행하는 사례이다.

> (25) 관련명사가 유정 명사이고 조응 표현에 지시사 선행 시
>   a. 사무실에서 [학생 두 명]을 만났다.
>   b. 그래서 [그*(들)/그 학생*(들)]을 세미나에 초대했다.
>   (✔엄밀지시해석; ✘이완지시해석)

위 예문에서는 선행 발화에서 유정성을 지닌 '학생'이 관련명사를 포함한 '학생 두 명'이 선행사 역할을 하는데, 후행 발화의 조응 표현으로 인칭 대명사로서의 '그'가 사용되거나 선행사와 동일한 관련명사 앞에 지시사 '그'가 나타나면 반드시 복수 표지 '들'의 사용이 요구된다. 한 가지 주목할 점은 (25b)에서 '그들'이나 '그 학생들'은 (25a)의 수분류사구가 지칭하는 복수 개체들과 정확히 일치하는 엄밀지시해석 (strict identity interpretation)만을 허용하다는 점이다.

두 번째로, 위의 (25)번 예와 선행 발화는 동일하나 후행 발화에서 조응 표현에 지시사로서의 '그'가 사용되지 않은 (26)과 같은 경우에도, 후행 발화의 관련명사에 복수 표지가 의무적으로 사용되어야 한다. 단, 지시사인 '그'가 사용된 (25b)와 달리, (26b)처럼 '그'가 사용되지 않은 경우엔 선행 발화인 (26a)의 '학생 두 명'과 동일한 복수 개체일 수도 있으나, 전혀 다른 학생인 '이완지시해석'(sloppy identity interpretation) 이 가능한 것으로 판정된다.

> (26) 관련명사가 유정 명사이고 조응 표현에 지시사 부재 시
>   a. 사무실에서 [학생 두 명]을 만났다.
>   b. 그래서 [학생*(들)]을 세미나에 초대했다.
>   (✔엄밀지시해석; ✔이완지시해석)

위의 두 예를 통해 우리말에서 '그'가 인칭대명사로 기능할 경우 복
수 표지 없이는 단수 개체만을 지칭할 수 있으며, 복수 개체를 나타내
기 위해서는 반드시 복수 표지를 취해야 한다는 점을 알 수 있다. 또
한, 3절에서 유정 명사가 지시사로서의 '그'에 의해 전위 수식을 받는
경우 복수 표지가 반드시 요구된다는 일반화를 제시하였는데, 이 일반
화에 의거하여 (25b)에서 왜 선행 담화에 나타난 복수 개체인 선행사
로 해석되기 위해서는 반드시 복수 표지가 사용되어야 하는가를 쉽게
설명할 수 있다. 반면, (26b)처럼 지시사가 전위 수식을 하지 않음에도
복수 표지의 사용이 의무적인데, 아마도 후행 담화가 '조응적 해석'이
요구되는 매우 제한적인 상황이어서 가시적인 지시사가 사용된 것과
유사한 효과가 나타난 것이라고 볼 수 있겠다.[7]

다음으로, 관련명사가 비유정 명사인 경우의 조응 표현들에 대해 살
펴보면, 관련 자료는 다음과 같다. 아래 첫 번째 자료의 선행 발화에서
는 비유정 명사 '책'이 관련명사인 '책 두 권'이 선행사이고, 후행 발
화에서 조응적 해석을 위한 표현으로 '그것'이나 지시사로서의 '그'가
사용되었다.

(27) 관련명사가 비유정 명사이고 조응 표현에 지시사 선행 시
　　a. (나는) 서점에서 [책 두 권]을 샀다.
　　b. 그리고 카페에서 [그것(들)/그 책(들)]을 읽었다.
　　　　　　　　　　　　(✓엄밀지시해석; ✗이완지시해석)

---

7) 반면, 후행 발화에서 선행사와 동일한 수사–분류사 복합체가 반복될 시에는 반드시 지
시사 '그'가 존재할 경우에 한해 엄밀지시해석이 가능하다. 이는 유사한 환경에서 후
행 발화에 가시적 조응 표현 대신 영논항이 사용될 경우 그 범주적 지위가 한정 표현
(definite expression)임을 입증하는데 중요한 단서가 된다. 4절의 관련 논의 참고할 것.

후행 담화에 사물을 지칭하는 지시대명사인 '그것'이 사용되거나 비유정 관련명사라도 지시사에 의해 수식을 받게 되면, 선행절의 복수 개체로 해석되기 위해 복수 표지가 수의적으로 허용된다. 후행 담화의 조응 표현인 '그것(들)'이나 '그 책(들)' 모두 선행 담화 상의 '책 두 권'과 동일한 복수 개체를 지칭하는 엄밀지시해석만이 가능한 것으로 관찰된다.

두 번째 사례는 관련명사가 비유정 명사인 것은 동일하나 '그것'이나 지시사 '그'가 수반되지 않은 경우로, 이때도 역시 비유정 명사에 복수 표지가 수의적으로 요구될 뿐이다.

(28) 관련명사가 비유정 명사이고 조응 표현에 지시사 부재 시
    a. (나는) 서점에서 [책 두 권]을 샀다.
    b. 그리고 카페에서 [책(들)]을 읽었다.

                                       (✓엄밀지시해석; ✓이완지시해석)

위의 예에서 유정 명사가 관련명사인 경우에서와 마찬가지로 '책(들)'은 선행 담화의 '책 두 권'과 동일한 두 권의 책을 지칭하는 엄밀지시해석이 가능한 것은 물론, 전혀 다른 두 권의 책을 지칭하는 이완지시해석도 전혀 불가능한 것 같지 않다.

비유정 명사가 관련명사로 사용된 (27)과 (28) 두 예문을 통해 다음의 사실들을 알 수 있다. 즉, 사물 표현 대명사에 준하는 '그것'은 복수 표지 없이도 복수를 표현이 가능하며, (27b)에서와 같이 복수 개체를 선행사로 취하는 비유정 명사가 지시사에 의해 수식을 받을 경우 복수 표지의 사용이 수의적으로 허용된다. 왜 비유정 명사가 복수 표지를 수의적으로라도 허용하는지는 3절에서 제시된 유정성 중화와 관

련 일반화에서 찾을 수 있을 것이다. 다만, 지시사가 없더라도 복수 표
지의 사용이 허용되는 (28b)의 경우는 비유정 명사가 조응적 환경에서
사용되었기 때문에 마치 지시사가 존재하는 경우와 동일한 유정성 중
화 효과가 나타난 것이라고 할 수 있겠다.

4.2 영논항의 조응적 해석 유형과 범주

다음으로 후속 담화에 가시적 조응 표현 없이 영논항이 조응적 해
석을 낳는 사례들을 살펴보도록 하자. 선행 담화에 유정 명사가 사용
된 (25)와 무정 명사가 사용된 (27) 각각의 후행 담화에 영대명사를 대
체한 (25b')과 (27b')을 보면, 가시적 조응 표현이 사용되었던 경우와 마
찬가지로 이완지시해석보다는 엄밀지시해석이 선호된다.

> (25) 관련명사가 유정 명사인 경우
>   a. 사무실에서 [학생 두 명]을 만났다.
>   b. 그래서 그*(들)을/그 학생*(들)을 세미나에 초대했다. (✓엄밀지
>   시해석; ✗이완지시해석)
>   b'. 그래서 [e] 세미나에 초대했다. (✓엄밀지시해석; ✗이완지시해석)
> (27) 관련명사가 비유정 명사인 경우
>   a. (나는) 서점에서 [책 두 권]을 샀다.
>   b. 그리고 카페에서 그것(들)을/그 책(들)을 읽었다. (✓엄밀지시해
>   석; ✗이완지시해석)
>   b'. 그리고 카페에서 [e] 읽었다. (✓엄밀지시해석; ✗이완지시해석)

여기서 중요한 질문은 위의 (25b')와 (27b') 각각에 사용된 영논항의
범주적 지위는 무엇인가이다. 혹자는 (25b)와 (27b)처럼 가시적 대명사
가 사용되거나 지시사가 수반된 경우와 동일한 조응적 해석이 가능하

므로, 영대명사인 pro라고 가정할 수 있겠다.[8]

그러나 영논항이 엄밀지시해석 뿐만 아니라 이완지시해석도 가능하며, 심지어는 양화 해석도 가능하다는 점을 들어 일부 연구에서는 영논항을 영대명사로 보는 분석에 반대를 해왔다. 가령, 아래 (29b)에서 목적어 자리의 영논항이 선행절의 '철수의 차'라는 엄밀지시해석뿐 아니라, '영희의 차'라는 이완지시해석도 허용한다.

> (29) a. 철수가 [자기의 차]를 닦았다.
>   b. 영희도 [e] 닦았다. (엄밀지시해석: e='철수의 차'; 이완지시해석: e='영희의 차')

Hoji(1998)는 (29b)에서 이완지시해석이 가능한 것은 영논항이 소유자가 명시되지 않은 보통명사구에 해당되기 때문이라고 주장하였고, Takahashi(2008)의 경우는 영논항이 논항 생략(argument ellipsis, AE) 적용의 결과로 이완지시해석이 가능하다고 주장하였다. 이와 더불어 아래 (30b)처럼 목적어 자리의 영논항이 '세 분의 선생님'뿐만 아니라 선생님의 수가 결정되지 않은 양화 해석(quantificational interpretation)이 가능한 점 역시도 Hoji는 보통명사구 분석에 의거하여, Takahashi의 경우는 논항 생략 분석에 의거하여 설명 가능한 것으로 제안했다.

> (30) a. 철수가 [선생님 세 분]을 만났다.

---

8) 박명관(2019)에 따르면, 한정 표현은 '조응적 한정 표현'과 '약 한정 표현' 두 가지로 구분된다. 후자의 경우는 가시적 선행사 없이도 맥락 정보만으로도 그 지시대상이 명확히 드러나는 경우에 해당되며, 영어의 경우 대게 정관사를 수반하는 보통명사의 형태를 취한다. 반면, 조응적 한정 표현은 선행 담화에 언어학적 표현이 선행사로 존재하는 경우에 해당되며, 본 논문에서는 선행 표현으로 보통명사구나 명사 후 수분류사구가 사용된 경우에 국한하기로 한다.

  b. 영희도 [e] 만났다. (비양화 해석: e='세 분의 선생님'; 양화 해
    석: e='x 분의 선생님')

  그러나 박명관(2019)이 지적하듯, (25) 및 (27)의 자료를 포함하여 본
논문에서 주로 다루고 있는 자료들은 영논항을 포함한 동사구의 생략
적용이 어려운 이야기 연쇄의 환경을 기반으로 하고 있어 Takahashi 식
의 명사 생략 분석은 적용하기 어렵다고 하겠다. 또한 영논항이 '한정
표현'(definite expression)임을 보여주는 사례를 찾기가 어렵지 않은데, 그러
한 예를 구성하기 위해 (25)나 (27)과 유사 맥락에서 수분류사구가 선
행 발화에 포함된 경우와 보통명사구를 수반하는 경우를 비교해보도
록 하자. 먼저, 보통명사구나 수분류사구가 선행사로 사용되고 후속
담화에서는 동일한 명사구의 반복을 통해 조응적 해석, 특히 엄밀지시
해석이 가능하게 하려면 전자는 (31b)처럼 지시사 '그'가 수의적으로
요구되는 반면, 후자는 (32b)처럼 지시사가 반드시 필요하다.

  (31) a. 연구실 앞에 [학생]이 있다. 지금 (그) 학생이/는 핸드폰을 보고
      있다.
    b. 연구실 앞에 [학생]이 있다. 김 교수님이 (그) 학생을 면담할 예
      정이다.   박명관(2019: (17))
  (32) a. 연구실 앞에 [학생 세 명]이 있다 지금 *(그) 학생 세 명이/은
      핸드폰을 보고 있다.
    b. 연구실 앞에 [학생 세 명]이 있다 김 교수님이 *(그) 학생 세 명
      을 면담할 예정이다.   박명관(2019: (18))

  여기서 흥미로운 점은 조응적 한정 해석을 야기하는 보통명사구와
수분류사구 각각을 영논항으로 대체해도 동일한 해석이 가능하다는

것이다. 즉, 아래 (33)과 (34)에 제시되어 있듯이, 후행 담화에 사용된 영논항은 선행 담화에 선행사로 보통명사구만 존재하든 수분류사구가 존재하든 엄밀지시해석이 가능하다.

> (33) a. 연구실 앞에 [학생]이 있다. 지금 [e]/그{가/는} 핸드폰을 보고 있다.
>   b. 연구실 앞에 [학생]이 있다. 김 교수님이 [e]/그를 면담할 예정이다.
>   박명관(2019: (19))
> (34) a. 연구실 앞에 [학생 세 명]이 있다. 지금 [e]/그들{이/은} 핸드폰을 보고 있다.
>   b. 연구실 앞에 [학생 세 명]이 있다. 김 교수님이 [e]/그들을 면담할 예정이다.   박명관(2019: (20))

이러한 (33)-(34)의 자료는 박명관(2019)에서 주장한 바와 같이 우리 말의 영논항이 '한정 표현'에 가깝다는 점을 시사해주는 것은 물론이고, 선행사로 보통명사구가 사용된 (33)과 수분류사구가 사용된 (34) 각각의 영논항을 '생략된 명사'로 간주하기가 어렵다는 점을 보여준다고 하겠다.

그렇다면 그 대안으로 (33)-(34)에서의 영논항을 '영대명사'인 pro라고 볼 수 있겠는가?[9] 만일 연속되는 발화에서 후속 발화의 영논항이

---

9) 안희돈 & 조성은(2020)에서는 (34a)와 같은 환경에서 후행절에 아래 (ia)처럼 선행사와 동일한 수분류사구인 '학생 세명'을 반복할 경우 조응적 해석이 불가능하고 (ib)처럼 외현 대명사를 사용 시 가능한 점을 들어 영논항은 단지 발음이 나지 않는 암묵적 대명사 pro라고 주장한다. 그러나 (ia)에서 조응적 해석이 불가능한 것은 지시사 없이 선행 수분류사구 전체가 반복됐기 때문일 수 있으며, (34a)의 영논항은 '학생 세명'이라기보다 수분류사구를 제외한 '(그) 학생들'이란 점에서 본고의 '대체 명사구' 분석과 합치한다고 할 수 있겠다.

   (i) a. *연구실 앞에 학생 세 명이ᵢ 있다. 지금 학생 세 명이/은ᵢ 핸드폰을 보고 있다.
      b. 연구실 앞에 학생 세 명이ᵢ 있다. 지금 그들이ᵢ 핸드폰을 보고 있다.

영대명사라고 한다면, 위 (29b)와 (30b) 각각에서 사용된 영논항이 이 완지시해석이나 양화 해석을 허용하는 점을 예측하지 못하는 문제가 있을 수 있다. 그러나 안희돈 & 조성은(2019, 2020)에서 지적을 했듯이, 가시 적 대명사가 화자에 따라서는 이완지시나 양화 해석을 허용할 수 있다. 예를 들면, (29b)와 (30b) 각각을 아래 (35b)와 (36b)처럼 가시적 대명사인 '그 것을'과 '그들을'로 대체를 하더라도, 이완지시 및 양화 해석이 허용된 다는 것이다.[10)]

(35) a. 철수가 [자기의 차를 닦았다.
　　 b. 영희도 그것을 닦았다. (✓엄밀지시해석; ✓이완지시해석)
(36) a. 철수가 [선생님 세 분을 만났다.
　　 b. 영희도 그들을 만났다. (✓비양화 해석; ✓양화 해석)

하지만 본고에서는 박명관(2019)의 주장을 받아들여 (33)~(34)와 같은 환경에서의 영논항이 영대명사도 아닌 '대체 명사구'(substituted NP)라고 가정하고자 한다. 박명관에 따르면, 이야기 연쇄 환경에서의 영논항이 유발하는 조응적 한정 해석은 (관련)명사에 부가된 '그' 등의 전위 수 식어 때문이 아니며, 대체 명사구가 지닌 조응적 자질(anaphoric feature)이 격 표지 등 형태적 장치 때문에 발현되었기 때문이라는 것이다. 물론, 우리말의 모든 영논항이 대체된 명사구는 아니며, 영어의 한정 기술 (definite description)처럼 언어적 선행사 없이 맥락 정보에 의해 유발되는 약 한정 해석(weak definite interpretation)이 허용되는 경우 영논항은 '영대명

---

10) 동일한 문장 연쇄 환경에서 영논항이 사용된 경우 엄밀지시해석뿐 아니라 이완지시 해석이 가능하고, 후자의 해석은 생략 환경에서 허용된다고 주장하였다. 본고에서는 이완지시해석이 어떻게 확보되는가에 대해서는 범위에 벗어나므로 다루지 않도록 한 다. 참고로, Takahashi & Fox(2006)가 제안한 평행성 영역(parallelism domain)을 대용현 상에 확대하여 적용한 박명관(2019)의 시도가 가능성 있는 접근법이라 할 수 있겠다.

사'에 해당된다고 본다.

박명관이 주장하듯이, 이러한 접근법은 우리말 영논항의 분포 및 한정 표현으로서의 해석뿐만 아니라 한국어와 다른 언어, 특히 중국어의 영논항의 분포와 해석 방식에 있어서의 차이를 포착하는데도 유용하다는 장점이 있다. 가령, 중국어의 경우 (33)~(34)와 유사한 이야기 연쇄 환경에서 선행사로 보통명사구나 수분류사구가 논항으로 사용될 경우 주어 자리의 영논항은 조응적 한정 해석을 허용하는 반면, 목적어 위치에서는 동일한 해석을 허용하지 않는다. (37)은 선행사로 보통명사구가 사용된 중국어 사례이며, (38)은 선행사로 수분류사구가 사용된 경우이다. 박명관(2019)은 중국어의 경우 주어는 주제 자질(topic feature) 때문에 (37a)와 (38a)처럼 영논항이 조응적 한정 해석이 가능한 반면(Li & Thomson 1976), (37b)와 (38b)에서처럼 목적어 자리에는 주제 자질이 없어 같은 해석이 불가능하다고 주장하고 있다.

(37) a. Xuesheng zai qianmian yanjiushi.
        student in front lab
        Xianzai (na-ge) xuesheng zai kan shouji.
        Now that-Clf student is watch mobile phone
        'A student is in front of the lab. Now the student is watching (his) mobile phone.'
    b. Xuesheng zai qianmian yanjiushi.
        student in front lab
        Jinjiaoshou dasuan miantan *(na-ge) xuesheng.
        Prof. Kim plan interview that-Clf student
        'A student is in front of the lab. Professor Kim is going to interview the student.'

(38) a. San-ming　xuesheng　zai　qianmian　yanjiushi
　　　　three-Clf　student　in　front　lab
　　　　Xianzai　*(na)　san-ming　xuesheng　zai kan　shouji.
　　　　Now　that　three-Clf　student　is　watching　mobile phone
　　　　'Three students are in front of the lab. Now the three students
　　　　are watching (his) mobile phone.'
　　b. San-ming　xuesheng　zai　qianmian　yanjiushi.
　　　　three-Clf　student　in　front　lab
　　　　Jinjiaoshou　dasuan　miantna　*(na)　san-ming　xuesheng.
　　　　Prof. Kim　plan　interview　that　three-Clf　student
　　　　'Three students are in front of the lab. Professor Kim is going to
　　　　interview the three students.'　　　　박명관 (2019: (21)-(22))

만약 (37)-(38)에서 사용된 영논항을 영대명사라고 간주할 경우엔 왜 조응적 한정 해석에 있어서 (37)-(38)의 (a) 예문과 (b) 예문 간에 차이가 발생하는지를 설명하기가 어려울 것이다. 게다가 중국어의 목적어 자리에 영논항이 사용된 (37b), (38b)와 달리 한국어의 경우는 목적 위치에서도 영논항이 조응적 한정 해석이 가능한데, 그 이유에 대해 박명관은 중국어와 달리 한국어의 경우 목적어 논항에도 형태적 격 표지(morphological Case/case marker)가 사용되기 때문이라고 제안하고 있다.

본 항에서는 선행 발화에 보통명사구나 수분류사구가 선행사로 포함된 이야기 연쇄의 환경에서 후행 발화에 사용된 영논항이 조응적 한정 해석을 유발할 때 범주적으로는 '대체 명사구'에 해당됨을 제시하였다.

5. 결론

지금까지 한국어의 명사 후 수분류사구의 구조, 수분류사구 내 관련 명사의 유정성에 따른 복수 표지의 분포, 이야기 연쇄 환경에서 가시적 조응 표현 및 영논항에 의한 조응적 해석의 유형과 영논항의 범주적 지위에 대한 통사적 분석을 제시하였다. 우선 2-3절에서는 분류사 언어(classifier language)에 속하는 우리말의 다양한 수분류사 수반 표현들 가운데 명사 후 수분류사구(numeral classifier phrase)에 적합한 통사적 구조가 무엇인지를 제시한 후, 관련명사구의 유정성에 따른 복수 표지 허용에 있어서의 차이가 전위 수식어 유무에 의해 중화된다는 사실과 함께 수분류사구 내의 요소들이 어떤 방식으로 상호작용하여 중화 효과가 나타나는지에 대한 도출적 분석을 제시하였다. 특히, 관련명사구가 의미하는 개체들을 분류사가 개별화(individuation)한 후 수사가 개별화된 개체에 작용역을 갖는다는 Simpson(2005)의 일반화를 포착 가능한 구조를 가정하되, 가장 상위에는 서술구(nPredP)를 가정하여 관련명사구와 수사-분류사 복합체 간의 서술 관계를 포착하고자 하였다. 전위 수식어 존재 유무에 따른 유정성 중화 효과와 관련해서는, 관련명사구가 기저 위치에서 서술구의 지정어 위치로 이동한 후 전위 수식어인 지시사가 관련명사구에 직접 부가될 경우 그 효과가 나타남을 보여주었다.

4절에서는 수분류사구가 이야기 연쇄에서 논항으로 사용되고 후속 담화에서 조응적 한정 해석이 유발되는 경우, 관련명사구의 유정성 및 해석 유형(즉, 엄밀지시해석을 허용하는지 이완지시해석을 허용하는지)에 따라 가시적 조응 표현의 형태가 어떻게 달라지는지를 논하였다. 이와 함께 후속 발화의 가시적 표현 대신 영논항으로 대체 시 어떤 해석이 유발되는지 영논항의 범주적 지위가 무엇인지에 대해 논했고, 그 과정에서 선행 발화의 선행 표현이 수분류사구가 아닌 보통명사만으로 이루어진 경우 영논항의 해석에 차이를 유발하는지에 대해서 관련 자료와 함께 논의하였다. 결론적으로, 박명관(2019)의 관찰을 바탕으로 동사구 등의 생략이 불가능한 이야기 연쇄 환경에서 우리말의 영논항은 엄밀 지시해석과 이완지시해석을 모두 허용하는 한정 표현에 상응하며, 범주적으로는 기존의 안희돈 & 조성은(2019, 2020) 등의 주장과 달리 영대명사가 아닌 대체 명사구임을 제안하였다.

참고문헌

김영희, 1976, 한국어 수량화 구문의 분석, 『언어』 1.2: 89-112.

박명관, 2019, 영논항을 다시 생각한다: 조응적 한정 표현으로서의 영논항, 『현대문법 연구』 104호: 93-112.

박범식 · 오세랑, 2014, 영논항의 생략분석: Ahn and Cho(2013)의 주장에 대한 반박. 박 명관(엮음), 『통사이론의 분화와 통합: 국어 영논항을 중심으로』, 181-208. 한 국문화사.

백미현, 2002, 한국어 복수 의미 연구, 『담화와인지』 9(2), 59-78.

송석중, 1993, 『한국어 문법의 새 조명: 통사구조와 의미해석』, 지식산업사. 서울.

안희돈 · 조성은, 2019, 영논항의 pro(영대명사) 분석 재고, 『언어와 언어학』 86: 85- 112.

안희돈 · 조성은, 2020, 영논항의 대명사 분석에 대한 재고찰, 『언어와 정보』 24.1: 1- 13.

염재일, 2012, 국어에서의 수와 복수 의미의 해석, 『언학연구』 48.3: 435-462.

한송화, 1999, 수사와 수량사구, 『사전편찬학연구 9』 연세대 언어정보 개발연구원.

홍용철, 2019a, 명사 후 비유동 분류사 구문의 구조 2019 춘계 현대문법학회 · 대한언 어학회 · 생성문법학회 공동 학술대회 발표문, 대구가톨릭대학교.

홍용철, 2019b, 명사 후 분류사 구문의 구조, 『생성문법연구』 29.3: 485-515.

An, Duk-Ho. 2018. On the word order of numeral quantifier constructions. *Studia Linguistica* 72.3: 1-25.

Cheng, Lisa Lai-Shen, and Rint Sybesma. 1999. Bare and not-so-bare nouns and the structure of NP. *Linguistic Inquiry* 30: 509-542.

Chierchia, Gennaro. 1998. Reference to kinds across languages. *Natural Language Semantics* 6: 339-405.

Choi, Kiyong. 2011. On the nature of the dependency between a numeral and a classifier. *Linguistic Research* 28.3: 517-542.

Galloway, Brent. 1993. A Grammar of Upriver Halkomelem. Berkeley: University of California Press.

Hoji, Hajime. 1998. Null object and sloppy identity in Japanese. *Linguistic Inquiry* 29: 127-152.

Kim, Kyumin and Paul B. Melchin. 2018. Modifying plurals, classifiers, and co-occurrence: The case of Korean. *Glossa: a journal of general linguistics* 3.1: 25. 1–29, DOI: https://doi.org/10.5334/gjgl.397

Kim, Soowon. 1999. Sloppy/strict identity, empty objects, and NP ellipsis. *Journal of East Asian Linguistics* 8: 255–284.

Lebeaux, David. 1988. "Language acquisition and the form of grammar." Doctoral Dissertation, University of Massachusetts, Amherst.

Lee, Wooseung 2011. Zero realization of arguments revisited. *Korean Journal of Linguistics* 36: 1031–1052.

Li, Charles N. and Sandra Thompson. 1976. Subject and topic: A new typology of language. In Charles N. Li (ed.), *Subject and Topic*, 457–491. New York: Academic Press.

Li, Y.-H. Audrey. 1999. Plurality in a classifier language. *Journal of East Asian Linguistics* 8: 75–99.

Moon, Gui-Sun. 2010. Null arguments redux. *The Linguistic Association of Korea Journal* 18: 67–92.

Nakanishi, Kimiko and Satoshi Tomioka. 2004. Japanese plurals are exceptional. *Journal of East Asian Linguistics* 13.2: 113–140.

Nespor, Marina, and Irene Vogel. 1986. *Prosodic Phonology*. Dordrecht: Foris.

Oku, Satoshi. 1998. *LF Copy Analysis of Japanese Null Arguments*. Doctoral dissertation, University of Connecticut, Storrs.

Park, Jong Un. 2019. A predication analysis of Korean post-nominal numeral classifier constructions. *Language and Information Society* 38: 66–99.

Park, Myung-Kwan and Jong Un Park. 2019. Classifiers and plurality in Korean as an NP language and their implications on anaphora. Paper presented at the Workshop on Universals of (C)overt Anaphora in Information Packaging, Dongguk University.

Park, So-Young. 2009. The syntax of numeral classifiers: A small clause inside a DP. *Language Research* 45.2: 203–230.

Saito, Mamoru. 2004. Ellipsis and pronominal reference in Japanese clefts. *Studies in Modern Grammar* 36: 1–44.

Saito, Mamoru. 2007. Notes on East Asian argument ellipsis. *Language Research* 43: 203–227.

Selkirk, Elizabeth. 1984. *Phonology and Syntax: The Relation between Sound and Structure*. Cambridge, MA: MIT Press.

Shin, Keun Young. 2017. Partitive descriptions in Korean. *Glossa: A journal of general linguistics* 2.1: 5, 1–21. doi.org/10.5334/gjgl.143.

Simpson, Andrew. 2005, Classifiers and DP-structure in South East Asia. In Guglielmo Cinque and Richard Kayne (Eds.), *Handbook of Comparative Syntax*, 806–838. Oxford: Oxford University Press.

Takahashi, Daiko. 2008. Quantificational null objects and argument ellipsis. *Linguistic Inquiry* 39: 307–326.

Takahashi, Shoichi, and Danny Fox. 2006. MaxElide and the re-binding problem. In *Proceedings of Semantics and Linguistic Theory*.

Um, Hong-Jun. 2011. The nature of the null arguments in Korean. *Studies in Modern Grammar* 63: 73–93.

Watanabe, Akira. 2006. Functional projections of nominals in Japanese: Syntax of classifiers. *Natural Language and Linguistic Theory* 24: 241–356.

Wiltschko, Martina. 2008. The syntax of non-inflectional plural marking. *Natural Language and Linguistic Theory* 26: 639–694.

DOI: https://doi.org/10.1007/s11049-008-9046-0

[부록(Appendix)]

Wiltschko(2008)는 각 언어마다 복수 표지의 범주적 지위에 있어서 차이가 있으며, 이 차이에 따라 복수 표지의 명사구 내 위치, 그 사용의 의무성, 복수성 관련 자질의 구성, 해석 등에 있어서의 차이가 기인한다고 주장하였다. 가령 영어의 경우 아래 (39a)처럼 '핵 유형의 복수 표지'(head plural marker)를 취하는 언어로 명사구 내 NumP의 핵어에 위치하므로 그 사용이 의무적이며, [±plural]라는 이가(bivalent)의 복수 자질을 지니고 있어 복수 표지를 수반할 경우에는 복수로 해석되고 그렇지 않을 경우엔 단수로 해석된다. 이와 대조적으로 Halkomelem이란 언어의 경우의 복수 표지는 (39b)처럼 '수식형 복수 표지'(modifying plural marker)에 해당되며 명사구 내 RootP에 부가되므로 그 사용이 수의적인데다, 복수 표지가 존재할 경우에만 [plural]이란 일가(monovalent)의 자질을 수반하고 있어 복수 표지가 없으면 단수나 복수 모두 가능한 수에 중립적인(number-neutral) 해석만 허용된다고 주장한다.

(39) a. 핵 유형 복수(Head plural)   b. 수식형 복수(Modifying plural)

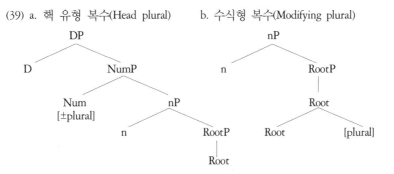

Wiltschko(2008)는 이러한 대조적인 유형의 복수 표지를 지닌 두 언어의 차이를 입증하기 위하여 합성어 형성 시 복수 표지의 위치에 있어 차이를 보이는 자료들을 제시하였다. 즉, Halkomelem처럼 수식형 복수를 취하는 언어에서는 (40)~(41)에 제시되어 있듯이 복수 표지가 명사의 어근(root)에 직접적으로 부착되는 것을 볼 수 있다. 이와 대조적으로, 핵 유형의 복수 표지를 취하는 영어의 경우 자립형태소가 결합하여 합성어를 형성한 (43b)의 사례를 제외하고는 왜 어근과 접사 사이에 복수 표지가 위치할 수 없는가를 포착 가능하다는 것이다.

(40) s-p'eq'eq'   'white spots on skin'
     NMLZ-white.PL   Galloway (1993: 379)
(41) s-xexp'-í:tsel   'chipmunk'
     NMLZ-stripe.PL-back   Wiltschko (2008: 644)
(42) a. *brother-s-hood   b. *tattoo-s-ist
(43) a. *rats-infested   b. teeth-brush

Kim & Melchin(2018)은 Wiltschko의 핵 유형 복수와 수식형 복수를 취하는 언어 간 차이를 기반으로 하여 한국어의 복수 표지는 영어보다는 Halkomelem에 가까운 유형이라고 주장하였다. 우선적으로 Kim & Melchin은 그 근거로 우리말에서 지시사나 관형절 등의 수식 없는 비수식 명사(bare NP)의 경우 수 표시에 있어서 무표적(unmarked)이거나 중립적(number-neutral)이라는 사실을 적시하였다. 즉, 아래 (44)~(45)에서 보듯이, 우리말의 비수식 명사는 유정성 여부와 무관하게 복수 표지를 수반하지 않을 경우 반드시 단수로 해석되는 것이 아니라 맥락에 따라 단수나 복수로 해석 가능한데, 이는 우리말이 '핵 유형'의 복수를 취하는 언어보다는 '수식형'의 복수를 취하는 언어에 가깝기 때문이라고 주장한다. 즉, 복수 표지의 사용이 수의적이고, 복수 표지가 존재 여부가 단복수로 명확히 구별되는 것이 아니라는 점에서 두 언어 공히 [plural]만을 취하는 수식형 복수 표지 언어라는 것이다.

> (44) a. 책-(들)-이 책상-에 있-다.   'A book/Books are put on the table.'
>   b. 학생-(들)-이 똑똑하-다.   'A student/Students are smart.'
> (45) a. 책(-들)-이 네 권 떨어져 있-네-요.
>   '(We see that) a book/books fell (on the floor).
>   b. ?이-들 책(-들)-을 읽-어라.   'Read these books.'

다만, 한국어가 Halkomelem과 같이 '수식형' 복수 표지를 취하는 언어지만, 두 언어는 복수 표지가 나타나는 구조적 위치 면에서 다르다고 주장한다. 특히, Halkomelem의 경우엔 복수 표지가 Root에 부가되는 반면 한국어의 경우는 복수 표지가 nP에 부가된다고 보고, 아래 (46)처럼 합성어 형성 시 자립형태소 사이에 복수 표지 '-들'이 위치할 수 없다는 점을 그 근거로 제시하고 있다. 그리고 이러한 nP 부가 표지의 특징 때문에 우리말의 복수 표지가 분포 및 해석 면에서 다양한 특이한 속성(idiosyncracies)을 나타낸다고 주장한다.

> (46) a. 꽃(*-들)-잎   'flower leafs = petals'
>   b. 나무(*-들)-꾼   'lumberjacks'
>
>   Kim & Melchin (2018: (21) & (22))

지금까지 살펴본 Wiltschko(2008)와 Kim & Melchin(2018)의 주장에 입각한 영어와 Halkomelem 및 한국어 간의 복수 표지 유형과 관련된 공통

점이나 차이점을 다음의 표와 같이 정리할 수 있다.

(47) 수식형 복수(Modifying plural) vs. 핵 유형 복수(Head plural)

	Modifying plural	Head plural	Korean plural *-tul*
(i) Status	optional	obligatory	optional
(ii) Interpretation	number-neutral	singular vs. plural	number-neutral vs. plural
(iii) Feature value	monovalent [plural]	bivalent [+/- plural]	monovalent [plural]
(iv) Position	RootP, nP, etc.	Num	*n*P

Kim & Melchin (2018: 9)

제 10 장

한국어의 3인칭 지시 표현 '그'에 관한 소고[*]

최 기 용

1. 머리말

생성 문법적 전통하에서 한국어의 3인칭 지시 표현 '그'는 통상 결속 원리 B의 적용을 받는 영어의 3인칭 대명사 *he*에 대응하는 표현으로 취급되어 왔다(양동휘1985, 임홍빈1987, 1988/1998, 심봉섭1993, H.-B. Lee1976, 1983 S.-S. Hong1986, M.-Y. Kang1988, S.-H. Cho1989, S.-H. Kim1994, G. Lee2001 등). 그러나 그런 가운데 한국어 3인칭 지시 표현 '그'와 영어 *he*가 여러 가지 점에서 다르다는 점이 생성 문법 내 외부에서 꾸준히 지적되어 왔으며(임홍빈1987, 1988/1998, 심봉섭1993, 안소진2008, 김경석2010, S.-H. Kim1994, 2003) 심지어는 명시적으로 한국어 3인칭 지시 표현 '그'를 대명사로 봐서는 안 된다는 입장도 있었다(I.-H. Lee1978). 이런 다소 복잡한 상황은 한국어

---

* 본 장은 『생성 문법 연구』 23권 3호에 실린 최기용(2013)을 오탈자 등만 수정하여 옮긴 것이다. 재출판을 허락하여 준 한국생성문법학회에 감사드린다.

3인칭 지시 표현 '그'가 지시사 '이/그/저'의 '그'와 어떤 형태로든 관련이 있기 때문이라고 할 수 있는데,[1] 실제로 3인칭 '그'와 지시사 '그'와의 연관성은 기존 문헌에서 지적되어 왔다(임홍빈1988/1998, 이익섭, 채완1999, 박진호2007 등). 그러나 연관성을 지적하는 것과 3인칭 '그'가 바로 지시사 '그'에 해당한다는 입장은 서로 다르다. 그 이유는 물론 후자의 입장을 택하게 되면 3인칭 '그'가 지시사 '그'에는 없는 인칭 해석을 왜 갖게 되는가가 설명되어야 할 뿐 아니라, 3인칭 '그'가 지시사 포함 표현이므로 3인칭 대명사가 아니라고 얘기해야 되고[2] 더 나아가서는 한국어에 3인칭 대명사가 없다고까지 얘기할 수 있게 되기 때문이다.

이런 이유로 3인칭 '그'가 지시사 '그'에 해당한다는 입장을 명시적으로 개진한 연구는 찾아보기 힘든 반면, 대부분의 기존 연구들은 연관성을 지적하면서도 3인칭 '그'를 한국어의 3인칭 대명사로 보고 있다. 그러나 적어도 생성 문법적 관점에서 볼 때, 3인칭 '그'를 단순히 한국어의 3인칭 대명사로만 규정하는 것은 부족한데, 그 이유는 물론 기존 연구들에서 3인칭 '그'와 영어의 *he* 간에 지적된 차이점들이 매개 변인적으로 설명되어야 하기 때문이다. 그러나 3인칭 '그'에 대한 기존의 생성 문법적 연구에서(심봉섭1993, S.-S. Hong1986, S.-H. Cho1989, G. Lee 2001 등) 이루어진 시도들이 만족스러웠는지는 의문이다.

본 논문은 3인칭 '그'가 지시사 '그'와 [+사람]의 해석을 갖는 공범주 *pro*의 결합임을 주장한다. 즉 '그 사람', '그 남자' 등과 같은 유형의 통사적 구성임을 주장한다.[3] 이 견해에 의하면 3인칭 '그'가 제 3자를

---

1) 이후 3인칭 지시 표현 '그'는 3인칭 '그', 지시사 '그'는 지시사 '그'로 부르기로 한다.
2) 한국어 '그'에 대응하는 일본어 *kare*가 대명사가 아니라는 입장에 대해서는 Hoji1990, 1991 및 이들 논문에 수록된 참고문헌을 참고할 것.
3) '그+N'의 내부 구조는 앞으로의 과제로 돌린다.

가리키는 지시사 '그'와 [+사람]을 가리키는 *pro*로 구성되어 있어 "3인칭" 해석을 가지게 되며 3인칭 '그' 내부에 지시사 '그'가 있으므로 3인칭 '그'가 지시사 '그'와 연관성을 보이는 것은 당연하다. 그리고 3인칭 '그'가 영어 *he*와 다른 특성을 보이는 이유는 바로 3인칭 '그'의 이런 구성적 특성 때문이라고 보는데[4] 이는 결국 문제의 차이점들이 매개변인적 차이로 포착이 될 수 없음을 의미한다.

이런 주장을 좀 더 구체화하기 위해서는 3인칭 '그'와 영어 *he* 간의 유사점 및 차이점을 명시적으로 제시하는 것이 필요한데, 2절에서는 기존 문헌을 토대로 3인칭 '그'와 영어 *he* 간의 유사점 및 차이점을 정리한다. 이어 3절에서는 2절에서 검토한 차이점들이 기존 연구에서 제대로 포착되지 못했음을 지적하는 한편, 3인칭 '그'가 지시사 '그'와 *pro*로 이루어져 있음을 보이는 독자적 근거들을 제시하고 2절에서 본 유사점 및 차이점들이 본고의 제안하에서 어떻게 포착이 되는지를 설명한다. 마지막 4절에서는 결론을 대신하여 3인칭 '그'가 영어 식 대명사가 아니라는 본 논문의 주장이 갖는 암시가 무엇인가를 생각해 본다.

2. 한국어 '그'와 영어 *he* 간의 유사점 및 차이점

2.1. 유사점

한국어의 3인칭 '그'가 영어 *he*에 대응하는 표현으로 간주되는 일반적 이유는 영어의 *he*처럼 담화상에 나타나는 선행사와의 동일 지시 (coreference)가 항상 자연스러운 것은 아니나 가능한 사례들이 있기 때문

---

4) 이에 비해 영어의 *he*는 파이 자질에 의해 "3인칭, 남성, 단수"로 규정된다.

이다. 다음 예들이 이를 보여준다.

> (1) 가. 나는 철수의 책을 그의 책상 위에 놓았다.
>   나. 철수는 내가 그를 추천한 것을 모르고 있었다.
> (2) 정도전의 죽음은 죽음으로 그치지 않았다. 그가 죽은 후, 방원과
>   후대의 왕들은 그를 여지 없이 깎아 내려 '악명'을 남게 하였다(밑
>   줄은 원문 그대로임).
>
> 안소진2008:(5ㄹ)

그러나 이런 가능성만 갖고 3인칭 '그'를 영어 *he*에 대응하는 대명사로 볼 수는 없는데, 그 이유는 물론 영어 대명사가 준수하는 것으로 알려진 결속 원리 B의 준수 여부도 확인해야 하기 때문이다.

> (3) 가. 결속 원리 B
>   대명사는 지배 범주 내에서 자유로워야 한다.
>   나. '갑'은 다음 조건이 충족되었을 경우 그리고 오로지 그런 경우
>   에만 '을'을 결속한다.
>   (i) '갑'과 '을'의 지수가 같고
>   (ii) '갑'이 '을'을 성분-통어한다.
>   다. 결속되지 않은 '갑'은 자유롭다.

이러한 결속 원리 B에 의하면 선행사와 대명사 간의 동일 지시는[5] 다음과 같은 세 가지 양상을 보여야 한다.

> (4) 가. 지배 범주 내에서 성분-통어하지 않는 선행사와의 동일 지시
>   는 가능하다.
>   나. 지배 범주 내에서 성분-통어하는 선행사와의 동일 지시는 불

---

5) '갑'과 '을'의 동일 지수가 두 표현 간의 동일 지시 해석을 의미하는 것으로 본다.

가능하다.

다. 지배 범주 바깥에 있는 선행사와는 성분-통어 여부와 무관하
게 동일 지시가 가능하다.

다음 예들은 수용성(acceptability) 판단에 있어 다소 차이가 있을 수 있
으나 한국어의 3인칭 '그'가 대체로 위의 양상을 나타냄을 보인다.[6]

(4가)

(5) 가. 나는 철수$_i$의 집에서 그$_i$를 발견했다.

나. 나는 철수$_i$의 상패를 그$_i$에게 건네 주었다.

(6) 가. 철수$_i$의 형은 그$_i$가 싫었던가 보다.

나. 철수$_i$의 형이 그$_i$를 꼬집었다.

다. 철수$_i$의 형이 그$_i$를 더 심하게 비판했다.

(4나)[7]

(7) 가. ??철수$_i$는 그$_i$가 싫었던가 보다.

나. ??철수$_i$가 그$_i$를 꼬집었다.

다. ??철수$_i$가 그$_i$를 더 심하게 비판했다.

(4다)

(8) 가. 철수$_i$는 그$_i$가 영희를 좋아한다고 말했다.

나. 철수$_i$는 영미가 그$_i$를 좋아한다고 믿고 있다.

다. 철수$_i$가 그$_i$의 물건을 찾고 있다.

---

6) 아래 예문 중에는 S.-H. Cho1989, 심봉섭1993의 예를 다듬은 것들도 포함되어 있다. 어느 예문이 그에 해당되는지는 일일이 밝히지 않는다.

7) (7)과 같은 유형의 문장에 대한 일반적 판단은 안 좋다는 것이나(S.-H. Cho1989, 심봉섭1993 등 참고), 필자는 선행사와 '그' 간의 동일 지시가 B의 예측처럼 완전히 불가능하다고 보지 않으며(비슷한 판단에 대해서는 임홍빈1988/1998:605 참고) 이를 반영하여 "??"로 표기했다. 즉 '그'가 화자와 청자가 같이 알고 있는 주요 인물일 때 '그'와 '철수' 간의 동일 지시가 완전히 자연스럽지는 않으나 가능할 수도 있다고 본다. 그러므로 (7)이 (4나)를 확실히 보이는 것은 아니다. 그러나 (6)과 비교해 볼 때, (6)보다 안 좋은 것은 분명하다. (7)에 대한 이런 판단은 차이점을 얘기하는 다음 절에서 다시 논의된다.

(9) 가. 철수의 형은 그가 영희를 좋아한다고 말했다.

　　나. 철수의 형은 영미가 그를 좋아한다고 믿고 있다.

　　다. 철수의 형이 그의 물건을 찾고 있다.

2.2. 차이점

앞에서 우리는 3인칭 '그'가 두 가지(혹은 네 가지) 점에서 영어 *he*와 유사하다는 것을 보았다. 즉 3인칭 '그'가 담화상 선행사와의 동일 지시 해석이 기본적으로 가능하고 영어 대명사가 준수하는 것으로 알려진 결속 원리 B를 표면적으로 준수하는 것으로 보인다는 것이 그것이다. 그러나 기존 문헌들은 3인칭 '그'가 여러 가지 점에서 영어 *he*와 다르다는 것을 지적해 왔는데, 아래 기존 문헌에서 지적된 차이점들과 필자가 파악한 차이점들을 같이 정리한다.

2.2.1. 구어에서의 부재와 문어에서의 제한적 사용

영어의 *he*는 구어, 문어 모두에서 자유롭게 쓰이나, 많은 연구들에서 지적되었듯이(양명희1994:270, 이익섭, 채완1999:152, 박진호2007:120, 안소진2008:146, 김경석2010:107) 3인칭 '그'는 구어에서는 거의 안 쓰이며 문어에서도 그 쓰임새가 소설과 같은 특정 텍스트 혹은 "특정한 한 인물에 초점을 두고 그 인물을 집중적으로 조명하"는 텍스트(안소진2008:156)로만 국한되어 있다.[8]

---

8) 안소진2008:162은 소설 텍스트에서도 3인칭 '그'의 주된 기능은 단순히 담화상의 선행사를 대신하는 것이 아니라, "텍스트 내부의 사건, 행위의 초점 표지 역할을" 하는 것으로 보고 있다. 즉 주로 텍스트의 중심 인물을 가리키는 용법으로 쓰이는 것으로 보고 있다.

2.2.2. 발화상 개체를 가리키지 못함

2.2.1에서 본 차이와 관련이 있는 것으로 영어 *he*는 구어에서 손동작 등과 함께 발화상 개체를 가리킬 수 있으나, 3인칭 '그'는 구어에서 담화상의 선행사를 가리키는 용법도 없을 뿐 아니라, 발화상 개체를 가리키지도 못한다(심봉섭1993:235, S.-H. Kim1994:114). S.-H. Kim1994에서 제시된 예를 약간 변형하여 제시하면 한국어에서는 (10가)와 같은 상황에서 (10나)와 같이 말하지 못한다.

> (10) 가. (영미가 자기 애인인 철수와 함께 모임 장소에 왔고 영미 친구들인 미애와 희애가 이를 본 상황에서 철수를 응시하면서 혹은 가리키면서)
> 나. 그가 영미 애인이래.

2.2.3. 결속 원리 B의 준수 여부

결속 원리 B에 의하면 지배 범주 내에서 성분-통어하는 선행사와 3인칭 '그' 간의 동일 지시 해석이 허용되지 않아야 하는데, 앞 절에서 봤듯이 그런 해석이 완전히 배제되지는 않는 것으로 보인다. 이는 3인칭 '그'가 결속 원리 B의 적용을 받지 않는 표현일 가능성이 있음을 말하는데, 그런 가능성은 다음 두 가지 점에 의해 한층 더 강화된다고 할 수 있다. 먼저 (7)의 선행사들이 '그'로 교체되는 다음 예문들에서 선행사 '그'와 그 뒤에 오는 '그' 간의 동일 지시 해석이 (7)에서보다는 더 나아지는 것으로 보인다. 이런 대비는 3인칭 '그'가 결속 원리 B의 적용을 받는 표현이라면 포착되기 어렵다.

> (11) 가. ?그는 그가 싫었던가 보다.

나. ?그가 그를 꼬집었다.

다. ?그가 그를 더 심하게 비판했다.9)

이어 (7)은 '그' 대신 '그 사람', '그 애'(혹은 '걔')가 쓰인 문장과도 대비를 보인다. 즉 (12-14)에서는 '그 사람', '그 애'의 경우 '철수'와의 동일 지시 가능성이 완전히 배제되는데, (12-14)와 대비해 볼 때, (7)에서 3인칭 '그'와 '철수'와의 동일 지시 가능성이 완전히 배제된다고 얘기할 수는 없다.

(12) 가. *철수ᵢ는 그 사람ᵢ이 싫은가 보다.

　　　나. *철수ᵢ는 걔ᵢ가 싫은가 보다.

(13) 가. *철수ᵢ가 그 사람ᵢ을 꼬집었다.

　　　나. *철수ᵢ가 걔ᵢ를 꼬집었다.

(14) 가. *철수ᵢ가 그 사람ᵢ을 더 심하게 비판했다.

　　　나. *철수ᵢ가 걔ᵢ를 더 심하게 비판했다.

결국 이는 지배범주 내에서 성분-통어하는 선행사에 의한 3인칭 '그'의 결속이 결속 원리 B가 예측하는 것만큼 완전히 배제되지 않음을 말하는 것으로 영어 대명사와 다른 양상이라고 할 수 있다.

2.2.4. 결속 원리 C의 준수 여부

여기서 보는 차이는 다음과 같은 내용의 결속 원리 C와 관련된 대명사의 양상이다.10)

---

9) 이와 유사한 판단은 임홍빈1987:205에서도 찾아 볼 수 있다.

10) (15)는 Sportiche2013:190의 Condition C를 그대로 옮긴 것이다. Sportiche2013가 각주 4에서 지적하였듯이 C의 일반적 내용은 선행사에 아무런 제한을 두지 않는 것이나, 아래 예에서 보듯이 한국어에서처럼 선행사가 대명사가 아닐 경우 아주 나쁘지 않은

(15) A pronoun cannot c-command a coreferential name.

이 원리의 핵심은 대명사와 고유 명사 간의 동일 지시에 어순보다
는 성분-통어라는 구조적 요건이 적용된다는 점으로 다음 예들이 이
를 보여준다.

(16) a. John$_i$ told Sue about his$_i$ mother.

 b. *He$_i$ told Sue about John$_i$'s mother.

(17) a. John$_i$'s mother told Bill about him$_i$.

 b. His$_i$ mother told Bill about John$_i$.

먼저 (16a)와 (16b)만을 비교해 보면 선행사와 대명사 간의 어순 차
이가 동일 지시 해석 여부를 결정하는 것으로 보이나, (16b)와 (17b)와
의 대비는 어순이 아무런 역할을 하지 못하며 선행사에 의한 성분-통
어 여부가 결정적 역할을 함을 보여준다.

이런 결속 원리 C 혹은 (15)는 보편 원리로 간주되므로 한국어의 3
인칭 '그'가 대명사라면 마찬가지 양상이 나타날 것으로 예견되나, 다
음 예들은 그렇지 않음을 보여준다. 즉 한국어의 3인칭 '그'의 경우는
영어 대명사와 달리 성분-통어 여부가 아무런 역할을 하지 못한다.

(18) 가. *그$_i$는 철수$_i$가 싫은가 보다.

 나. *그$_i$의 형은 철수$_i$가 싫은가 보다.

(19) 가. *그$_i$는 철수$_i$를 심하게 비판했다.

 나. *그$_i$의 형은 철수$_i$를 심하게 비판했다.

언어가 있어 보다 확실한 조건은 선행사를 대명사로만 제한하는 것이다.

 (i) 가. ?철수$_i$는 철수$_i$를 싫어한다.

  나. ?철수$_i$는 철수$_i$의 엄마를 사랑한다.

(20) 가. *그₁는 영미가 철수₁를 좋아한다고 믿고 있다.

　　 나. *그₁의 형은 영미가 철수₁를 좋아한다고 믿고 있다.

2.2.5. 어순 효과

이어 다섯 번째 차이는 이른바 어순 효과에 있다. 방금 살펴 본 (18)–(20)의 양상은 3인칭 '그'의 경우 성분-통어보다는 어순이 요인일 수 있음을 보여준다. 즉 3인칭 '그'가 '철수'보다 앞에 오기 때문에 (18)–(20)의 예문이 비문법적이라고 할 수 있는 것이다. 그러나 어순이 진정한 요인임을 확인하기 위해서는 그 반대 어순의 경우를 봐야 하는데, 다음 예들은 일단 선행사가 3인칭 '그'보다 앞에 올 경우 뒤에 오는 경우보다 좋아짐을 보인다.

(21) 가. ??철수₁는 그₁가 싫은가 보다.

　　 나. 철수₁의 형은 그₁가 싫은가 보다.

(22) 가. ??철수₁는 그₁를 심하게 비판했다.

　　 나. 철수₁의 형은 그₁를 심하게 비판했다.

(23) 가. 철수₁는 영미가 그₁를 좋아한다고 믿고 있다.

　　 나. 철수₁의 형은 영미가 그₁를 좋아한다고 믿고 있다.

이를 바탕으로 일단 어순 효과를 다음과 같이 기술한다.

어순 효과

(24) 가. 3인칭 '그'와 그보다 앞에 오는 명사구와의 동일 지시 해석은 가능하나,[11]

---

11) (7) 및 (21가, 22가)를 안 좋게 하는 별도의 요인은 (11) 및 각주 7의 내용으로 미루어 보아 화용적 성격의 원리일 것으로 추정되나 이에 대한 논의는 앞으로의 과제로 돌린다.

　　나. 3인칭 '그'와 그보다 뒤에 오는 명사구와의 동일 지시 해석은
　　　　불가능하다.

　혹자는 (18-20)과 (21-23)의 대비만으로 3인칭 '그'가 어순 효과를
나타낸다고 주장하는 것이 충분하지 않다고 얘기할 수 있다. 왜냐면
논란의 여지는 있으나, (21)-(23)의 양상이 모두 3인칭 '그'가 대명사라
는 가정하에 앞에서 본 결속 원리 B로 포착이 될 수 있기 때문이다.[12)
그러나 다음 대비는 결속 원리 B 혹은 C와는 무관하게 나타내는 대비
이므로 어순 효과로 봐야 할 것이다.

　　(25) 가. 영미가 철수의 집에서 그를 만났다.
　　　　 나. *영미가 그의 집에서 철수를 만났다.
　　(26) 가. 영미는 철수가 가기 전에 그를 껴안았다.
　　　　 나. *영미는 그가 가기 전에 철수를 껴안았다.

　이들 예에서 '철수의 집에서/그의 집에서', '철수가 가기 전에/그가
가기 전에'는 부가어이므로 구조상 목적어보다는 위에 오는 성분이다.
이는 목적어인 '그를'이나 '철수를'이 부가어 내부를 성분-통어하지
못함을 의미한다. 즉 (25나, 26나)에서 '그'는 '철수'에 의해 성분-통어
되지 않으며 고로 B를 준수한다. 한편 부가어 내 성분인 '철수'나 '그'
도 목적어 성분을 성분-통어하지 못하므로 (25나, 26나)의 '철수'는 C
를 준수한다. 마찬가지로 (25가, 26가)에서도 결속 원리 B, C는 모두 준
수되고 있다. 즉 결속 원리 B, C와 관련하여 (25가, 26가)와 (25나, 26
나) 간에는 아무런 차이가 없으나, 위의 예들은 두 문장 간에 대비가

---

12) 그러나 이렇게 보면 (18-20)의 양상은 결속 원리 C에 문제로 남는다.

분명히 있음을 보여주므로 이는 결국 어순상의 차이가 문법성 대비를 일으키는 요인임을 말해 주는 것이다.[13]

이와 같은 어순 효과는 S.-H. Cho1989:2.2에서 결속 원리 B에 대해 문제로 지적된 다음 예들에서도 확인된다.[14]

> (27) 가. 나는 철수ᵢ에게 처음으로 그ⱼ에 대해 물었다.
> =S.-H. Cho1989:(18)
> 나. *나는 그ᵢ에게 처음으로 철수ⱼ에 대해 물었다.
> =S.-H. Cho1989:(20c)
> (28) 가. 나는 철수ᵢ와 그ⱼ에 대해 얘기했다.
> 나. 나는 철수ᵢ에 대해 그ⱼ와 얘기했다.
> 다. 나는 철수ᵢ에 의해 그ⱼ에게 끌려갔다.
> 라. 나는 철수ᵢ에게 그ⱼ에 의해 끌려갔다.
> (29) 가. *나는 그ᵢ에 대해 철수ⱼ와 얘기했다.
> 나. *나는 그ᵢ와 철수ⱼ에 대해 얘기했다.
> 다. *나는 그ᵢ에게 철수ⱼ에 의해 끌려갔다.
> 라. *나는 그ᵢ에 의해 철수ⱼ에게 끌려갔다.

---

13) 다음 대비도 결속 원리 B, C와는 무관하고 어순 효과에 의한 것으로 필자는 본다.
   (i) 가. 영미가 철수ᵢ에게 그ᵢ의 상패를 건네 주었다.
      나. *영미가 그ᵢ에게 철수ᵢ의 상패를 건네 주었다.
   혹자는 (i나)가 어순에 의한 것이 아니라, C에 의한 것이라고 얘기할 수 있다. 즉 '-에게' 성분이 논항이므로 후치사구이기보다는 명사구 혹은 DP를 이룬다고 보면 '그ᵢ에게'가 '철수ᵢ'를 성분-통어하게 되므로 C를 어기는 것으로 그러나 성분-통어가 문제가 된다면 (i다)가 좋아야 하나 필자의 판단으로는 (i나)와 별 차이가 없어 보인다. 더나아가 (i다)와 (i라) 간의 대비는 훨씬 뚜렷한데, (i다)가 C를 준수하는 것으로 본다면 그런 대비가 설명될 수 없을 것이다. 이는 (i나, i다)의 비문법성 모두 어순 효과에 기인함을 말한다.
      (i) 다. *영미가 그ᵢ의 형에게 철수ᵢ의 상패를 건네 주었다.
         라. 영미가 철수ᵢ의 상패를 그ᵢ의 형에게 건네 주었다.
14) S.-H. Cho1989에는 아래 제시된 것 외에 다른 예들에 대한 논의도 있으나 구조적으로 논란의 여지가 있는 예들은 제외하였다.

S.-H. Cho1989:2.2에서 이 예들이 B에 대해 문제로 지적된 이유는 '-에 게', '-와', '-에 대해/의해' 성분이 후치사구라고 할 때, 결속 원리 B, C의 준수 여부에 있어 (27가)와 (27나) 간에 그리고 (28)과 (29) 간에 차 이가 없기 때문이다. 예를 들어 (27가)에서 '철수에게'를 후치사구로 보면 '그'를 성분-통어 안 하므로 B를 준수한다고 얘기할 수 있으나, (27나)에서도 마찬가지로 '그'가 '철수'를 성분-통어하지 않아 C를 준 수하므로 좋아야 하나 그렇지 않다.[15] 그리고 (28)과 (29) 간의 대비에 대해서도 마찬 가지 얘기가 적용된다. S.-H. Cho1989에서 이들 예는 미해결로 남겨졌는데, 어순 효과는 이를 간단히 설명한다. 즉 (27가, 28)에서는 '철수'가 3인칭 '그'를 앞서므로 동일 지시 해석이 가능하고 (27나, 29)에서는 3인칭 '그'가 '철수'보다 앞에 오므로 동일 지시 해석 이 안 좋은 것이다.

지금까지 우리는 결속 원리 B, C의 준수 여부에 있어서는 차이가 없 어 동일 지시 해석상의 대비가 예상이 안 되는 예들이 실제로는 대비 를 보이며 그런 대비가 어순상의 대비와 관련이 있음을 확인하고 이 를 (24)와 같은 어순 효과로 정리했다. 다시 말해, 한국어 3인칭 '그'에 는 결속 원리 B, C가 적용되기보다는 어순 효과가 적용되는 양상을 보 이는데 이 관찰이 맞다면 이는 3인칭 '그'와 영어 대명사 간의 아주 중요한 차이라 하겠다. 그러나 (24)의 어순 효과가 항상 맞는 것이 아 님을 보이는 여러 사례들이 있다.

(30) 가. 철수ᵢ는 그ᵢ의 합격 사실이 마냥 기쁜가 보다.
　　 나. ?그ᵢ의 합격 사실이 철수ᵢ는 마냥 기쁜가 보다.

---

15) '-에게'를 명사구 혹은 DP로 보면 (27가)에 문제가 된다. 즉 (27가)에서 '철수에게'를 DP로 보면 '그'를 성분-통어하므로 B를 어겨 비문법적이 되어야 한다.

(31) 가. 철수i는 그i의 합격 사실을 마냥 좋아했다.

나. ?그i의 합격 사실을 철수i는 마냥 좋아했다.

(32) 가. 철수i는 그i가 심혈을 기울여 만든 작품을 영미에게 주었다.

나. ?그i가 심혈을 기울여 만든 작품을 철수i는 영미에게 주었다.

(33) 가. 영미는 철수i에게 그i가 합격했다는 사실을 말해 주었다.

나. ?영미는 그i가 합격했다는 사실을 철수i에게 말해 주었다.

(34) 가. 철수i가 영미가 그i에게 보낸 편지를 아직 읽지 않았다.

나. ?영미가 그i에게 보낸 편지를 철수i가 아직 읽지 않았다.

(35) 가. ?그i가 쓴 소설이 철수i를 스타로 만들었다.[16]

S.-H. Cho1989:(14')

나. ?나는 그i가 쓴 소설에 대해 철수i에게 물었다.

S.-H. Cho1989:(15')

다. ?나는 그i가 연락하지 않아도 철수i에게 편지를 썼다.

S.-H. Cho1989:(16')

(36) 가. ?나는 그i의 책에 대해 철수i와 얘기했다.

S.-H. Cho1989:(26)

나. ?나는 그i의 동생과 철수i에 대해 얘기했다.

다. ?나는 그i의 친구에게 철수i에 의해 끌려갔다.

라. ?나는 그i의 친구에 의해 철수i에게 끌려갔다.

(30-34)는 3인칭 '그'를 포함한 성분이 scramble된 경우이고 (35-36)은 원래의 위치에 있는 경우인데 모든 경우에서 3인칭 '그'가 선행사인 '철수'보다 앞에 오지만 앞에서 본 경우와 대비해 볼 때, 아주 나쁜 것으로 보이지 않는다. 그러나 (30-36)과 앞에서 본 예들, 즉 (18-20), (25나, 26나, 27나, 29) 간에 차이가 있는데 이런 차이는 기존 문헌에서 이미 지적된 바 있다. 즉 S.-H. Cho1989:266는 양동휘1988:157를 인용

---

16) (33, 35)의 예들은 S.-H. Cho1989이 제시한 예들로 모두 아주 좋은 것으로 보고 있다. 그러나 필자는 아주 좋은 것으로 보지는 않는다. 그리고 모국어 화자 간에 변이가 있을 것으로 보인다.

하면서 이 차이를 3인칭 '그'가 해당 구성체에 깊숙히 내포되어 있는 경우에 나타나는 차이로 보았다. 내포의 정도를 어떻게 측정하느냐의 문제가 남아 있지만, 필자는 이 제안을 기본적으로 받아들이는데, 다음 예들은 이런 제안이 기본적으로 올바른 방향임을 보여준다고 생각한다.

(37) 가. *그가 철수ᵢ의 합격 사실이 마냥 기쁜가 보다.
　　나. *그가 철수ᵢ의 합격 사실을 마냥 좋아했다.
　　다. *그는 철수가 심혈을 기울여 만든 작품을 영미에게 주었다.
(38) 가. *그를 철수ᵢ의 합격 사실이 기쁘게 했다.
　　나. *그를 철수가 합격했다는 사실이 기쁘게 했다.
　　다. *그를 철수가 쓴 소설이 스타로 만들었다.
　　라. *나는 그ᵢ에게 철수i가 쓴 소설에 대해 물었다.
　　마. *나는 그ᵢ에게 철수i가 연락하지 않아도 편지를 썼다.

어순 효과와 관련하여 논의해야 할 주제가 몇 가지 더 있는데, 여기서 일단 위 논의를 반영하여 어순 효과를 다음과 같이 수정하기로 한다.[17]

어순 효과(수정본)
(39) 가. 3인칭 '그'와 그보다 앞에 오는 명사구와의 동일 지시 해석은 가능하다.
　　나. 3인칭 '그'와 그보다 뒤에 오는 명사구와의 동일 지시 해석은 기본적으로 안 좋으나, '그'가 해당 구성체에 깊숙히 내포될수록 동일 지시 해석 가능성이 커진다.

---

17) 3인칭 '그'의 어순 효과가 어떤 원리에 의해 도출되는지 그리고 3인칭 '그'의 내포 정도와 관련하여 이른바 순행과 역행 간의 대비가 어떻게 설명이 될지는 앞으로의 과제로 돌린다.

이제 3인칭 '그'와 영어 대명사 간의 마지막 차이로 넘어가기 전에 어순 효과와 관련이 있는 두 가지 점을 지적하기로 한다. 첫 번째는 어순 효과와 scrambling 간의 관계로 (38)과 (40)의 대비 그리고 (18나, 19나)와 (41)의 대비는 어순 효과가 scrambling이 일어난 후에 적용됨을 보여준다. 어순의 차이로 인해 해석상의 차이가 나타나므로 표면 어순을 바꾸는 scrambling 후에 어순 효과가 나타난다는 것은 자연스러운 일이라 할 수 있을 것이다.[18]

---

18) 그러나 논항의 scrambling이 관여하는 (40-41)과 달리 부가어의 이동이 관련되는 경우는 어순 효과에 대한 기존 연구들의 판단이 엇갈릴 뿐 아니라, 어순 효과의 양상도 논항의 경우와 다르다.

  (i) 가. *철수가 책을 읽고 있는 동안 그가 사과를 먹었다.
    나. *철수$_i$가 들어오면 그가 영수를 때릴 것이다.   심봉섭1993:(15)
    다. ?내 동생$_i$이 어렸을 때, 그는 강으로 낚시를 가곤 했다.   김경석2010:(7)
    라. 철수$_i$가 기분이 나쁠 때, 그는 우리에게 호령을 하였다. 임홍빈1988/1998:(81a)
    마. 철수$_i$가 할 수 있으면 그는 그 일을 할 것이다.   임홍빈1988/1998:(82a)

(i)의 예들은 모두 고유명사를 가진 부가어가 문장 앞에 오는 경우인데, 원래 자리라 할 수 있는 주어 뒤에 오면 모두 나쁘다.

  (ii) 가.*그$_i$가, 철수가 책을 읽고 있는 동안, 사과를 먹었다.
    나. *그$_i$가, 철수가 들어오면 영수를 때릴 것이다.
    다. *그$_i$는, 내 동생$_i$이 어렸을 때, 강으로 낚시를 가곤 했다.
    라. *그$_i$는, 철수가 기분이 나쁠 때, 우리에게 호령을 하였다.
    마. *그$_i$는, 철수가 할 수 있으면, 그 일을 할 것이다.

(ii)는 어순 효과가 있음을 보이는데, (i)은 부가어의 이동 후 순행 어순이 되었는데도 논항의 경우와 달리 어순 효과가 일정하지 않음을 보인다.

참고로 원래 어순이 순행이고 이동 후의 어순이 역행인 경우를 보자. 아래 예는 이동 전은 어순 효과를 준수하나, 이동 후는 그 결과가 역시 일정하지 않음을 보여준다. 이는 어순 효과에 대한 연구가 보다 정밀화되어야 함을 보이는데, 이는 앞으로의 과제로 돌린다.

  (iii) 가. 철수$_i$가, 그가 책을 읽고 있는 동안, 사과를 먹었다.
    나. ?철수$_i$가, 그가 들어오면 영수를 때릴 것이다.
    다. 내 동생$_i$은, 그가 어렸을 때, 강으로 낚시를 가곤 했다.
    라. 철수$_i$는, 그가 기분이 나쁠 때, 우리에게 호령을 했다.
    마. 철수$_i$는, 그가 할 수 있으면, 그 일을 할 것이다.
  (iv) 가. *그$_i$가 책을 읽고 있는 동안, 철수가 사과를 먹었다.
    나. *그$_i$가 들어오면, 철수가 영수를 때릴 것이다.   심봉섭1993:(15)

(40) 가. 철수$_i$의 합격 사실이 그$_i$를 기쁘게 했다.

　　　나. 철수$_i$가 합격했다는 사실이 그$_i$를 기쁘게 했다.

　　　다. 철수$_i$가 쓴 소설이 그$_i$를 스타로 만들었다.[19]

(41) 가. 철수$_i$가 그$_i$의 형은　t_i　싫은가 보다.

　　　나. 철수$_i$를 그$_i$의 형이　t_i　심하게 비판했다.

　두 번째는 앞에서 논의한 바 있는 역행 어순의 경우와 결속 조건 C 와의 관계이다. 필자는 역행 어순의 경우 3인칭 '그'의 내포의 정도에 따라 동일 지시 해석의 가능성에 변이가 있을 수 있다고 했는데, 속격 조사의 경우가 특히 문제가 된다. 앞서 논의한 (18나, 19나, 20나)의 경 우 필자는 (18가, 19가, 20가)와 같은 정도로 나쁘다고 봤으니, 혹자는 전자가 후자보다 더 좋다고 할 수 있으며 그런 결과가 (39나)에 의하 기보다는 전자의 예문들이 결속 원리 C를 준수하기 때문이라고 주장 할 수 있기 때문이다. 그러나 각주 13에서 봤듯이 이런 입장은 결속 원리 B, C를 준수한다는 점에서 마찬가지인 다음 예문이 (18나, 19나, 20나)에 비해 훨씬 좋다는 점을 설명하지 못하는 난점이 있다. 그에 반 해 (18나, 19나, 20나)와 (42)간의 대비는 물론 (39)에 의해 잘 설명이 된다.

(42) 가. 철수$_i$의 형은 그$_i$가 싫은가 보다.

　　　나. 철수$_i$의 형은 그$_i$를 심하게 비판했다.

　　　다. *그$_i$가 어렸을 때, 내 동생$_i$은 강으로 낚시를 가곤 했다. 김경석2010:(7)

　　　라. 그$_i$가 기분이 나쁠 때, 철수$_i$는 우리에게 호령을 했다. 임홍빈1988/1998:(81b)

　　　마. 그$_i$가 할 수 있으면, 철수$_i$는 그 일을 할 것이다. 임홍빈1988/1998:(82b)

19) (38라, 마)의 어순이 scrambling에 의한 것인지 확실하지 않아 본문에는 제시하지 않았 으나, 어순이 바뀐 다음 예들은 좋은 것으로 보이며 이는 물론 (39)에 의해 포착된다.

　(i) 가. ?나는 철수$_i$가 쓴 소설에 대해 그$_i$에게 물었다.

　　　나. ?나는 철수$_i$가 연락하지 않아도 그$_i$에게 편지를 썼다.

    다. 철수의 형은 영미가 그를 좋아한다고 믿고 있다.

  마찬 가지 논리가 다음 예문에서의 대비에도 적용된다. 이는 (43가
-47가)와 유사한 경우들을 결속 원리 C를 어겨 나쁜 것으로 보는 기존
연구들의(Saito1985:37, Han et al2007:17 등) 설명에 문제가 있음을 얘기한다.

    (43) 가. *나는 그를 철수의 집에서 만났다.
        나. *나는 그의 형을 철수의 집에서 만났다.
        다. 나는 철수의 형을 그의 집에서 만났다.
    (44) 가. *나는 그에게 철수의 상패를 주었다.
        나. *나는 그의 형에게 철수의 상패를 주었다.
        다. 나는 철수의 형에게 그의 상패를 주었다.
    (45) 가. *그를 철수가 합격했다는 사실이 기쁘게 했다.
        나. *그의 어머니를 철수가 합격했다는 사실이 기쁘게 했다.
        다. 철수의 어머니를 그가 합격했다는 사실이 기쁘게 했다.
    (46) 가. 그를 철수i가 쓴 소설이 스타로 만들었다.
        나. *그의 형을 철수가 쓴 소설이 스타로 만들었다.
        다. 철수의 형을 그가 쓴 소설이 스타로 만들었다.
    (47) 가. *그를 영미는 철수가 가기 전에 껴안았다.
        나. *그의 어머니를 영미는 철수가 가기 전에 껴안았다.
        다. 철수의 어머니를 영미는 그가 가기 전에 껴안았다.
    (48) 가. *그가 영미가 철수에게 보낸 편지를 아직 읽지 않았다.
        나. *그의 형이 영미가 철수에게 보낸 편지를 아직 읽지 않았다.
        다. 철수의 형이 영미가 그에게 보낸 편지를 아직 읽지 않았다.

2.2.6. 변항 결속(variable binding) 해석

  영어 대명사의 해석 혹은 용법과 관련해서는 여러 논쟁이 있으나
(Lasnik1976, 2004, Evans1980, Reinhart1983, Elbourne2008 등 참고), 기본적으로는 크

게 두 가지 용법을 갖는 것으로 볼 수 있다. 하나는 발화상에서 직접 혹은 담화상 선행사를 통해 어떤 개체를 가리키는 용법이고(이를 흔히 지시(referential) 용법이라 부른다) 다른 하나는 피결속 변항(bound variable)으로서의 용법이다. 후자가 전자와 다른 용법이라는 점은 선행사가 지시 표현이 아닌 양화사나 의문사의 경우 선행사와 대명사 간의 지시 의존성이 가능하다는 점이 보여준다. 즉 이 경우 선행사가 지시 표현이 아니므로 지시 용법에 의한 동일 지시 해석이 불가능한데도 동일 지시의 경우와는 다른 지시적 의존성이 양화사/의문사와 대명사 간에 존재하는 것이다. 다음 예문이 이를 보인다.

(49) Every boy told Bill about his mother.

"For every boy x, x told Bill about x's mother"

결국 두 용법에 의한 대명사의 해석이 서로 달라지는데, 전자의 경우를 흔히 동일 지시 해석이라 부르고 후자의 경우를 변항 결속 해석이라 부른다. 우리가 지금까지 본 경우들은 모두 동일 지시 해석의 경우로 이 해석의 경우에 3인칭 '그'가 영어 대명사와 어떤 차이가 있는가를 보았다. 여기서는 마지막으로 변항 결속 해석의 경우를 보는데, 3인칭 '그'가 영어 대명사와 같은 성격을 가지는 대명사라면 3인칭 '그'도 변항 결속 해석을 가져야 할 것이다. 그러나 B.-M. Kang1988:422, M-Y. Kang1988:193-196, J.-H. Suh1990, 임홍빈1989:234을 제외한 기존 연구 대부분은 3인칭 '그'가 변항 결속 해석을 가지지 못하는 것으로 보고 있으며(양동휘1985:158, 심봉섭1993:230, 김경석2010:각주 9, S-S. Hong 1986:84, S-H. Kim1994:115, G. Lee2001 등) 필자도 이에 동의한다. 즉 다음과 같은 예문에서 (49)에서와 같은 변항 결속 해석은 불가능하며 3인칭

'그'가 담화상 개체를 가리키는 해석만 가능하다.

(50) 가. *누구$_i$나 그$_i$가 똑똑하다고 생각한다.
    나. *누구$_i$나 영미가 그$_i$를 사랑한다고 말했다.
    다. *누구$_i$나/모든 사람$_i$은 그$_i$가 죽는다는 것을 알고 있다.
    라. *선생님께서는 누군가$_i$에게 그$_i$가 일등을 한 사실을 알리셨나.
    마. *아무$_i$도 철수가 그$_i$를 좋아한다고 믿지 않는다.
    바. *아무$_i$도 그$_i$의 책을 펴지 않았다.
    사. *누구$_i$나 그$_i$를 사랑하는 사람을 사랑한다.
    아. *아무$_i$도 그$_i$의 엄마를 부끄러워하지 않는다.
(51) 가. *누$_i$가 그$_i$가 메리를 봤다고 말했니?
    나. *누$_i$가 영희가 그$_i$를 좋아한다고 생각하니?
    다. *누$_i$가 그$_i$의 동생을 미워하니?
    라. *누$_i$가 영미가 그$_i$를 사랑한다고 말했지?
    마. *누$_i$가 그$_i$가 똑똑하다고 생각하니?

3인칭 '그'가 변항 결속 해석을 가지지 못한다는 것은 변항 결속 해석을 가지는 '자기'와의 대비를 통해 더 잘 나타나는데, 변항 결속 해석 여부와 관련된 3인칭 '그'와 '자기' 간의 대비는 H.–B. Lee(1976 :258-259)에서 이미 지적된 바 있다.

(52) 가. 그$_i$가 옳다고 생각하는 사람$_i$은 모두 이 방을 나갔다.
    나. 자기$_i$가 옳다고 생각하는 사람$_i$은 모두 이 방을 나갔다.
(53) 가. 그$_i$가 도둑놈이라고 믿는 학생$_i$은 없다.
    나. 자기$_i$가 도둑놈이라고 믿는 학생$_i$은 없다.

이홍배는 (52가, 53가)의 '그'는 '사람'을 가리킬 수 없으나, (52나, 53나)의 '자기'는 '사람'을 가리킬 수 있다고 했는데 이런 대비가 핵

명사가 '철수'인 경우는 사라진다면서(아래 (54) 참고) '사람', '학생'과 '철수'의 차이를 "지시성"에 있는 것으로 보았다. 이는 3인칭 '그'가 지시성이 없는 양화사나 의문사에 의한 변항 결속 해석을 갖지 못하는 것과 맥을 같이 하는 관찰인 것이다.

(54) 가. 그ᵢ가 옳았었다고 생각하는 철수ᵢ는 더 이상 말하기를 거부했다.[20]

나. 자기ᵢ가 옳았었다고 생각하는 철수ᵢ는 더 이상 말하기를 거부했다.

이홍배의 이런 관찰이 (50-51)의 예에도 적용될 수 있는데, (50-51)의 '그'가 '자기'로 교체된 아래 예에서 변항 결속 해석이 아주 자연스럽다.[21]

(55) 가. 누구ᵢ나 자기ᵢ가 똑똑하다고 생각한다.

나. 누구ᵢ나 영미가 자기ᵢ를 사랑한다고 말했다.

다. 누구ᵢ나/모든 사람ᵢ은 자기ᵢ가 죽는다는 것을 알고 있다.

라. 아무ᵢ도 철수가 자기ᵢ를 좋아한다고 믿지 않는다.

마. 아무ᵢ도 자기ᵢ의 책을 펴지 않았다.

바. 누구ᵢ나 자기ᵢ를 사랑하는 사람을 사랑한다.

사. 아무ᵢ도 자기ᵢ의 엄마를 부끄러워하지 않는다.

(56) 가. 누ᵢ가 자기ᵢ가 메리를 봤다고 말했니?

나. 누ᵢ가 영희가 자기ᵢ를 좋아한다고 생각하니?

다. 누ᵢ가 자기ᵢ의 동생을 미워하니?

라. 누ᵢ가 영미가 자기ᵢ를 사랑한다고 말했지?

---

20) 익명의 심사자는 (54가)의 문법성이 어순 효과 (24나)로 설명될 수 없음을 지적하였다. 그러나 이는 '철수'를 '그'의 선행사로 보고 있음을 전제로 하는데, 관형절 내부의 '생각하-'의 공범주 주어를 선행사로 본다면 (54가)는 순행 어순이므로 문제가 안 된다.

21) '자기'의 선행사가 주어로만 제한되므로 (50라)에 대응하는 예는 제시되지 않았다.

　　마. 누가 자기ᵢ가 똑똑하다고 생각하니?

　한편 다음 예들은 3인칭 '그'와 '어떤/어느 N' 표현 간에 지시적 의
존성이 가능함을 보이는데, B.-M. Kang1988, G.-S. Lee2001 등은 이 의
존성을 변항 결속 해석으로 간주하였다.

　　(57) 어떤 꽃ᵢ이든지 그것ᵢ의 아름다움 때문에 사랑을 받는다.
　　　　　　　　　　　　　　　　　　　　　B.-M. Kang1988:(16)
　　(58) 가. 어떤 여자ᵢ가 그녀ᵢ의 부모를 요양원에 보냈니?
　　　　　　　　　　　　　　　　　　　　　G. Lee2001:(4c)[22]
　　　　나. 어떤 남자ᵢ가 그ᵢ의 아들을 음악회에 데리고 갔니?
　　　　　　　　　　　　　　　　　　　　　G. Lee2001:(5d)

　그러나 '어떤/어느 N'과 유사한 일본어 표현인 *dono* N을 논의한
Hoji1991는 문제의 의존성이 변항 결속 해석이 아니고 동일 지시 해석
임을 주장한 바 있다. 우선 '어떤/어느 N', *dono* N와 같은 이른바 담화-
연결 표현이 갖는 특성에 대해 Hoji는 Pesetsky1987:107의 논의를 빌어
지시성이 있음을 지적한다.

　　According to Pesetsky (1987, p.107) "[r]oughly, which-phrases are
　　discourse-linked (D-linked), whereas who and what are normally not
　　D-linked. When a speaker asks a question like Which book did you read?,
　　the range of felicitous answers is limited by a set of books both speaker and
　　hearer have in mind. If the hearer is ignorant of the context assumed by the
　　speaker, a which-question sounds odd."(Hoji1991에서 재인용함)

---

22) 이건수는 '어떤 N'외에 '모든 N' 표현도 유사한 지시적 의존성을 갖는 것으로 판단
　　하고 있으나, 필자의 판단에 의하면 비문법적이므로 제시하지 않았다.

즉 '어떤/어느 N'이 지시성이 있으므로 그런 표현과의 지시적 의존
성이 변항 결속 해석을 가질 수 없다는 것이다. 그리고 이에 대한 독
자적 근거로 다음 대비를 들었다. 영어에서는 변항 결속 해석을 가지
는 의문사의 경우 다음과 같은 표현이 가능하다고 한다.

(59) who$_i$ brought his$_i$ or her$_i$ book?

그에 반해 일본어 *dono* N의 경우는 his or her와 같은 표현이 불가능
하다고 하는데, 한국어 '어떤/어느 N'의 경우도 마찬가지로 보인다.

(60) *?dono gakuseii-ga   [kare ka kanozyo]$_i$-no kaban-o   nakusita no
     which student-NOM   he or she -GEN   bag-ACC lost
     'which student$_i$ lost [his or her]$_i$ bag?'   Hoji1991:(27)

(61) 가. ??어느 학생$_i$이 그$_i$의 가방을 잃어버렸니?
     나. ??어떤 학생$_i$이 그$_i$의 가방을 잃어버렸니?

(62) 가. *어느 학생$_i$이 그$_i$ 혹은 그녀$_i$의 가방을 잃어버렸니?
     나. *어떤 학생$_i$이 그$_i$ 혹은 그녀$_i$의 가방을 잃어버렸니?

3. 3인칭 '그'는 '그 *pro*'이다

앞 절에서 우리는 3인칭 '그'와 영어 대명사 간의 유사점 및 차이점
이 무엇인가를 보았다. 유사점보다는 차이점이 더 많은 것으로 보이는
데, 이 점을 들어 무조건 3인칭 '그'가 B, C와 같은 보편 원리를 준수
하는 영어 대명사가 아니라고 얘기할 수는 없다. 왜냐면 생성 문법에
서는 언어 간의 차이를 매개변인으로 포착할 수 있으므로 앞 절에서
본 차이들이 과연 한국어와 영어 간의 매개변인적 차이로 포착될 수

있는가를 봐야 하기 때문이다. 본 절의 구성은 다음과 같다. 먼저 3.1 에서는 한국어와 영어 간의 차이를 포착하려 한 기존 연구들을 검토 한 후 성공적이지 못했음을 지적한다. 이어 3.2에서는 문제의 차이들 이 매개변인적 차이로 포착될 수 있는 성격이 아님을 지적하는 한편, 그런 차이가 3인칭 '그'가 영어 대명사가 아니고 '그 사람', '그 남자' 처럼 지시사 '그'와 [+사람]의 성격을 가지는 *pro*의 결합으로 이루어진 구성이기 때문에 나오는 것임을 보인다.

3.1. 기존 연구들

3인칭 '그'에 대한 기존 연구들이 2.2에서 본 모든 차이점들을 포착 하려 한 것은 아니다. 결속 원리 B와 관련하여 (27-29)의 예문이 제기 하는 문제가 해결책 없이 지적되었었고(S.-H. Cho1989) 주로 변항 결속 해 석을 3인칭 '그'가 왜 못 가지는가에만 관심이 주어졌었다(S.-S. Hong1986, S.-H. Kim1994, G. Lee2001 등).[23] 즉 전체 차이의 포착이 시도된 적은 없었 다. 이것만으로도 3인칭 '그'를 대명사로 보는 채로 부분적 차이를 포 착하려는 기존 연구들에 문제가 있음을 지적할 수 있는데, 변항 결속 해석과 관련된 제안들 자체도 서로 다른 이유로 문제가 있다고 본 다.[24]

우선 S.-S. Hong1986을 보자. S.-S. Hong1986은 변항 결속 해석과 관

---

[23] S.-H. Kim1994:4.5에서는 추가로 2.2.2에 대한 화용적 원리에 입각한 설명이 시도되 었었다. 이 시도에 대한 문제점으로는 S.-H. Kim1994:각주 105를 참고할 것.

[24] S.-H. Kim1994, 2003의 제안은 기본적으로 한국어에서는 '자기'가 변항 결속 해석을 가지므로 '자기'와 함께 Q-contrast 집합을 이루는 3인칭 '그'는 화용 원리에 의해 변 항 결속 해석을 갖지 못한다는 것이다. 결국 중요한 것은 '자기'와 3인칭 '그'가 Q-contrast 집합을 이룬다는 가정이다.

련하여 다음 조건을 제시하는데 이 제안의 핵심은 결국 국지성(locality)
조항의 유무가 한국어와 영어 간의 매개변인적 차이라는 것이다.

The Constraint on Pronominal Binding
(63) An overt pronominal must be (locally) A'-free at LF.

S.-S. Hong1986:(48a)

이 제안이 문제의 차이를 포착하는 것은 맞다. 그러나 매개변인적
차이를 어휘부상의 차이로 보는 것이 바람직하다는 입장에 비추어 보
면(Borer1984, Chomsky1995 등) (63)과 관련된 국지성의 유무 차이가 어휘부
상의 어떤 차이와 연관이 되는지가 불분명한 만큼 작위적 제안이라
할 수 있을 것이다.

한편 G. Lee2001의 제안은 각 언어의 명사구의 파이 자질 속성이 다
를 수 있다는 가정 하에 변항 결속 해석을 관장하는 원리는 보편적이
라 보며 구체적으로는 다음 원리를 제안하고 있다.

(64) Between a binder (*wh*-phrase/quantifier phrase) and a bindee (pronouns)
A and B, if A binds B, then B cannot be more referential than A.

G. Lee2001:(7)

이 원리는 이건수 스스로 밝혔듯이 결속 원리 C에 대한 Lasnik1991
의 제안을 양화사/의문사의 경우로까지 확장, 재해석한 것인데, 몇 가
지 문제점이 있는 것으로 보인다. 첫째, 이 제안은 변항 결속 해석을
관장하는 원리 자체는 보편적이고 한국어와 영어 간의 차이는 각 언
어의 개별 명사구의 파이 자질 속성의 차이로 본다. 문제는 이런 제안
이 매개변인적 처리와는 거리가 멀다는 점이다. 그냥 개별 명사구의

파이 자질 속성의 차이로 보는 것에 불과하다. 둘째, (64)의 제안에서 결국 각 명사구의 지시성 정도가 중요한데, 필자는 이 정도가 각 명사구의 파이 자질 속성에 의해 결정되는 것으로 보고 있다. 즉 파이 자질이 많이 명기될수록 지시성이 높아진다는 것이다. 그러나 양화사/의문사는 파이 자질 구성과는 무관하게 기본적으로 비지시적 표현으로 간주되고 있으므로 파이 자질 속성에 의해 지시성의 정도가 달라진다는 가정에는 무리가 있는 것으로 보인다. 마지막으로 필자 스스로 지적하였듯이 아래와 같은 영어 문장의 처리에 문제가 있다.

(65) Everyone loves his mother.

필자의 가정에 의하면 *everyone*은 수, 인칭만 명기되고 his는 성, 수, 인칭이 다 명기되므로 (62)에 의해 비문법적이어야 하나 그렇지 않다.[25], [26]

3.2. '그 *pro*'로서의 3인칭 '그'

앞 절에서 변항 결속 해석과 관련된 3인칭 '그'와 영어 대명사 간의 차이점에 대한 분석을 시도한 매개변인적 처리들이 어떤 점이 모자라는가를 봤는데, 사실 차이점 전체를 고려한다면 매개변인적 처리가 가

---

25) 필자는 이 문제를 *his*가 [총칭]으로 성이 명기되지 않을 수 있다고 해결한다. 그러나 *his*와 *her*의 구분을 위해 *his*가 [+남성]으로 명기되어야 하므로 여전히 문제로 남는다.
26) 이 외에도 한국어에서 다음 문장의 변항 결속 해석이 (i가)에서는 불가능하고 (i나-다)에서는 가능하다고 하나, 필자의 판단으로는 같은 정도로 변항 결속 해석을 가지지 못한다.
   (i) 가. *모든 직원은 그가 똑똑하다고 생각한다.
      나. *모든 여비서는 그녀가 똑똑하다고 생각한다.
      다. *모든 남학생은 그가 똑똑하다고 생각한다.

능한지도 의문이다. 매개변인적 처리의 바람직한 방향은 관련 보편 원리의 내용은 언어 간에 차이가 없고 어휘부상의 차이가 언어 간의 차이로 귀결되는 것인데(Borer1984, Chomsky1995 등 참고), 앞서 본 차이점들의 성격이 이런 식으로 포착되기는 어려워 보인다. 우선 3인칭 '그'가 구어에서 쓰이지 않는다는 점이 매개변인적 차이로 포착되기 어렵다.[27] 그리고 다른 차이들은 결속 원리 B, C가 3인칭 '그'에는 적용 안 되고 변항 결속 해석을 못 가진다는 것인데 3인칭 '그'를 앞의 원리들이 적용되는 대명사로 보면서 그런 보편 원리가 적용 안 된다는 것과 변항 결속 해석을 못 가진다는 점이 어떻게 어휘부상의 차이에 의해 도출될 수 있을시 의문이다.

　본고는 앞에서 언급했듯이 3인칭 '그'를 '그 사람', '그 남자' 등과 같은 구성인 '그 *pro*'로 보는데 이는 물론 3인칭 '그'가 파이 자질에 의해 성격이 규정되는 영어 식 대명사가 아님을 말하는 것이다(앞의 각주 4 참고). 이런 입장에 의하면 일단 B, C의 비적용 및 변항 결속 해석의 부재는 자연스럽게 설명이 된다. 먼저 B, C의 비적용은 '그 사람', '그 남자'가 결속 이론상의 대명사가 아니듯이 '그 *pro*'도 대명사가 아니기 때문이다.[28], [29] 한편 변항 결속 해석의 부재는 '그 *pro*'가 대명사가 아

---

27) 김경석2010:각주12에도 유사한 취지의 지적이 있었다. 즉 3인칭 '그'가 결속 원리 B의 적용을 받는다고 보는 입장에서는 3인칭 '그'가 왜 구어에서는 안 쓰이는지에 대한 설명이 어렵다는 것이다.

28) 영어 식 대명사에 왜 B, C가 적용되는가의 여부는 논외로 한다.

29) 익명의 심사자는 그럼 3인칭 '그'가 어느 결속 원리의 적용을 받는가 하는 의문을 제기했다. '그 사람', '그 남자'를 대용사로 볼 수 없듯이 '그 *pro*'도 대용사로 볼 수 없다면 3인칭 '그'는 A의 적용 대상도 아닐 것이다. 한편 2절에서 본 결속 원리 C의 비적용은 선행사를 대명사로만 제한한 (15)의 형식화에 근거한 것으로 3인칭 '그'가 영어 식 대명사가 아니기 때문에 (15)의 적용을 안 받는다는 것이다. 그러나 대용사, 대명사가 아니라면 R-표현일 가능성이 있으므로 이 점에 있어서 결속 원리 C의 적용 대상일 가능성은 있다고 할 수 있다.

니기도 하지만, '그 *pro*'의 지시사 '그'의 의미적 속성에 기인하는 바가 크다. 지시사 '그'는 지시사 '이/그/저'의 한 일원인데 이 지시사의 공통 의미 특성은 지시사 뒤에 오는 명사가 가리키는 개체를 영역으로 하여 발화 혹은 담화상에서 특정한 개체를 가리키는 것이다. 결국 이런 의미적 특성으로 인해 지시사 '그'를 가진 3인칭 '그'는 변항으로 해석될 여지가 없게 된다.[30]

그럼 3인칭 '그'를 지시사 '그'와 [+사람]의 특성을 가진 공범주 *pro* 의 결합으로 볼 독립적 근거는 있는가? 먼저 지시사 '그'와의 동질성을 보자. 앞에서 언급했듯이 3인칭 '그'와 지시사 '그'와의 연관성은 전통 문법적 입장에서는 묵시적으로 혹은 명시적으로 지적되어 왔는데(임홍빈1988/1998:561-566, 박진호2007 등), 아래 임홍빈의 논의 중에서 두 가지를 먼저 제시한다.

첫 번째는 2.2.2에서 본 특성과 관련된 것으로 3인칭 '그'가 발화상 처음 등장하는 개체를 가리킬 수 없는데, 지시사 '그'의 경우도 마찬가지이다(임홍빈1988/1998:562-563). 즉 "'철수'가 화자 A와 B 쪽으로 온다. 화

---

30) 특히 나중에 소개되는 지시사 '그'의 의미에 의하면 지시사 '그'는 지시 대상이 화자와 청자에게 알려짐을 의미하는데, 이런 특성도 변항 결속 해석을 배제한다고 본다. 한편 한국어에서는 어느 지시사가 쓰이든 변항 결속 해석이 불가능한데 반해, Hoji1991에 의하면 일본어는 양상이 다르다. 적어도 *so* 계열 지시사는 변항 결속 해석을 갖는 것으로 되어 있다(Hoji1991:(20) 참고). 그러나 일본어 *so*를 한국어 '그'에 대응시킨 다음 예들은 변항 결속 해석을 못 가진다.

    (i) 가. *아무것도 그것을 주문한 사람의 집에 도착하지 않았다.
       나. *무엇이 그것을 주문한 사람의 집에 도착했니?
       다. *모두가 그 사람의 책을 집어던졌다.

한편 한국어 '저'에 대응하는 *a* 계열에 속하는 *kare*가 변항 결속 해석을 못 가지는 것에 대한 Hoji의 분석은 본 논문의 입장과 유사하다. 즉 *a* 계열의 의미가 지시 대상이 화자와 청자에게 알려져 있음을 뜻하기 때문이라는 것이다. 이는 한국어 지시사와 일본어 지시사가 일대일 대응하는 것이 아님을 의미하는데 이와 관련된 비교 연구는 앞으로의 과제로 돌린다.

자 A와 화자 B의 담화 속에 '철수'가 등장한 일은 없으며, 화자 B는 '철수'가 누구인지 모르고 있"는 상황에서 다음과 같은 발화가 안 된다.

> (66) 화자 A: *그가/*그 사람이 이쪽으로 온다. 그/그 사람=철수

임홍빈은 이를 다음과 같은 일반화로 포착했는데, 이는 물론 3인칭 '그'와 지시사 '그'가 같은 성격을 가지고 있음을 보인다.

> (67) 인칭 대명사 '그'와 지시사 '그'를 가지는 형식은 담화의 시작에
>   쓰일 수 없다.[31]   임홍빈1988/1998:563, (16)

두 번째 동질성은 앞에서 본 어순 효과와 유사한 것으로 다음 예문을 보자.

> (68) 가. *그가 우리를 괴롭힌다.   우리 집에 한 사람ᵢ이 나타났다.
>   나. *그 사람ᵢ이 우리에게 많은 선물을 주었다. 어떤 사람ᵢ인가 돈
>   이 많다.
> (69) 가. *그 사람ᵢ이 우리를 괴롭힌다. 우리 집에 한 사람ᵢ이 나타났다.
>   나. *그 사람ᵢ이 우리에게 많은 선물을 주었다. 어떤 사람ᵢ인가 돈
>   이 많다.   임홍빈1988/1998:563, (17)

이 현상이 말하는 것은 뒤 문장에 처음으로 언급되는 개체를 앞 문장에서 3인칭 '그' 혹은 지시사 '그'로 가리킬 수 없다는 것이다.

마지막 증거로 심봉섭1993:(15c, d)에서 논의된 다음 예를 들 수 있다.

---

31) 이 일반화는 나중에 소개되는 (78나)에 의해 설명이 된다. (78나)에 의하면 지시사
   '그'는 지시 대상을 화자와 독자/청자가 알고 있다고 화자가 생각하는 경우에 쓰이는
   데 담화의 시작이란 통상 청자가 지시 대상을 모르는 상황이므로 지시사 '그'가 쓰일
   수 없다.

(70) 가. *이 학생ᵢ의 선생님께서 그를 때리셨다.
나. *그ᵢ의 선생님께서 이 학생ᵢ을 때리셨다.

심봉섭은 이 문장에서 3인칭 '그'가 결속 원리 B를 준수하는데도 비문법적이므로 문제가 된다고 하였다. 그러나 '이 학생'을 '철수'로 교체하면 수용성 판단이 다음과 같이 달라지는데, (71)의 대비는 (39)와 같은 어순 효과로 포착될 수 있다.

(71) 가. ?철수ᵢ의 선생님께서 그를 때리셨다.
나. *그ᵢ의 선생님께서 철수ᵢ를 때리셨다.

그럼 (70가)는 (71가)와 달리 왜 비문법적인가? 이는 3인칭 '그'가 지시사 '그'를 갖고 있다고 보면 자연스럽게 설명된다. 즉 (70가)는 다음 문장이 비문법적인 것과 같은 이유로 비문법적이다.

(72) *이 학생ᵢ의 선생님께서 그 학생ᵢ을 때리셨다.[32]

이상으로 우리는 3인칭 '그'가 지시사 '그'와 동일한 양상을 보이는 여러 가지 증거를 제시했는데, 이제 공범주 *pro*를 위한 근거로는 어떤 것이 있는지 보자. 첫째, 지시사 '그'에는 인칭 해석이 없지만 3인칭 '그'에는 인칭 해석이 있다는 점을 들 수 있다. 지시사 '그'도 다음 예에서도 보듯이 3인칭 '그'의 경우와 마찬가지로 명사 없이 단독으로

---

32) 익명의 심사자가 지적한 다음 대비는 이 설명에 채워져야 할 부분이 있음을 얘기한다. 이는 아마도 지시사가 쓰이는 맥락에서 *pro*와 '학생' 같은 어휘적 명사 간의 지시적 특성상의 차이에 기인하는 것으로 볼 수 있을 것이다.
   (i) 가. ?이 학생ᵢ은 철수가 그를 좋아한다고 생각한다.
       나. *이 학생ᵢ은 철수가 그 학생ᵢ을 좋아한다고 생각한다.

쓰일 수 있지만 인칭 해석이 없는데, *pro*의 유무가 이를 포착해 준다.

(73) 가. 집채같은 그 바위가 한복판이 툭 터지며 그와 동시에 새하얀
　　　　 용마를 탄 장수 하나가 나옵니다.
　　　 나. 원유의 안정적인 확보가 주요 과제로 등장했지만 그에 못지
　　　　 않게 에너지를 아껴 쓰고 효율적으로 이용하는 방안에도 관
　　　　 심이 쏠렸다.
　　　 다. 나는 진심으로 그녀가 가족한테 돌아가길 바라지만, 그로 인
　　　　 해 고통스럽지는 말았으면 좋겠다.

　둘째, 단독으로 쓰이는 지시사 '그'와 3인칭 '그' 간에 해석적 차이
만 있는 것이 아니다. 한국어에서 앞 명사가 [+유정성]을 지닐 경우는
'-에게'가 나타나고 [-유정성]인 경우는 '-에'로 나타나는데(철수에게/*철
수에, 꽃에/*꽃에게), 지시사 '그'와 3인칭 '그' 간에도 같은 대비가 나타난다.

(74) 가. 원유의 안정적인 확보가 주요 과제로 등장했지만 *그에게 못
　　　　 지 않게 에너지를 아껴 쓰고 효율적으로 이용하는 방안에도
　　　　 관심이 쏠렸다.
　　　 나. 영미가 그에게/*그에 선물을 보냈다.

　이런 대비는 3인칭 '그'가 지시사 '그'와 [+사람]의 특성을 갖는 공
범주 *pro*로 이루어져 있다고 보면 자연스럽게 설명된다.[33]
　마지막으로 지시사 '그'에는 복수 표현이 없으나, 3인칭 '그'에는 복
수 표현으로 '그들'이 있는데, 이런 대비도 3인칭 '그'에 명사 범주인
*pro*가 있어 복수 자질이 가능하기 때문으로 포착될 수 있다.

---

33) 필자는 최기용1998에서 같은 근거 하에 '아무도'를 '아무 *pro* 도'로 봐야 한다는 주장
　　을 한 바 있다.

이상 3인칭 '그'가 지시사 '그'와 공범주 *pro*로 구성되어 있음을 보이는 독립적 근거들을 제시했는데,[34] 이 제안에 의하면 그동안 미해결로 남아 있던 다음 현상은 물론이요 2절에서 언급된 특성 중 아직 설명되지 않은 현상에 대해서도 해결책이 제시될 수 있다.

> (75) 가. 3인칭 '그'가 지시사 '그'와 *pro*의 결합이라면 다른 지시사 '이', '저'에는 그에 대응하는 3인칭 '이'와 '저'가 왜 없는가? 즉 왜 '이', '저'는 3인칭 용법이 없는가?
>
> 나. 3인칭 단수형으로서의 '이', '저'가 없는데 반해, 복수형으로는 왜 '이들', '그들', '저들'이 가능한가?

한편 (75가)의 관점에서 볼 때, 3인칭 '그'가 구어에서는 안 쓰이고 문어에서 특정 텍스트에만 쓰인다는 앞 절의 관찰이 3인칭 '그'에만 국한되는 문제가 아님을 의미하는데 결국 설명되어야 할 현상은 다음과 같이 두 가지로 분리된다.

> (76) 가. 구어에서 왜 '이/그/저 *pro*'는 허용이 안 되는가?
>
> 나. 문어에서는 왜 '그 *pro*'만 허용되고 '이/저 *pro*'는 허용이 안 되는가?[35]

먼저 (76가)를 보자. (76가)는 구어에서 지시사들이 *pro*와는 결합이

---

34) 머리말에서 지적하였듯이 3인칭 '그'가 지시사 '그'와 공범주 *pro*로 구성되어 있다는 견해에서는 3인칭 '그'가 왜 3인칭 해석을 가지는지가 자연스럽게 나온다. 먼저 지시사 '이/그/저'는 화자, 청자를 배제한 나머지 개체를 가리키며, *pro*는 그 개체 중에서도 [+사람]만을 가리키기 때문이다.

35) 익명의 심사자는 '저'가 재귀사로도 쓰이고 있다는 점을 들어 이 관찰을 성급한 것으로 보았다. (76나)가 말하는 바는 지시사 '그'와 *pro*로 구성된 3인칭 '그'가 가능하다면 다른 지시사인 '이/저'와 *pro*의 결합형도 가능해야 할 것이나 실제로 그런 해석을 가지는 3인칭 '이/저'는 없음을 말하는 것이다. 즉 3인칭 '저 *pro*'는 재귀사 '저'와는 다르다.

안 되나, *pro*가 아닌 다른 어휘적 명사들과는 결합이 됨을 의미한다.[36] 이는 결국 *pro*와 다른 어휘적 명사들 간의 차이로 봐야 하는데, 필자는 (76가)가 이들 간의 의미적 차이인 지시 대상의 범위에 기인하는 것으로 본다. 지시사가 사용되는 구어 상황이란 지시사의 사용으로 인해 지시 대상의 범위가 발화 상황에서 어느 정도 파악이 되는 혹은 그만큼 좁아지는 상황이라 할 수 있다.[37] 그러므로 해당 발화 상황에 맞는 어휘적 명사구가 채택이 되는 것이 적절하다고 할 수 있으며 반대로 지시사가 쓰이는 상황에서 [+사람]이라는 가장 넓은 지시 범위를 갖는 *pro*를 쓰는 것은 발화 현장에서의 지시사 사용 의도에 안 맞는 결과를 낳으므로 3인칭 지시 표현으로서의 '이/그/저'가 잘 쓰이지 않게 된다고 본다.[38]

이어 (76나)를 보자. 먼저 (76나)의 대비가 *pro*의 경우에만 국한되므로(즉 어휘적 명사의 경우는 '이/저'도 기본적으로 허용이 된다)[39] 구어에서 허용이 안 되었던 *pro*가 문어에서 왜 지시사 '그'와 함께 할 때에만 허용이 되는가가 설명이 되어야 한다. 이는 (76나)가 구어와 문어의 차이 및 지시사 '그'와 지시사 '이/저'의 대비 간의 상호 작용으로 설명되어야 함을 말한다. 먼저 필자는 문어에서 지시사와 함께 할 때 *pro*의 사용이 허용되는 이유는 구어에서와는 달리 문어에서의 지시사의 사용이 현장 발화 상황으로만 국한되지 않기 때문으로 본다. 즉 텍스트의 종류

---

36) 지시사가 없는 *pro*는 구어, 문어를 가리지 않고 자유롭게 사용된다.

37) 각 지시사의 구체적 의미 내용은 아래 제시된다.

38) 구어에서 '그 사람', '이 사람', '저 사람'이 쓰일 수 있다는 심사자의 지적은 '사람'과 *pro*의 지시적 속성이 같지 않음을 의미한다. 구체적 차이가 무엇인가는 앞으로의 과제로 돌린다.

39) 그러나 발화상의 개체를 가리키는 용법과 "전술언급" 용법을 구분한 장경희1980에 의하면 "전술언급" 용법에서는 '저'가 쓰이지 않는다고 했다. 그 이유에 대해서는 장경희1980:182를 참고할 것.

에 따라서는 텍스트 전체를 염두에 두어야 할 경우도 있는데, 그만큼 지시사 뒤에 오는 명사가 가리켜야 할 대상의 범위가 넓어지는 특성을 갖고 있으며 이런 이유로 지시사 사용 시 *pro*가 허용되는 것으로 본다.

그리고 지시사 중에서도 '그'만이 허용되는 이유는 결국 지시사 '그'가 지시사 '이/저'와 다르기 때문인데, 지시사 '이/그/저'에 대한 기존 연구들은 대체로 '이/그/저'의 차이를 다음과 같이 보고 있다(장석진1972, 장경희1980, 임홍빈1987, 1988/1998, 박진호2007 등 참고).

> (77) 가. '이'; 지시 대상이 화자 가까이에 있는 경우
> 나. '그'; 지시 대상이 청자 가까이에 있는 경우
> 다. '저'; 지시 대상이 화자, 청자로부터 멀리 떨어져 있는 경우

그러나 장경희는 이런 차이 외에 다음과 같은 추가 차이가 있는 것으로 보고 있다.

> ... '그'로 指示되는 對象은 聽者에게 가까이 있을 뿐 아니라, 聽者의 意識 속에 存在하는 對象이어야 한다는 것을 알 수 있다. 그리고, 어떤 對象을 指示하는 話者는 그 指示物을 이미 把握하여 알고 있는 것이므로 '이, 그, 저'로 指示되는 모든 對象은 話者에게는 알려져 있는 對象이며, 話者의 意識 속에 存在하는 對象이 된다.
>
> 장경희1980:168

이 제안은 '이, 그, 저' 간에 결국 다음과 같은 차이가 추가로 있음을 의미하는데, 이 차이에 의하면 지시 대상을 청자 혹은 독자가 알고 있느냐의 여부에 따라 지시사 '그'와 지시사 '이/저'의 용법이 갈림을 의미한다.[40)]

(78) 가. 지시 대상이 화자에게만 알려져 있는 경우: '이, 저'
　　　나. 지시 대상이 화자와 청자/독자에게 알려져 있는 경우: '그'

　필자는 이런 차이가 (76나)의 차이를 유발하는 것으로 본다. 문어에서는 화자가 지시사를 통해 어떤 대상을 가리키고자 할 때, 문어의 특성상 청자보다는 독자가 고려 대상이 되는데 독자가 발화 현장에 있는 것이 아니므로 결국 지시 대상을 독자가 알 수 있는가의 여부가 주요한 고려 대상이 된다고 할 수 있다. 즉 문어의 특성상 손동작 같은 별도의 지시 수단이 쓰이지 않는 환경에서 지시 대상 범위가 넓은 *pro*를 독자에게 알려져 있지 않은 대상을 가리키는 지시사 '이/저'와 함께 쓴다는 것은 결국 독자로 하여금 누구를 가리키는지 알 수 없게 하므로 '이/저 *pro*'가 허용되지 않는다. 반면에 지시사 '그'의 경우는 화자/독자에게 이미 알려져 있다는 의미이므로 화자는 독자가 텍스트의 구조 및 내용 전개에 의거하여 3인칭 '그'가 누구를 가리키는지 알 수 있을 것으로 판단하면 지시사 '그'를 *pro*와 함께 사용하게 된다.

　마지막으로 (75나)의 가능성은 지시사 '이/그/저'가 어휘적 명사와 함께 나타날 수 있는 것과 같은 이유로 파악이 된다. 앞에서 발화 현장에서 지시사를 쓰는 경우 동반 명사가 지시사가 가리키는 개체를 좁히는 것이 바람직하다고 했는데, *pro*의 복수형도 같은 효과를 가진다고 본다. 즉 발화 현장에서 복수로 가리키게 되는 대상은 그만큼 한정

---

40) (77)와 (78)의 두 용법 중 어느 것이 옳은 것인지 혹은 기본인지에 대한 논의는 앞으로의 과제로 돌린다. 그러나 지시사 '그'가 항상 청자 근접성을 나타내는 것이 아님을 보이는 예들은 많다. 박진호2007:각주 15에도 그런 예들이 제시된 바 있는데, '저기 그 소금 좀 집어줄래?' 혹은 '너 어제 내가 만난 사람 안다며? ―아, 그 사람 말이지' 등의 예의 '그'는 청자 근접성을 의미하지는 않는다. 이 예들은 오히려 지시사 '그'가 가리키는 대상이 화자, 청자에게 알려진 경우로 포착된다.

되므로 좁히는 효과를 가지며 고로 지시사와 같이 쓰일 수 있게 된다.

이상 3인칭 '그'를 '그 *pro*'로 볼 경우 3인칭 '그'가 갖는 여러 가지 특성이 어떻게 포착이 되는가를 보았다. 요지는 결국 3인칭 '그'를 영어 식의 대명사로 보지 않고 지시사 '그'와 공범주 명사인 *pro*로 볼 때, 3인칭 '그'의 거의 모든 특성들이 잘 포착이 된다는 것이다.

4. 결론을 대신하여

지금까지의 논의가 맞다면 그동안 3인칭 대명사로 간주되어온 '그'는 3인칭이기는 하나 더 이상 대명사가 아니다. 혹은 적어도 결속 원리 B, C의 적용을 받는 대명사로 볼 수는 없다. 이런 결론은 여러 가지 새로운 많은 의문을 제기한다. 한국어에는 그럼 3인칭 대명사가 없는가? 3인칭 '그'가 대명사가 아니라면 이른바 1, 2인칭 '나'와 '너'는 어떻게 봐야 하나? 1, 2인칭 '나'와 '너'는 대명사인가 아닌가? 대명사가 아니라면 한국어에는 전혀 대명사가 없는 것인가? 한국어에 대명사가 없다면 대명사에 적용된다고 간주되는 보편 원리들을 한국어의 입장에서는 어떻게 봐야 하나?

이런 추가 질문들에 대한 본격적인 논의는 앞으로의 과제로 돌리고 여기서는 앞 질문에 대해 예상되는 방향과 그 방향이 의미하는 바가 무엇인가 그리고 3인칭 '그'가 대명사라고 아니라고 할 때 3인칭 '그'를 대명사로 보고 진행된 연구들의 결과가 재고되어야 하는데 그 한 예로 Oh&Kim2012의 연구에 대해 본 논문의 결론이 던지는 암시가 무엇인가를 지적하는 것으로 결론을 대신하고자 한다.

앞에서 3인칭 '그'가 결국 영어 식의 대명사가 아님을 봤는데, 영어의 1, 2인칭 대명사에 대응하는 것으로 알려진 '나', '너'도 영어와 같은 양상이 아님을 다음 예들이 보여준다.

(79) 가. 내가 나를 제일 심하게 비판했다.
　　　나. 내가 나를 꼬집었다.
(80) 가. 네가 너를 제일 심하게 비판하는 것 같다.
　　　나. 네가 너를 싫어하니?

　영어에서는 1, 2인칭 대명사도 3인칭 대명사와 마찬가지로 결속 원리 B의 적용을 받아 다음 문장들이 나쁘다는 점에 비추어 볼 때, (79, 80)의 수용성은 분명히 한국어 '나', '너'가 영어의 1, 2인칭 대명사와 다름을 보여준다.

(81) a. *I like me
　　　b. *Do you like you?

　한편 (79, 80)과 비슷한 양상을 우리는 (11)에서 보았는데, (11) 및 다른 근거를 토대로 3인칭 '그'가 대명사가 아니라고 봤으므로 같은 결론이 '나', '너'에 대해서도 불가능하지는 않은 것으로 보인다. 그러면 결국 한국어에는 영어 식의 1, 2, 3인칭의 구분 하에 결속 원리 B의 적용을 받는 대명사가 없다는 것을 의미하는데 이는 어떻게 받아들여야 하나? 필자는 그동안 한국어 통사론 연구에서 영어의 파이 자질에 기반한 분석이 무조건적으로 받아들여졌다고 생각한다. 그러나 '나', '너', '그'가 의미적으로 1인칭, 2인칭, 3인칭의 속성을 가짐에도 불구하고 결속 원리 B의 적용을 받지 않는다면 그런 인식에 대해 한번쯤은 반성을 해야 한다고 보는데, 그 방향은 물론 한국어에는 파이 자질이 통사적으로 운용되지 않는다고 보는 것이다. 혹은 한국어와 영어의 매개변인적 차이로 파이 자질의 운용 여부가 후보가 될 수 있을 것이다.[41] 이에 의하면 '나'나 '너'가 의미적으로 화자, 청자를 가리킴으로 해서 1인칭, 2인칭으로 간주되고 3인칭 '그'는 화자, 청자가 아닌 개체를 가리킴으로 인해 3인칭으로 간주되지만, 통사적으로는 파이 자질이 없어 결속 원리 B의 적용 대상이 안 되는 것으로 볼 수 있다.[42]

그러면 한국어에는 보편 원리인 결속 원리 B, C의 적용을 받는 표현은 없는가? 이 질문 또한 앞으로의 과제이지만, 다음의 간단한 검토에 의하면 그렇지는 않은 것으로 보인다. 즉 기존 연구들에서 공범주 *pro* 가 대명사적 용법을 가진다는 지적이 많았는데 (82, 83)은 각각 발화상 개체를 가리키는 용법과 동일 지시 용법을 보이는 예이고 (84)는 변항 결속 용법을 보이는 예이다(S.-H. Kim1994 등 참고. 몇몇 예문 및 상황은 좀 더 자연스럽게 바꾸었으며 일일이 어떤 예문이 이에 해당하는지 밝히지 않는다).

(82) (영미가 자기 애인인 철수와 함께 모임 장소에 왔고 영미 친구들
인 미애와 희애가 이를 본 상황에서 철수를 응시하면서 혹은 가리
키면서)
pro 영미 애인이래.
(83) 가. 철수$_i$가 [pro$_i$ 책을 읽고 있는 동안] 사과를 먹었다.
나. 내 동생$_i$이 [pro$_i$ 어렸을 때] 강으로 낚시를 가곤 했다.
다. 철수$_i$가 [pro$_i$ 기분이 나쁠 때] 우리에게 호령을 했다.

---

41) 즉 파이 자질이 보편 자질이기는 하나, 언어마다 통사적 운용 여부는 다르다고 보는
것이다. 즉 영어에서는 파이 자질이 형식 자질로 통사부 연산에 참여하지만 한국어에
서는 파이 자질이 통사적으로 운용되지 않는다고 보는 것이다. 실제로 필자는 한국어
의 격 중출과 관련하여 최기용2009:11장에서 유사한 주장을 개진한 적이 있다.

42) 이는 결국 파이 자질의 통사적 운용과 결속 원리의 적용 여부 간에 상관성이 있음
을 암시하기도 하지만, 이에 대한 확정적 결론은 *pro*에 대한 검토를 한 후로 미루어야
할 것이다.

　라. 철수ᵢ가 [proᵢ 할 수 있으면] 그 일을 할 것이다.
(84) 가. 누가 영미가 proᵢ 전화했다고 말했니?
　　나. 아무ᵢ도 대석이가 proᵢ 도와주리라고는 생각하지 않았다.
　　다. 누구ᵢ나 [proᵢ 제일 똑똑하다고] 생각한다.
　　라. 모두ᵢ가 [철수가 proᵢ 안 만날 것이라고] 생각했다.

　그리고 *pro*가 결속 원리 B, C를 준수하느냐의 여부는 앞으로 밝혀져야 할 과제이지만 다음 예들은 충분한 가능성을 보이는 것으로 생각된다.
　먼저 결속 원리 B 적용을 보이는 예들은 다음과 같다.

(85) 가. 누가 철수ᵢ를 꼬집었니?
　　나. *철수ᵢ가 proᵢ 꼬집었어.
　　다. 철수ᵢ 형이 proᵢ 꼬집었어.
(86) 가. 누가 철수ᵢ를 제일 심하게 비판했니?
　　나. *철수ᵢ가 proᵢ 제일 심하게 비판했어.
　　다. 철수ᵢ 형이 proᵢ 제일 심하게 비판했어.
(87) 가. 누가 철수ᵢ가 영미를 좋아한다고 말했니?
　　나. 철수ᵢ가 [proᵢ 영미를 좋아한다고] 말했어.
　　다. ?철수ᵢ 형이 [proᵢ 영미를 좋아한다고] 말했어.

　(85나, 86나)와 (85다, 86다)의 대비는 *pro*의 지배 범주 내에서 선행사에 의한 성분-통어가 역할을 함을 보이고 (87)에서는 선행사가 지배 범주 바깥에 있을 경우에는 성분-통어와는 무관하게 항상 자유로움을 보인다.
　한편 결속 원리 C에서의 핵심은 대명사의 성분-통어 여부인데, 다음 예들은 *pro*의 성분 통어 여부가 그 뒤에 오는 고유 명사의 동일 지시 해석에 영향을 줌을 보인다.

(88) 가. 철수$_i$가 대석이를 만나서 얘기를 하고 있다.

나. *그런데 pro$_i$ 대석이에게 철수$_i$의 사진을 건네 주고 있다.

다. 그런데 철수$_i$가 대석이에게 pro$_i$ 사진을 건네 주고 있다.

(89) 가. 철수$_i$의 형이 대석이를 만나서 얘기를 하고 있다.

나. 그런데 철수$_i$의 형이 대석이에게 pro$_i$ 사진을 건네 주고 있다.

나. 그런데 pro$_i$ 형이 대석이에게 철수$_i$의 사진을 건네 주고 있다.

(90) 가. 철수$_i$가 누구를 제일 심하게 비판했니?

나. *pro$_i$ 철수$_i$를 제일 심하게 비판했어.

(91) 가. 철수$_i$의 형이 누구를 제일 심하게 비판했니?

나. pro$_i$ 형이 철수$_i$를 제일 심하게 비판했어.

이어 (83)과 다음 예들 간의 비교는 3인칭 '그'와 달리 *pro*에 어순 효과가 없음을 보인다.

(92) 가. [pro$_i$ 책을 읽고 있는 동안], 철수$_i$가 사과를 먹었다.

나. [pro$_i$ 들어 오면], 철수$_i$가 영수를 때릴 것이다.

다. [pro$_i$ 어렸을 때], 내 동생$_i$이 강으로 낚시를 가곤 했다.

라. [pro$_i$ 기분이 나쁠 때], 철수$_i$가 우리에게 호령을 했다.

마. [pro$_i$ 할 수 있으면], 철수$_i$가 그 일을 할 것이다.

이상의 간단한 검토는 *pro*가 영어 대명사에 해당하는 성격을 가지고 있음을 보이지만 다음 예에서 보듯이 인칭의 구분이 없으므로 영어 대명사와 완전히 성격이 같다고 볼 수는 없을 것이며,[43] 여기서는 위

---

43) 이와 같은 예는 *pro*의 선행사에 인칭 제약이 없음을 의미하는데, 이는 물론 한국어에 파이 자질이 운용되지 않는다는 가정에 의해 설명이 된다. 즉 [인칭] 자질 없이 그냥 [+사람]의 특성만 갖기 때문이다. 그리고 흔히 공범주는 인가(licensing)와 확인(identification)의 두 기제를 별도로 적용 받아야 하는 것으로 되어 있는데(Rizzi1986, S.-H. Kim1994 등), 이 점에 있어 한국어 공범주 *pro*가 왜 가능한가에 대한 일정한 문제 제기가 항상 있었다(M.-K. Park2012 등). 즉 인가가 파이 자질과 관련이 있는 반면, 한국어에는 파이 자질이 동사에 형태적으로 실현이 안 되기 때문이다. 본고의 입장에 의하면 한국어에는 파이 자질이 운용되지 않으므로 *pro*에 대한 인가 문제가 제

자료에 근거한 방향만 제시하고 *pro*에 대한 전반적 검토는 앞으로의 과제로 돌린다.

> (93) 가. 나ᵢ는 [proᵢ 책을 읽고 있는 동안] 사과를 먹었다.
>   나. 너ᵢ는 [proᵢ 어렸을 때] 어디로 낚시를 가곤 했니?

마지막으로 3인칭 '그'를 대명사로 가정하고 한국어 습득에 있어 결속 원리 B의 습득 양상이 어떤가를 연구한 Oh&Kim2012을 본고의 입장에서 검토해 보자. Oh&Kim2012의 연구는 모국어 화자의 결속 원리 B의 습득이 A에 비해 늦다는 점이 B의 습득 지연이 아니라, 실은 B와 관련된 화용 원리의 습득 지연 때문임을 밝힌 Chien&Wexler1990의 연구를 토대로 한 것이다. Chien&Wexler1990는 영어를 모어로 하는 어린 애를 상대로 한 실험에서 피실험자들이 화용 원리가 영향을 미치는 "비양화사–대명사"의 경우에 비해 화용 원리가 영향을 안 미치는 "양화사–대명사"의 경우 B 관련 실수가 적다는 결과를 보임으로써, 결속 원리 B의 습득이 늦는 이유가 B 자체에 있는 것이 아니라 추가 화용 원리의 습득에 있음을 보인 바 있다.

Oh&Kim2012은 한국어를 모어로 하는 어린애의 경우에도 Chien& Wexler의 실험 결과가 나타나는가의 여부를 본 것인데 실험 문장에 3인칭 '그'를 사용했으며 이는 물론 3인칭 '그'를 영어 대명사에 대응하는 표현으로 가정한 것이다. 흥미롭게도 Oh&Kim2012은 실험 결과가 Chien&Wexler의 예측과는 정반대로 나타남을 보고하고 있다. 즉 실험

기될 이유가 없다. 그냥 확인의 문제가 있을 뿐이다. 그에 반해 파이 자질이 운용되는 영어나 이태리어에서는 *pro*가 인가되어야 하는데, 영어 동사형의 파이 자질은 미약하여 공범주 *pro*가 인가 안 되는데 반해, 이태리어 동사형의 파이 자질은 풍부하여 공범주 *pro*의 인가에 문제가 없기 때문으로 볼 수 있다.

문장이 "양화사-'그'"로 구성된 경우의 정답률이 평균 55.5%(나이가 5살인 G1 군은 53.85%, 나이가 6살인 G2는 55%, 나이가 7살인 G3 군은 57.7%)인데 반해, 실험 문장이 "고유 명사-'그'"로 구성된 경우의 정답률은 평균 68.8%(G1 군은 84.6%, G2 군은 70%, G3 군은 51.9%)로 비양화사의 경우가 양화사의 경우보다 더 나은 반응을 보이고 있는 것이다. 이런 결과에 대한 Oh&Kim2012의 해석은 문제의 화용 원리가 Chien& Wexler 1990의 가정과 달리 "양화사-대명사"의 경우에도 작용하는 것으로 보는 것인데, 그렇다 해도 몇 가지는 미해결로 남는 것으로 보인다. 첫째, 화용 원리가 왜 영어 습득에는 적용되지 않고 한국어에는 적용되는지에 대한 설명이 없다. 둘째, "양화사-대명사"의 경우에도 화용 원리가 적용된다면 선행사가 양화사이건 고유명사이건 반응에 있어 차이가 없어야 하나, 실제 결과는 고유 명사의 경우가 더 정답률이 높았다. 이 외에도 여러 문제가 지적될 수 있으나(실제 실험 문장에 사용된 양화 표현의 적절성 등), 여기서는 3인칭 '그'를 대명사로 보지 않을 경우 다른 해석이 가능하다는 점만을 지적하고자 한다.

　우선 3인칭 '그'를 대명사로 보지 않고 양화사의 예로 제시한 '어느 뽀로로나'는 담화-연결 표현이므로 진정한 양화사가 아니며 '어느 뽀로나-그'와 '뽀로로-그' 간에 나타나는 대비는 결속 원리 B의 효과를 보이는 것이 아님을 의미한다. 본고의 입장에서 보자면 3인칭 '그'의 선행사가 같은 문장에 나타나는 경우 아주 좋지 않고 이는 결속 원리 B에 의한다기보다는 3인칭 '그'를 관장하는 화용 원리에 의하는데[44]

---

44) 혹자는 Oh&Kim2012도 결국 선행사의 종류와 무관하게 화용 원리가 적용되는 것으로 해석했으므로 필자의 입장과 유사하다고 지적할 수 있다. 그러나 분명한 차이가 있다. 즉 Oh&Kim2012에서는 결속 원리 B 외에 문제의 화용 원리가 양화사-대명사의 영어 습득에는 작용하지 않지만, 양화사-대명사의 한국어 습득에는 작용한다고

이 화용 원리의 구체적 내용을 제시하지 않았으므로 '뽀로로'와 '어느 뽀로로나' 간에 어떤 대비를 보일지에 대한 예측은 없는 상태이다. 그러나 적어도 '어느'가 담화-연결 표현으로 화자/청자에게 알려진 개체를 대상으로 하고 3인칭 '그'도 역시 화자/개체에게 알려진 개체를 대상으로 하는 반면 '뽀로로'는 3인칭 '그'와 다른 차원의 지시 표현이므로 문제의 화용 원리에 의해 '뽀로로'와 3인칭 '그'와의 동일 지시 가능성이 더 낮아진다고 본다면 이 예측은 실험 결과에 부합된다고 볼 수 있다.[45] 그러나 중요한 점은 3인칭 '그'를 대명사가 아닌 것으로 볼 때에만 이런 해석이 가능하다는 점이다.

보았다. 그에 반해, 본고의 입장에 의하면 한국어 3인칭 '그'에는 결속 원리 B가 적용되지 않으며 또한 적용되는 화용 원리는 영어에 적용되는 화용 원리와 성격이 다르다.

45) Oh&Kim2012의 통제 문장(control questions)에는 양화사 표현으로 '어느'와 '모든'이 있으나, 실제 실험 문장(experimental questions)에는 '어느'만이 사용되었다. 본고의 입장에 의하면 '모든'이 사용되는 경우 3인칭 '그'가 변항 결속 해석을 갖지 못하므로 정답률이 '뽀로로'의 경우보다 높을 것으로 예측한다. 그러나 이를 통해 한국어에서도 결속 원리 B의 습득이 늦지 않다고 결론내릴 수는 없다. 왜냐면 '모든 뽀로로-그'의 변항 결속 부재가 B가 아닌 다른 이유 때문일 수 있기 때문이다.

참고문헌

김경석, 2010, 국어 3인칭 대명사 '그': 프랑스어 · 영어와 비교 연구, 프랑스어문교육 34:101-121.

박진호, 2007, 유형론적 관점에서 본 한국어 대명사 체계의 특징, 국어학 50:115-147.

심봉섭, 1993, '그', celui-ci, il의 비교 연구, 생성 문법 연구 3:221-243.

안소진, 2008, 소위 3인칭 대명사 '그, 그녀'의 기능에 대하여, 한국어학 38:145-164.

양동휘, 1985, 확대 결속 이론, 한글 188:147-195.

양동휘, 1988, 한국어의 대용화. 한국 연구 총서 58집, 서울: 한국연구원.

양명희, 1994, 국어 대용어의 특성과 기능, 국어학 24:259-289.

이익섭, 채완, 1999, 국어문법론강의, 서울:학연사.

임홍빈, 1987, 국어의 재귀사 연구, 서울:신구 문화사.

임홍빈, 1988, 구조적 평행성과 국어의 대명사. 제 5 회 국제학술회의 세계한국학대회 논문집:한국학의 과제와 전망 I (기조 연설 역사 어문편), 한국정신문화연구원, 583-641. [임홍빈. 1998. 국어문법의 심층 2, 549-612에 재수록]

장경희, 1980, 지시어 '이', '그', '저'의 의미 분석, 어학연구 16.2:167-184.

장석진, 1972, Deixis의 생성적 고찰, 어학연구 8.2:26-43

최기용, 1998, 한국어의 부정극어 '아무'에 대하여 생성 문법 연구 8:313-342.

최기용, 2009, 한국어 격과 조사의 생성 통사론, 서울:한국문화사.

Borer, Hagit. 1984. *Parametric syntax: Case studies in Semitic and Romances languages*. Dordrecht:Foris.

Chien, Yu-Chin, and Kenneth Wexler. 1990. Children's knowledge of locality conditions in binding as evidence for modularity of syntax and pragmatics. *Language Acquisition* 1:225-295.

Cho, Sook Whan. 1989. *Ku, kyay*, and anti-logophoricity in Korean. *Language Research* 25:255-275.

Chomsky, Noam. 1995. *The minimalist program*. Cambridge, Mass.:MIT Press.

Elbourne, Paul. 2008. The interpretation of pronouns. *Language and Linguistics Compass* 2:119-150.

Evans, Gareth. 1980. Pronouns. *Linguistic Inquiry* 11:337-362.

Han, Chung-hye, Jeffrey Lidz, and Julien Musolino. 2007. V-raising and grammar competition in Korean: Evidence from negation and quantifier scope. *Linguistic*

Inquiry 38:1–48.

Hoji, Hajime. 1990. On the so-called overt pronouns in Japanese and Korean. In *Papers from the seventh international conference on Korean linguistics*, ed. Eungjin-Baek, 61–78. Osaka International Circle of Korean linguistics & Osaka University of Economics and Law.

Hoji, Hajime. 1991. Kare. In R. Ishihara and C. Georgopolous, eds., *Interdisciplinary approaches to language: In honor of Professor S.-Y. Kuroda*, 287–304. Dordrecht: Reidel.

Hong, Sung-Shim. 1986. Some constraints on pronominal binding. *Korean Journal of Linguistics* 11:75–98.

Kang, Beom-Mo. 1988. Unbounded reflexives. *Linguistics and Philosophy* 11:415–456.

Kang, Myung-Yoon. 1988. Topics in Korean syntax: Phrase structure, variable binding and movement. Doctoral dissertation, MIT, Cambridge, Mass.

Kim, Sun-Hee. 1994. *Division of labor between grammar and pragmatics*: The distribution and interpretation of anaphora. Seoul: Taehaksa.

Kim, Sun-Hee. 2003. A pragmatic alternative to syntactic accounts of anaphora. *Discourse and Cognition* 10.3:75–107.

Lasnik, Howard. 1976. Remarks on coreference. *Linguistic Analysis* 2:1–22.

Lasnik, Howard. 1991. On the necessity of binding conditions In *Essays on anaphora*, ed. Howard Lasnik, 149–167. Dordrecht: Kluwer.

Lasnik, Howard. 2004. Pronouns and non-coreference. In *University of Maryland working papers in linguistics*, vol. 13, 214–227.

Lee, Gunsoo. 2001. On bound pronouns and anaphors. *Studies in Generative Grammar* 11:151–166.

Lee, Hong-Bae. 1976. Notes on pronouns, reflexives, and pronominalization. *Language Research* 12:253–265.

Lee, Hong-Bae. 1983. On binding condition of pronominals. *Linguistic Journal of Korea* 8:33–48.

Lee, Ik-Hwan. 1978. Pronominal anaphora in Korean. *Language Research* 14:63–99.

Oh, Eunjeong and Saeromi Kim. 2012. On Korean children's knowledge of Principle B. *Korean Journal of Linguistics* 37:907–928.

Park, Myung-Kwan. 2012. Structurally ambiguous empty nominal Pro-forms in Korean. *Korean Journal of Linguistics* 37:825–824.

Pesetsky, David. 1987. Wh-in-situ: Movement and unselective binding. In Eric J Reuland and Alice G. B ter Meulen eds., *The representation of (in)definiteness*,

98-129. Cambridge, Mass.: MIT Press

Reinhart, Tanya. 1983. Coreference and bound anaphora: A restatement of the anaphora question. *Linguistics and Philosophy* 6:47-88.

Rizzi, Luigi. 1986. Null objects in Italian and the theory of *pro*. *Linguistic Inquiry* 17: 501-558.

Saito, Mamoru. 1985. Some asymmetries in Japanese and their theoretical implications. Doctoral dissertation, Cambridge, Mass.: MIT.

Sportiche, Dominique. 2013. Binding theory-Structure sensitivity of referential dependencies. *Lingua* 130:187-208.

Suh, Jinhee. 1990. Scope phenomena and aspects of Korean syntax. Doctoral dissertation, University of Southern California, Los Angeles.

제 11 장

한국어 '그'의 재고찰:
극성, 최대성 그리고 영역 제한

1. 서론

본고는 전통적으로 지시사(demonstrative)나 한정사(definite demonstrative)의 역할을 하는 '그'가 '언제/어떤/어디/어느/무엇/누구'와 같은 의문부정사(wh-indeterminate)와 공기할 때 발생하는 의미-화용적 현상을 연구한다. 범언어적으로 의문부정사는 의문사(wh-words)와 비한정 명사구(indefinite NP) 역할을 동시에 수행하는 것으로 알려져 있다(Haspelmath 1997). 이는 특히 한국어, 중국어, 일본어와 같은 동아시아 언어에서 두드러지는 현상이다(Kuroda 1965; Huang 1982; Shimoyama 2001, 2006, a.o.). 예를 들어, 한국어에서 (1a)의 '누구'는 영어의 의문사 'who'로, (1b)의 '누구'는 비한정 명사 'someone'으로 해석된다.

(1) a. 철수는 어제 학교에서 누구를 만났니?
    b. 철수가 어제 학교에서 누구를 만나더라.

비한정명사구를 형성하는 의문부정사는 무표적(unmarked/bare) 의문부정사와 유표적(marked) 의문부정사로 하위범주화 될 수 있다. 유표적 의문부정사는 '-나', '-도', '-인가', '-든'처럼 특정한 의미를 발생시키는 보조사와 결합하여 양화(quantificational) 명사구를 형성하는 구문이다. 대표적인 예로 (2a)처럼 의문부정사는 '-나'와 결합하여 '누구나'와 같은 자유선택어(free choice item: FCI)를 형성하고 (2b)에서 의문부정사는 '-도'와 결합하여 부정극어(negative polarity item: NPI)를 형성한다.

(2) a. 우리 반 학생들은 누구나 키가 크다.   FCI
    b. 우리 반 학생들은 누구도 키가 크지 않다.   NPI

이에 반해 '그'의 일반적인 역할은 보통명사와 공기하여 문맥 내에서 화시적(deictic)이거나 조응적(anaphoric)인 개체를 지시(refer)하는 (3a)의 지시사나 (3b)의 한정사와 관련된 것으로 알려져 왔다.

(3) a. (점원 가까이에 있는 치즈를 가리키며) 그 치즈를 주세요.
    b. 어제 예쁜 목걸이를 봤어. 오늘 그 목걸이를 살거야.

따라서 한정성과 관련있는 '그'가 비한정 명사구를 형성하는 부정의문사와 결합하는 것은 논리적으로 매우 모순적일 것이다. 하지만 놀랍게도 한국어의 '그'는 아래처럼 (4)의 무표적 부정의문사 혹은 (5)의 유표적 부정의문사와 결합할 수 있다.

(4) 문학이라고 해서 특별한 그 무엇이 있는 것은 아니다.
(5) a. 옆 반 학생들은 그 누구나 키가 크다.
    b. 옆 반 학생들은 그 누구도 키가 크지 않다.

이때 '그'의 해석은 지시적이나 대용적인 의미적 지시(semantic referring)와는 관련이 없고, 대신 화용적인 것으로 주어진 영역의 대체항들(alternatives)로 구성된 척도를 발생시켜 전체 명제를 강화(strengthening effect)하는 강화사(intensifier)의 역할과 관련된 것으로 논의되어 왔다(C. Lee 1995, Suh 2002).

즉, (4)에서 '그'를 사용함으로써 명제는 '문학이라고해서 특별한 무엇이 하나도 없다'는 사실이 강조되고 (5a)에서는 '옆 반 학생들은 한 사람도 빠짐없이 모두 키가 크다'는 명제의 사실이, (5b)에서는 '옆 반 학생들은 한 사람도 빠짐없이 모두 키가 크지 않다'는 사실이 강조된다. 이처럼 지시적/조응적 속성을 지닌 것으로 알려진 '그'가 의문부정사와 결합할 수 있는 것은 몬테규 문법의 관점에서 매우 예외적인 현상이며 그 역할에 대해서는 자세히 연구되지 않았다.

본고에서는 의문부정사와 결합하는 '그'는 극어(polarity item: PI)로서 다음과 같이 의미적으로 지시나 조응과 관련된 역할과는 구분된 의미/화용적 위치를 가짐을 보인다.

(6) '그'의 세 가지 용법
    a. 지시사: (3a)
    b. 한정사: (3b)
    c. 극어(PI): (4), (5)

PI '그'는 FCI '누구나'와 NPI '누구도'와 같은 유표적 의문부정사와 결합을 하며, 이 때 발생시키는 의미/화용적 효과는 다음 두 가지 측면에서 발생한다. 첫째, PI '그'는 공기하는 의문부정사들의 인식적 대체항들의 화용적 척도 함축을 발생시킨다. 이때의 척도는 가능성(likelihood)의 차원에서 가장 높은 가능성부터 가장 낮은 가능성까지를 아우르는 대체항들의 집합이다. 아래 (7)에서 보이듯, FCI '누구나'의 결합하는 '그'는 대체항들에 랭킹을 부여하여 그 중 가장 낮은(lowest) 끝점을 지시하여 가능성이 가장 낮은 개체까지도 포함시킨다.

(7) A: 이번 맥주 축제에는 누가 갈 수 있나요?
    B: 그 누구나 오실 수 있어요!
    함축: 문맥 내에서 맥주 축제에 올 가능성이 가장 낮은 사람조차 올 수 있다.

반면 부정문에서는 척도가 뒤집혀져서(reversed) 단언된 명제는 가능성이 가장 높은 끝점과 관련이 있다:

(8) A: 저 상자 안에는 뭐가 들어있을까? 한번 볼까?
    B: 안돼! 그 누구도 상자를 열어서는 절대 안된다고 했어.
    함축: 문맥 내에서 상자를 열 가능성이 가장 높은 사람조차 열 수 없다.

둘째, PI '그'는 최대성(maximality) 해석을 발생시킨다. PI '그'는 아래처럼 삽입절 '그 학생이 누구든(누구도 빠짐없이/예외없이)'으로 재해석(paraphrase)될 수 있다.

(9) a. 우리 반 학생들은 그 누구나 키가 크다.
    ≈ 우리 반 학생들은, 그 학생이 누구든 (누구도 빠짐없이/예외

없이), 키가 크다.

b. 우리 반 학생들은 그 누구도 키가 크지 않다.

≈ 우리 반 학생들은, 그 학생이 누구든 (누구도 빠짐없이/예외

없이), 키가 크지 않다.

보조사 '든'은 결합하는 명사(여기서는 '학생')에 대한 의문부정사의 대체항들(alternatives) 중 어느 것이 선택되어도 차이가 없다는 화자의 무관심(indifference)의 태도를 강조한다.

극어가 의미화용적으로 명제 강화효과(strengthening effect)를 발생시키는 경우는 범언어적으로 매우 빈번한 현상이다. 특히 영어의 *any*가 대표적인 예인데, 부정관사 부정극어(indefinite NPI)로 알려져 있는 *any*는 아래 (10)의 예에서 나타나듯 보통명사와 결합하여 대체항들의 척도(scalarity)를 유발시켜 척도상의 극점을 지시하는 최상급의 해석을 발생시킨다. 이 때 수반되는 화용적인 효과는 "명제의 강화"이다(Kadmon and Landman 1993; Krifka 1995; Chierchia 2006, a.o.):

(10) a. Any noise bothers my uncle.

b. Any faintest noise bothers my uncle.

이처럼 *any*가 극어로서 문맥 강화를 유발시키는 점에서 '그'와 본질적인 속성을 공유하는 듯 보일 수 있다. 이와 관련한 본고의 질문은 크게 다음 세 가지이다. 첫째, 한국어 극어 '그'는 영어의 *any*에 상응하는 것으로 보아야 하는가? 둘째, 기존에 척도적 강화 효과를 발생시키는 보조사로 알려져 있는 '도'와 '그'는 어떤 차이가 있으며 어떻게 서로 공기할 수 있는가? 셋째, PI '그'는 지시/대용적인 본래의 의미적 역

할과 어떻게 연결지을 수 있는가?

위 질문에 대한 본고의 주장은 다음과 같다. 첫째, FCI '누구나'와 NPI '누구도'와 결합하는 PI '그'는 영어의 *any*에 대응하지 않으며 *wh-ever*와 *so*의 결합인 *wh-so-ever*에 상응함을 주장한다.

(11) PI 그 = whosoever (it/he is)

따라서 PI '그'를 포함한 문장에 대응하는 영어 문장은 다음과 같다:

(12) a. 우리반 학생은 그 누구나 기타를 칠 수 있다.
    b. Every student in our class, **whosoever he is**, can play the guitar.
(13) a. 우리반 학생은 그 누구도 기타를 칠 수 없다.
    b. No student in our class, **whosoever he is**, can play the guitar.

(12)과 (13)에서 나타나는 PI '그'의 특성은 *wh-ever*가 발생하는 환경, 즉 반사실적 함의(counterfactual entailment) 문맥(von Fintel 2000; Choi 2007)에서 발생하며 무관심(indifference) 해석을 강조한다.

둘째, FCI '누구나'와 결합할 때 PI '그'를 통한 명제 강화는 그것이 결합하는 명사구의 주어진 양화 영역(quantificational domain)을 구성하는 원소들(elements)에 대한 최대성(maximality)과 완전성(exhaustivity)을 표현한다(예: 누구도 빠짐없이/예외없이). 이를 통해 FCI '누구나'와 NPI '누구도'의 영역을 구성하는 대체항들의 명제 강화 효과를 가지게 된다. 최대성과 완전성은 한정사인 '그'가 지니는 의미 역할이기도 하다.

셋째, NPI '누구도'와 결합할 때 명제 강화는 PI '그'는 주관적 척도 강화(subjective scalar intensification)를 통해 나타난다. 즉, 유표적 의문부정사는 공기하는 보조사들로 인해 의문부정사의 인식론적 대체항(epistemic alternative)들로 이루어진 양화 영역(quantificational domain)을 재구성한다. 이때 이 척도의 대체항들은 그것을 구별하는 주관적인 속성으로 나열된 주관적 척도(subjectively construed scale)로서 작용된다. 그 이유를 '그'가 이루는 척도는 화자의 믿음 모델(speaker's belief model)(i.e. evaluative worlds)에서 발생한 인식 대체항으로 구성된 것이기 때문으로 보일 것이다. 이것은 문맥(context)에 기반한 객관적 대체항으로 객관적 척도를 유발하는 '도'와 대조를 이룬다.

이후 2장에서는 영어의 대표적인 극어인 *any*와 *wh-ever*의 특징을 살핀 후 한국어의 '누구나'와 '누구도'의 선행연구를 소개한다. 3장에서는 PI '그'의 코퍼스 분석을 통해 2장에서 소개한 영어의 극어(*any, wh-ever*)와 한국어 PI '그'간의 분포적 제약을 비교 및 대조한다. 4장에서는 한정성에 대한 범언어적인 현상과 그 분석을 살핀 후 PI '그'의 화용의미적 분석에 대해 제안한다. 5장의 결론에서 마무리한다.

2. 선행연구

2.1 any의 특성

그간 *any*에 대한 연구의 중심은 *any*의 영역 확장(domain widening), 척도성(scalarity)과 극성(polarity)을 기반으로 논의되어 왔다. 첫째, *any*는 결합하는 명사의 개체를 지시하는데 있어서 문맥상 관련이 없는(irrelevant) 개체까지 그 영역을 확장시킬 수 있는데, 이 역할은 영역 확장자(domain widener)로 논의되었다(Kadmon and Landman 1993). 예를 들어 (14a)의 감자는 문맥상 프렌치 프라이를 하는데 적절한 일반적인 감자를 지칭하지만 (14b)의 감자는 대체항의 집합을 확장시켜 일반적으로 요리를 하는데 적절하지 않은 감자-예를 들어, 싹이 난 감자-까지 포함시킨다.

(14) a. You can cook french fries with potato.
　　 b. You can cook french fries with any potato.

둘째, 척도성과 관련한 *any*의 속성은 최상급과 같은 효과를 지닌 해석을 발생시킬 수 있다는 데 있다.

(15) a. Any noise bothers my uncle.
　　 b. The faintest noise bothers my uncle.
　　 c. A noise bothers my uncle.

최상급과 *any*의 의미적 등가성(semantic equivalence)에 대한 논의는 Fauconnier(1975)에서부터 시작되었다. 위 (15a)에서 *any*를 포함한 문장과 (15b)의 최상급을 포함한 문장은 양화(quantification)의 측면에서 의미적으로 동일하다는 것이다. (15c)와 같은 a noise를 포함한 문장은 이런 효과를 얻을 수 없다. Fauconnier에 따르면 NPI처럼 *any*가 주어진 문맥에서 대체항들의 강도의 관계에 따라 나열된 화용적 척도를 도입시킨다고 주장하였다. 예를 들어, 어떤 소음이 누군가를 귀찮게 한다면 더 큰 소음은 당연히 그를 귀찮게 할 것이다. 즉, *any noise*는 대체항들의 화용적 척도와 관련이 있고, 이런 소음들의 경우, 소리의 크기(loudness)의 차원에서 가장 작은 소리부터 가장 큰 소리까지를 아우르는 대체항들이 된다. 이런 속성이 *any*가 양화사의 역할을 하게끔 하는 것이다.

나아가 Fauconnier는 영어의 초점 보조사(focus particle)인 *even* 역시 화용적 척도 함축을 유발시킨다는 사실에 주목하였다.

(16) Even John came to the party.

Horn(1969)에 기반하여 Fauconnier는 *even*이 발생시키는 가능성(likelihood)의 화용적 척도에 기인하여, 예문 (16)은 존이 파티에 올 가능성이 가장 낮은 사람임을 함축한다고 하였다.[1] 이후 *any*는 *even*과 비한정사의 결합이라는 주장이 Lee and Horn(1994)에 의해서 대두되었다. 즉, 일반적인 비한정사와는 다르게, *any*는 대체항들의 화용적 척도(a pragmatic scale of alternative)를 발생시키고 이 척도 내에서 아래와 같은 최상급 해석을 유발한다는 것이다.

(17) a. I like any apple.
    b. I like even the least delicious apple.
(18) a. Any puppy is cute.
    b. Even the ugliest puppy is cute.

하지만 위와 같은 방식은 *any*가 긍정문 문맥(affirmative context)에서 자유롭게 발생하지 못하는 분포적 제약을 설명하지 못한다.

(19) a. *Anyone came to the party.
    b. Even the most unsocial student came to the party.

---

1) 부정극어가 *even*의 척도 함축과 관련된다는 논의는 부정극어의 사용에 있어서 *even*이 화용적 비명시적 운용소(covert operator)로 작용된다는 점인데, 이후 여러 학자들(Rooth 1985, Hoeksema and Rullmann 2000, Krifka 1995, Lahiri 1998 등)에 의해 발전되었다.

따라서 척도성만을 가지고는 *any*의 모든 의미화용적 속성을 설명할 수 없음을 나타낸다.

이에 기반하여 대두된 *any*의 극성과 관련된 주요한 세 번째 특징은 부정극어 발생의 대표적인 환경인 비진언적 문맥(nonveridical context)에서 허가된다는 사실이다. Ladsaw(1979) 이래, 문장에서 부정극어의 허용 여부는 함수적(functional) 의미를 가진 표현들의 속성에 의해 제약을 받는다고 간주되었다. 이때 부정극어의 허가 환경(license environment)은 아래와 같이 반형태(anti-morphic), 반부가(anti-additive), 하향함의(downward entailing), 비진언적(nonveridical) 문맥으로 부정성의 위계(hierarchy)가 정해지고, 부정 맥락에 따라 허가되는 부정극어가 달라지게 된다(Zwarts 1993; Giannakidou 2001, 2011).

(20) a. A function f is anti-additive if and only if for all x, y in its domain: $f(x \lor y) \Leftrightarrow f(x) \land f(y)$. (반형태 문맥)

    b. A function f is anti-morph if and only if for all x, y in its domain: $f(x \lor y) \Leftrightarrow f(x) \land f(y)$ and $f(x \land y) \Leftrightarrow f(x) \lor f(y)$. (반부가 문맥)

(21) A function f of type is downward entailing if and only if for all x, y of type σ such that $x \Rightarrow y$: $f(y) \Rightarrow f(x)$. (하향함의 문맥)

(22) a. O is veridical just in case $O(p) \Rightarrow p$ is logically valid. Otherwise, O is nonveridical. (진언적 문맥)

    b. A nonveridical operator O is antiveridical just in case $O(p) \Rightarrow \neg p$ is logically valid. (비진언적 문맥)

위 맥락 중, 비진언성이 가장 넓은, 최소 수준의 부정성을 허가하는 맥락이다. 비진언성 맥락은 진리치가 거짓인 부정문과 진리치가 참이나 거짓으로 정해지지 않은 자질로 이루어지며, 양태적, 총칭적, 하향

함의, 이접적 맥락 및 비단언적 맥락(의문문, 명령문, 조건문의 조건절)으로 구성된다. Giannakidou(2001, 2011)는 비진언적 맥락이 *any*가 허가될 수 있는 환경이라 제안하였다. 극어로서 *any*가 비진언적 환경에서 사용되는 구체적인 예는 3장에서 자세히 보인다.

2.2 *wh-ever*

*any*와 더불어 *ever* 역시 영어의 대표적인 극어로 알려져 있다. 이후 3장에서 보이겠지만 극어로서 *any*와 *ever*는 허가 환경에 있어서 깊은 유사성을 보이는 반면 둘 간의 차이는 다음과 같다. 첫째, *ever*가 자유 관계절과 결합하여 *wh-ever*가 될 때 나타나는 특징은 앞서 *any*가 가진 척도성을 유발하지 않는다는데 있다. 둘째, *ever*를 동반한 자유 관계절과 관련된 기존의 주요 논의는 그 해석에 있어서 서법 조동사가 일반적으로 지니는 무관심의 양태적 특징(modal flavor)을 발생시킨다.[2] 예를 들어 아래 (23)의 문장에서 *whatever*은 "빌은 그가 무엇을 잡든 상관이 없다"는 무관심 해석을 발생시킨다.

(23) Bill needed a paperweight, so he grabbed whatever was on the desk.

아래 *ever*가 없는 관계절은 이러한 무관심의 해석을 발생시키지 않는다.

(24) Bill grabbed what was on the desk.

---

2) 영어의 *wh-ever*은 무관심뿐만 아니라 무지(ignorance)의 해석도 유발시킨다. 하지만 이 해석은 본고의 관심사가 아니므로 다루지 않도록 한다.

*wh-ever*가 발생시키는 무관심 해석을 포착하기 위해 von Fintel(2000)은 다음과 같이 두 가지를 주장하였다. 첫째, 아래 (25)의 아이오타(ι) 운용소 의미 표상에서 드러나듯, *wh-ever*는 한정성을 지닌 한정사(definite determiner)이다. 둘째, 무관심의 해석은 가능 세계에 걸친 자유 관계사의 지시에 대한 변형(variation)의 전제를 통해 유발된다. 이 변형은 반사실적(counterfactual) 모달베이스에서 무관심을 전제하는 것으로 산출된다. 그 핵심 현상은 다음과 같다:

> (25) *whatever* (w)(F)(P)(Q)
>   a. Presupposes: $\forall$ w' $\in$ minw [F $\cap$ (λw'.ιx.P(w')(x) $\neq$ ι
>   x.P(w)(x))Q(w')(ιx.P(w')(x)) = Q(w)(ιx.P(w')(x))
>   b. Asserts: Q(w)(ιx.P(w)(x))

위 (25)에서 *whatever*의 의미 해석을 위한 논항은 다음의 주요 요소들에 의해 정해진다:[3]

> (26) a. 평가 세계 (the world of evaluation) w
>   b. 모달베이스 (a modal base) F
>   c. 자유 관계절에서 whatever에 대한 추출에 의해 형성된 표현 P
>   d. 모절(matrix)의 자유 관계절에 대한 추출에 의해 형성된 표현 Q

위 논항으로 채워진 *whatever*의 주요 역할에 대한 (25a)의 전제는 다

---

[3] 여기서 연산자 min은 조건부 연산자(conditional operator)인데, 이것은 도메인이 비어있지 않고(non-empty), 양화된 세계가 서로 최소한으로(minimally) 다르다는 것을 보장한다. 즉, *whatever*가 전제하는 것은 다음과 같다: ιx.P(x)의 지시자(referent)에 대하여, 모달 베이스 F에 변형이 있다. F는 세계에서 명제의 집합으로 가는 모달 베이스 집합(a modal base function from worlds to sets of propositions)에 의해 주어진 세계의 집합이다. 이 집합은 세계에서 명제의 집합으로 가는 모달 베이스 함수에 의해 주어진다.

음과 같다: 모든 w $'$에서, x의 정체(identity)는 w의 정체와 다르고, Q(P(x))의 전제는 w와 w $'$에서 같은 진리치를 지닌다. 즉, x의 정체가 무엇이냐에 상관없이 문장의 진리치는 동일하게 유지된다는 것이다.

(25)의 분석을 적용하여 von Fintel은 (23)의 *whatever*에 대한 분석 방식을 다음과 같이 제시하였다.

> (27) a. Bill needed a paperweight, so he grabbed whatever was on the desk.
>
> b. 단언(assertion): λs_0 grab(b, ιy.on-the-desk(y,s_0),s_0)
>
> 무관심의 전제(Indifference presupposition):
>
> $\forall s' \in$ minso[F $\cap$ ($\lambda s''.\iota y$.on-the-desk(y,s") $\neq$
>
> ιy.on-the-desk(y,s_0))]: grab(b,ιy.on-the-desk(y,s'),s') $=$
>
> grab(b, ιy.on-the-desk(y,s_0),s_0)

(27a)의 단언은 다음과 같다: "빌은 s0에서 잡았고, 책상 위의 물건은 s0에 있다". (27b)의 전제는 다음과 같다: "모든 s $'$에 대해, 반사실적 상황을 s0라 하자. 만약 책상에 무엇인가 있는 상황을 s $'$라 할 때, s $''$라는 상황에서 빌은 그것을 잡았다". 혹은 "모든 최소한으로(minimally) 다른 반사실적 세계에서, 각기 다른 것들이 책상 위에 있고 빌은 책상 위에 있는 것을 잡았다". 즉, 서로 다른 물건이 책상 위에 있고 각각의 다른 물건이 놓여 있는 경우를 서로 다른 상황이라고 할 때, 어떤 상황이냐에 상관없이 빌은 그 물건을 잡았다는 것이다.

2.3 Choi (2007): '누구나', '누구도'

앞서 제시한 극어 *any, even* 그리고 *wh-ever*의 특성을 기반으로 Choi

(2007)는 한국어의 FCI '누구나'와 NPI '누구도'에 적용하여 통합적인 분석을 시도하였다. Choi는 보조사 '나'를 or로, '도'를 *also/even*으로 해석하며 자유선택어와 부정극어의 극성이 이 보조사들로부터 기인한다고 주장하였다. 아래는 FCI '누구나'와 NPI '누구도'가 발생하는 구체적인 환경이다(Choi 2007).

표 1. '누구나', '누구도'의 허가 환경

Wh-PSIs Contexts	Wh-(N)-to	Wh-(N)-na
Negative episodic	√	*/√4)
DE contexts other than negation	*	√
FC contexts	√	√
Affirmative episodic	*	*/√

Choi는 FCI '누구나'와 NPI '누구도'는 둘 다 극어라는 점에서 공통적이지만, '누구나'는 반사실적 모달 베이스에 기반한 무관심의 전제를 유발하고 '누구도'는 초점에 기반을 둔 화용적 척도 함축을 유발시킨다고 주장하였다.

(28) a. LF: wh-(N)-na(w0)(F)(P)(Q)

    b. Assertion: $\exists[P_{w0}(x) \wedge C_{w\phi0}(x) \wedge Q_{w\phi0}(x)]$

    c. Presupposition:

        $\forall w' \in \min_{w0}[F \cap \lambda w''.P_w''(x) \wedge C_w''(x) \neq P_{w0}(x) \wedge C_{w0}(x)])]$:

        $\exists[P_{w'}(x) \wedge C_{w'}(x) \wedge Q_{w'}(x)] = \exists[P_{w0}(x) \wedge C_{w0}(x) \wedge Q_{w0}(x)]$

---

4) 위 표에서 '*/√'로 표지되는 부분은 '누구나'가 극어로서 하향함이나 자유선택 문맥에서 주로 자연스럽게 사용되지만 긍정문이나 부정문의 맥락에서도 구제 전략(rescuing strategies)에 의해 구제될 수 있는 예외성을 나타낸다.

(29) 존은 어떤 고기나 먹을 수 있다.

    a. Assertion: $\lambda w_0. \exists w \in Deo_{wo}.[\exists x.meat(x,w) \wedge C(x.w) \wedge eat(j, x, w)]$

    b. Presupposition:

      $\forall_{w0}. \forall w' \in min_{wo}[F \cap \lambda w''.\{x:meat(x, w'') \wedge C(x, w'') \neq$
      $\{x:meat(x, w_0) \wedge C(x, w_0)\}] = w \in Deo_{wo}.[\exists x.meat(x,w) \wedge$
      $C(x.w) \wedge eat(j, x, w)]$

(30) NPI–*even*

    $[[even_{NPI}]]^w(C)(p)$ is defined iff $\exists q \in C [q \neq p \wedge q(w)=1] \wedge \forall q$
    $\in C [q \neq p \rightarrow p <_{likelyinw} q]$. if defined, $[[even_{NPI}]]^w(p) = 1$ iff $p(w)=1$

(31) 누구도 안 왔다

    a. LF: [–to C[Neg [wh–(person) came]]]

    b. C = $\{$¬[wh–person(x) came], ¬[a few people came], ¬[may people came],… ¬[all people came]$\}$

    c. Assertion: ¬$\exists$x[come(x)]

    d. ScalarP: "That ¬[wh–person(x) came]" is the least–likely in C.

    e. ExistP: There is some (number of) y other than x that didn't come.

이후 4장에서 보이겠지만, '그 누구나'와 '그 누구도'는 둘 다 척도성 유발과 관계있다.

3. 분포적 제한(distributional restriction): 코퍼스 분석

본장에서는 *any*와 무관심의 해석을 발생시키는 *wh–ever*의 허가 환경이 어떻게 되는지 실제 문맥에서의 분포를 통해 비교한다. 우선 *any*와 *wh–ever*가 발생하는 주요 허가 환경은 Vlachou(2007)에 기반한 표 2와 같다.

표 2. any, wh-ever의 허가 환경

Context		any	wh-ever (indifference)
Downward entailing	antimorphic	√	√
	context with negative word	√	√
	without	√	√
	before	√	√
	comparative	√	√
	conditional	√	√
Veridical	factive	√	√
	affirmative episodic	*	√
	context with copula sentence	*	*
	existential	*	*
Nonveridical	epistemic possibility modal	√	√
	deontic possibility modal	√	√
	ability modal	√	√
	epistemic necessity modal	*/√	√
	deontic necessity modal	*/√	√
	volitional modal	*/√	√
	generic	√	√

아래는 위 표에서 상보적 분포를 보이는 *any*와 *wh-*ever의 예들이다.

(32) **affirmative episodic context**

    a. *I ate anything.

    b. He ate whatever John prepared.

(33) **Epistemic necessity modal context**

    a. *John must have eaten anything.

    b. John must have eaten anything Sue prepared. (rescued)

(34) **Deontic necessity modal context**

    a. *You must solve any problem.

b. You must solve any problem the teacher gave you. (rescued)

c. You must solve whatever problem the teacher gave you.

(35) **Volitional modal context**

a. *I want to eat any vegetables.

b. I want to eat any vegetables Sue prepared. (rescued)

c. I want to eat whatever John is cooking.

다음은 PI '그'의 분포를 코퍼스를 사용하여 분석해보았다. 분석 대상 코퍼스는 '21세기 세종계획'을 통해 구축된 문어형태의미분석 말뭉치(약 900만 어절)이다. PI '그'의 용례를 추출은 다음과 같은 과정으로 진행되었다. 우선 세종형태의미분석말뭉치에서 분석 대상 표현 '그'의 용례를 추출한다(총 394개). 용례의 범위는 앞 뒤 각 10어절까지로 하며, 문장의 길이가 해당 범위에 미치지 않는 경우는 해당 문장 전체를 범위로 삼는다. '그'와 어떤 보조사가 공기하는지 구분하였으며 무관심의 해석이 유발되는 경우로 한정되었다. PI '그'가 발생하는 환경과 보조사의 종류, 그리고 그 빈도와 비율은 아래 표 3과 같다.

표 3. '그 누구나', '그 누구도'의 발생 환경

문맥	의문사	보조사	빈도	비율
진언적 문맥	어느	나, 도	2	
	어떤	도(PPI)	2	
	어디	나, 든지	2	
			6	1.522%
비진언 문맥	어떤	보다(도), 못지않고 라도, 든, 도(PPI)	16	
	어디	든, 도(PPI), 나	3	
	어느	나, 보다(도), 못지않게	133	

		막론하고, 든지, 든 도(PPI), 나, 건(든), 한		
	무엇	보다(도), 든, 도(PPI)	23	
	누구	보다(도), 막론하고 라도, 든, 도(PPI), 나	33	
			208	52.791%
반진언 문맥	언제	도	1	
	어떤	도	59	
	어디	도	14	
	어느	도	68	
	무엇	도	19	
	누구	도	19	
			180	45.685%
	total		394	100%

말뭉치 분석에서 확인할 수 있었던 PI '그'의 특징은 크게 다음 두 가지이다. 첫 번째 특징은 '그'의 발생 환경에 있어서 진언적, 비진언적 환경, 반진언적 환경에서 고루 발생한다. 진언적 문맥의 경우는 매우 적은 분포이지만 발생이 불가능 한 것은 아니었다. 이것은 PI '그'가 *any*에 상응하지 않는다는 결정적인 증거이다.

(36) 그는 권상무가 아니라 그 어떤 사람이라도 죽일 작정이 되어 있는 얼굴이었다.

하지만 대부분의 경우 극어로서 '그'는 진언적 문맥보다는 의문, 조건, 명령, 양태 등의 비진언적인 문맥에서 매우 자연스럽게 발생한다. 아래는 그 예들이다.

(37) a. #철수는 파티에서 그 누구라도 만났다.

　　 b. 철수는 파티에서 그 누구라도 만났니?　　　　(의문)

(38) a. #철수를 그 어디에서 봐서 그에게 얘기했다.

　　 b. 철수를 그 어디에서라도 보면, 그에게 얘기해라. (조건)

(39) a. #그 어떤 사과라도 집었다.

　　 b. 그 어떤 사과라도 집어라.　　　　　　　(명령)

(40) a. #그 누구라도 왔다.

　　 b. 그 누구라도 왔을 수 있다.　　　　　　(양태)

　나아가 아래와 같이 *wh-ever*가 발생하는 양태의 세부 범주에 있어서도 자연스럽게 발생한다.

(41) Epistemic necessity modal context

　　 철수는 분명히 미나가 추천한 사람 그 누구에게라도 투표했을 것이다.

(42) Deontic necessity modal context

　　 우리는 인생에서 그 어떤 고난과 역경도 묵묵히 헤쳐 나가야 한다.

(43) Volitional modal context

　　 민수는 훌륭한 요리사이다. 나는 민수가 요리한 그 어떤 요리라도 마음껏 먹어보고 싶다.

　둘째, *any*와는 다르게 PI '그'는 영역 제한성을 지닌다. 아래 예들은 말뭉치에서 추출한 영역 제한성을 지닌 '그'의 용례들이다.

(44) 단골손님들 중에 그 누가 잘못되었다는 소식을 들으면 눈물을 감추지 못했다.

(45) 아침은 못 먹더라도 점심이나 저녁이나 그 어느 한 끼는 먹어야지.

(46) 예수나 석가모니, 모하메트 그 어떤 성자도 이렇게 많은 신도를 매혹시키지는 못했다.

위에서 설명한 각 극어의 발생 문맥과 척도성, 영역 제한을 비교하면 아래 표 4와 같다. 아래에서 나타나듯, PI '그 누구나/그 누구도'는 '누구나/누구도'와 비교했을 때, 척도성과 영역 제한이 가중되었다. 그리고 영어 극어와 비교에서는 *any*보다는 *wh-ever*와 주요한 속성을 공유하고 있음을 알 수 있다.

표 4. PI '그'와 '누구나', '누구도', *any*, *wh-ever* 비교

	그 누구나	그 누구도	누구나	누구도	*wh-ever*	*any*
진언성	O	O	O		O	
비진언성	O	O	O	O	O	O
반진언성		O		O	O	O
척도성	O	OO		O		O
영역 제한	OO	O	O		O	

중요한 점은, 표에서 나타나듯, 척도성은 *wh-ever*와 연관되지 않는다. 이것은 PI '그'가 발생시키는 의미화용적 효과로 간주하며, 다음 장에서 그 역할을 자세히 분석한다. 나아가 PI '그'가 한정성을 가지는 '그'와 어떻게 개념적으로 연관성을 가지는지 살핀다.

4. 분석

4.1 한정사 '그'와 영역 제한자

본 절에서는 한정성(definiteness)과 관련된 선행 연구를 간단히 소개하고 한국어의 한정성 표지자인 '그'는 어떻게 분석될 수 있는지 보인다. 한정성은 담화 내 존재하는 유일한(unique) 혹은 친숙한(familiar) 대상을

지칭하는 속성으로서 범언어적으로 (47)처럼 정관사(definite article)와 지시사(demonstrative)와 같은 유표적 표지자를 지니는 언어에 존재하는 문법 범주로 알려져 있다.

(47) 한정사의 형태적 실현 (Abney 1987; Longobardi 1994)

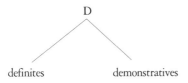

이에 따라 한정성에 대한 의미 연구는 정관사뿐만 아니라 지시사의 측면에서도 광범위하게 이루어져 왔다(King 2001; Roberts 2002; Wolter 2006; Elbourne 2005, 2008). 하지만 범언어적으로 한정성을 표지하는 방법은 단순하지 않으며, 한정사에 상응하는 대안적 문법 기제가 여러 언어에서 연구되었다.[5]

전통적으로 영어 정관사 'the'가 한정성 연구에서 다루는 가장 대표적인 한정성 표지자로 알려져 있다.

(48) The king of France is bald.

위 예문에서 *the*는 *king of France*의 지시에 있어서 담화 상에서 친숙하거나(Christophersen 1939; Prince 1981b, 1992; Heim 1982, inter alia) 아니면 화자에

---

5) 예를 들어, Cheng and Sybesma(1999)는 중국어 분류사(classifier)가 영어의 'the'에 대응하는 타입 이동 운용소(type-shifting operator)의 역할을 한다는 것을 제안하였으며, Mattewson(1998, 2008)은 샐리쉬어(St'át'imcets Salish)는 정관사와 부정관사(indefinite article)를 구분이 없이 하나의 한정사만을 가지는데, 이것이 Kaplan 스타일의 지시사와 동일한 역할임을 주장했다. 뿐만 아니라 Shan과 같은 언어에서는 어떠한 한정사의 도움 없이 무표형 명사(bare noun)가 한정성을 표지하는 것으로 분석된다(Moroney 2018).

게 유일하게 인식가능(uniquely identifiable)해야 한다(Russell 1905; Hawkins 1978, Löbner 1985; Heim 1990; Gundel 1988) 해야 한다. 전자를 친숙성(familiarity), 후자를 유일성(uniqueness)이라 한다.

담화 친숙성 이론은 새로움-친숙성 조건(condition of novelty-familiarity; Heim 1982)으로 형식화되었다. 간단히 말해 비한정 명사구(indefinite DP)는 담화에 새로운 개체를 소개하고 한정 명사구(definite DP)는 화자와 청자 간에 전제되는 명사구의 내용을 지시한다는 것이다. (49b)에 나타나듯, 정관사에 의해 표지된 친숙한 개체는 담화 내의 선행사(antecedent)와 조응(anaphoric) 관계를 이루고 이 관계는 동일한 지표(index)로 지표화된다.

(49) The Extended Novelty-Familiarity Condition (Heim 1982): For a δ to
  be felicitous w.r.t a context C it is required for every NP_i in that:
  a. if NP_i is [- definite], then $i \not\in$ Dom(C); NOVELTY CONDITION
  b. if NP_i is [+ definite], then
  (i) $i \in$ Dom(C), and
  (ii) if NP_i is a formula, C entails NP_i FAMILIARITY CONDITION

두 번째 속성은 유일성과 최대성(uniqueness/maximality)이다. 한정 명사구는 문맥에서 e-타입 개체로 지시되는 유일한 속성을 가리킨다. 이때 한정사인 the는 아이오타(ι) 혹은 최대성(max) 운용소 역할을 한다.

(50) a. the boy $= \iota(\lambda x.boy(x))$
  b. the boys $= max(\lambda x.boy(x))$

최근 한정성 표지자에 대한 연구는 범언어적으로 각 언어에서 나타나는 실증적인 증거들을 바탕으로 다양한 접근과 분석이 제기되었다.

이와 관련한 주요한 두 가지 논의 방향은 다음과 같다. 첫째, 독일어와 페링어(Fering)를 기반으로 Schwarz(2009)는 친숙성을 표지하는 한정사와 유일성을 표지하는 한정사가 구분됨을 주장하였고 각각 강한정사(strong determiner)와 약한정사(weak determiner)로 명칭하였다.

> (51) a. Hans ging zu dem   Haus   (독일어)
>   Hans went to the$_{strong}$ house
>   b. Hans ging   zum   Haus
>   Hans went to the$_{weak}$ house
>   'Hans went to the house.'

Schwarz는 담화 친숙성 이론과 상황 의미론(situational semantics)에 기반하여 (52)와 같은 강한정사와 약한정사의 분석을 제시하였는데, 강한정사는 상황에 따라 선행사와의 친숙성 관계를 나타내는 비명시적 지표 논항을 가지는 반면, 약한정사는 이 지표 논항을 가지지 않는다.

> (52) a. $[\![\iota]\!]$: $\lambda sr \lambda P: \exists !x[P(x)(sr)].\iota x P(x)(sr)$
>   b. $[\![\iota x]\!]$: $\lambda sr \lambda P \lambda y: \exists !x[P(x)(sr) \cap x=y].\iota x[P(x)(sr) \cap x=y]$

한정사와 관련한 두 번째 주요 논의는 어떤 언어에서는 한정사가 영역 제한자(domain restrictor) 역할을 한다는 점이다(Etxeberria and Giannakidou 2010). 이것은 아래와 같이 그리스어와 바스크어(Basque)에서 한정사가 every, all, each와 같은 양화사(quantifier)와 결합할 수 있는 독특한 특징을 기반으로 제안되었다.

> (53) a. o   kathe   fititis   (그리스어)

    D.sg   every   student

    'each student'

  b. *kathe   o   fititis

    every   D.sg   student

(54) a. mutil   guzti-ak   (바스크어)

       boy   all D.pl

       'all the boys'

    b. mutil   bakoitz-a

      boy   each-D.sg

      'each boy'

    c. *mutil guzti/bakoitz; *mutil-ak guzti; *mutil-a bakoitz

Giannakidou and Exteberria의 제안은 영어 양화사가 문맥상 두드러진 (contextually salient) 제한된(restricted) 집합을 지시한다는 von Fintel(1994)의 주장에 근거한 것이다. 아래 (55)에서 양화사가 문맥상 제한된 집합을 지시한다는 의미적 표상은 비명시적 담화 친숙성 집합 변수(covert discourse familiar set variable) C로 나타난다. 간단히 말해서 C는 집합을 이루는 $<e,t>$-타입의 선행사를 지시한다.

    (55) a. Many people came to the lecture yesterday; **every student** brought a laptop.

       b. $\forall x[\text{student}(x) \cap C(x)] \rightarrow$ brought a laptop(x)

이를 기반으로 그리스 한정사 *o*와 바스크 한정사 *a(k)*을 영역 제한자 DDR(determiner as domain restrictor)로 분석하였다.

    (56) a. $[o_D + \text{kathe}_Q [\text{fititisN}]_{NP}]_{QP}$

       b. o kathe fititis $=$ [kathe(C)](student)   (그리스어)

(57) a. [[mutilN]$_{NP}$+bakoitzQ-a$_D$]$_{QP}$

    b. mutil bakoitz-a = (mutil)[bakoitz(C)]   (바스크어)

(58) D to DDR type-shifting:

    a. DDR rule: When D composes with Q, use DDR

    b. ⟦ Q ⟧ = $\lambda P \lambda R. \forall x P(x)$ ➔ $R(x)$

    c. ⟦ DDR ⟧ = $\lambda Z_{et,ett} \lambda P_{et} \lambda R_{et} Z(P \wedge C)(R)$;

       Z is the relation denoted by Q

    d. ⟦ DDR(Q) ⟧ = $\lambda P \lambda R. \forall x (P(x) \wedge C(x))$ ➔ $R(x)$

영역 제한자는 변항 C를 제공함으로써, 그것에 의해 선택된 조응적 속성을 포함한 공통기반 전제(presupposition of common ground)를 작동시킨다.

이후 Jenks(2018)은 Schwarz의 논의를 기반으로 하여 (59)처럼 중국어의 지시사와 분류사의 결합이 강한정사의 역할을 하고 (60)과 같은 무표형 명사가 약한정사의 역할을 담당한다고 분석하였다. 독일어와의 차이점은 중국어의 조응적 표지(anaphoric indexing)인 (61a)의 <e,t>-타입의 영역 제한자 Q(x)에 의해 지시된다는 점이다.

(59) Wo   zuotian   yudao   #(na ge)   nansheng

      I   yesterday   meet   that CLF   boy

    'I met the boy yesterday.'

(60) (#Na/#Zhe ge)   Taiwan   (de)   zongtong hen shengqi

    That/this CLF   Taiwan   Mod   president very angry

    'The president of Taiwan is very angry.'

(61) a. $\lambda s_r \lambda P_{<e,<s,t>>} \lambda Q_{<e,t>}$: $\exists !x[(P(x)(s_r)) \cap Q(x)].x[P(x)(s_r)]$

    b. $\lambda s_r \lambda P_{<e,<s,t>>}$: $\exists !x(P(x)(s_r)).x[P(x)(s_r)]$

한국어의 한정사 역시 다양한 논의 속에 진행되었는데, 지시사 '그'가 한정사의 역할을 담당하는 것으로 알려져 있다. 이 역할은 구체적으로는 한정사('definite article' Jung 1990), 한정 표지자('definite marker' Kim 1990), 한정성 한정사('definite determiner' C. Lee 1989, 1992)', 한정 지시사('definite demonstrative' Sohn 2001, Ahn 2017), 영역 제한자('domain restrictor' Kang 2012, 2015, to appear)와 같은 다양한 지칭 하에 세부적으로 분석되어 왔다. 특히 Kang (2012, 2015, to appear)에서는 앞서 소개한 최근의 한정성 이론을 통합하여 한국어 한정사 '그'를 강한정성에 기반한 영역제한자로 아래와 같이 분석하였다.

(62) ⟦ KU ⟧ = ⟦ DDR ⟧ = $\lambda s_r \lambda P_{\langle e, \langle s,t \rangle \rangle} \lambda Q_{\langle e,t \rangle} \lambda x$: $(P(x)(s_r)) \cap Q(x)]$

위에서 '그'는 NP나 QP에 작용하는 함수로서 영역 제한자 $Q(x)$에 의해 지시되는 담화 친숙 속성(discourse familiar property)를 도출한다. 다음 장에서는 PI '그'가 (62)의 한정성을 표지하는 '그'가 영역 제한자의 측면에서 개념적 연관성을 형성함을 보인다.

4.2 PI '그'의 분석

앞서 살핀 PI '그'의 특성을 정리하면 다음과 같다. 첫째, '그'는 자유선택어와 척도를 유발하고 명제를 강화한다는 점에서 극어로 작용한다. 둘째, 극어로서 '그'는 무관심의 해석과 관련이 깊고 긍정문에서 발생 가능하며 영역 제한의 문맥에서 사용된다는 점에서 영어 극어 *any*보다는 *wh-ever*와 유사한 속성을 보인다. 셋째, *wh-ever*는 '누구나'와 '누구도' 의미와 관련이 깊은 대신 '그 누구나'와 '그 누구도'에서 발생되는 척도성을 가지지는 않는다. 따라서 척도는 PI '그'가 유발하는 고유의 역할로 볼 수 있다. 넷째, 한정사 '그'와 PI '그'는 영역 제한이라는 측면에서 개념적 연관성을 보인다. 위 네 가지 특성을 기반으로 본고는 PI '그'의 분석을 다음과 같이 제안한다. 첫째, PI '그'의 역할은 *wh-so-ever*에서 첨가된 *so*에 대응한다.

(63) PI '그'의 의미화용적 기여: PI '그'는 '의문부정사에 기반한 자유선택어 '누구나'나 부정극어 '누구도'와 결합하여 이 명사구의 인식적 대체항들의 부분집합(the subset of epistemic alternatives) 내의 척도를 유발한다.

(64) PI '그' = 주관적 척도 강화사(subjective scalar intensifier) = *wh-so-ever*

아래처럼 영어의 *so*가 조응적이거나 척도 강화의 두 가지 역할을 하는 것처럼 한국어의 PI '그'도 하나의 어휘로 두 가지 역할을 할 수 있다.

(65) a. John ran fast. Bill ran so.　　　　　(조응적 *so*)
　　 b. It is so sunny and clear today.　　　　(척도적 *so*)

둘째, PI '그'와 결합하는 자유선택어나 부정극어와 같은 반특정적 비한정 명사구(anti-specific indefinites)들은 아래와 같이 화자의 인식적 상태에 기반을 두어, 그 해석 세계는 화자의 믿음 모델(speaker's belief model of individual)로부터 기인한다(Giannakidou 1999).

(66) a. Worlds of anti-specific indefinites:
　　　　Since anti-specific indefinites depend on the epistemic state of the speaker, the relevant worlds for assessment comes from the speaker's belief model of individual:
　　 b. Belief model of an individual (Giannakidou 1999: (45))
　　　　Let $c = \langle cg(c),\ W(c),\ M,\ s,\ h,\ w0,\ f,... \rangle$ be a context. A model

MB(x)∈ M is a set of world associated with an individual x representing worlds compatible with what x believes.

이에 따라 문맥에 기반한 객관적 대체항으로 객관적 척도를 유발하는 초점 보조사 '도'와 차이가 발생된다. 화자의 믿음 모델에 근간한 PI '그'와 공기하는 인식적 대체항들은 다음과 같은 주관적 척도를 전제한다.

(67) 〚 PI 그 〛 = 〚 DDR 〛
    a. 단언: $\lambda s_r \lambda P_{<e,<s,t>>} \lambda Q_{<e,t>} \lambda x$: $(P(x)(s_r)) \cap Q(x)]$
    b. 전제: PI '그'는 다음을 유발한다:
      i) 대체항 x은 특정적 비한정 명사구의 원소이며 α에 기반한다.
      (alternative x ∈ anti-specific wh-phrase; designated alternative is base-α)
      ii) PI '그'는 문장 내에서 다음과 같이 정의된다:
      $\forall x[x \in \lambda y[D-wh(y) \wedge C(y)]$ & $[x \neq a$: likelihood(P, x) $>$ likelihood(P, α)], where P is the denotation of VP.

영역 제한자로서 한정사 '그'는 조응적 영역을 형성하여 담화 내에서 친숙한 속성의 집합을 전제로 하는 반면, PI '그'는 화자의 인식적 상태를 형성하여 인식적 대체항의 부분 집합을 기반으로 한 척도를 형성한다.

5. 결론

본고는 이전까지 밝혀지지 않았던 '그'의 극어에 대한 새로운 역할을 의미화용적인 측면에서 제시하였다. 반특정적 비한정 명사구와 결합하는 '그'는 우리가 일반적으로 간주해왔던 *any*에 대응하는 영역 확장자가 아닌 *wh-ever*의 허가 환경을 공유함을 알 수 있었다. 나아가 한정적 '그'와 PI '그'가 공통으로 가지는 속성은 영역 제한의 역할에서 기인한다는 것을 보였다. 지시성과 한정성을 표지하는 한정사 혹은 그에 대응하는 대안적인 문법 기제가 여러 언어에서 존재하지만 한국어 '그'처럼 하나의 어휘에서 지시사와 극어의 역할이 발생하는 경우는 매우 드물다.

위 분석에 따른 본고의 주장은 다음의 함의를 가진다. '그'의 역할은 문맥 내에서 보통명사의 지시/대용과 관련한 의미적 속성뿐 아니라 극성과 관련된 의문부정사의 인식적 대체항(epistemic alternative)을 지시하는 역할까지 포함시킨다. 이것은 지시관형사의 문법화 특성과 깊은 관련이 있는데, 일반적으로 지시관형사에서 조응적 표현으로 발전되는 방향에 더해, 조응적 역할이 나아가 화자의 인식적 모델에 기반을 둔 극어의 대체항을 지시하는 역할로 발전되는 것은 한국어 독특한 현상으로 볼 수 있다. 이것은 '그'의 지시/대용적 역할이 정보구조에서 초점 표지를 하게 되는 것과 깊은 관련이 있는 것이라 추측된다. 이에 대한 강조와 관련한 화용적 운용소의 형식적 표상은 후속 연구로 남긴다.

참고문헌

Abney, Steven, 1987. *The English noun phrase in its sentential aspect*. Ph.D. Dissertation, Massachusetts Institute of Technology.

Ahn, Dorothy. 2017. Definite and demonstrative descriptions: a micro-typology. In *Proceedings of GLOW in Asia XI*, volume 1, 33-48.

Cheng, Lisa and Rint Sybesma. 1999. Bare and no-so-bare nouns and the structure of NP. *Linguistic Inquiry* 4, 121-163.

Chierchia, Genarro. 2006. Broaden your views: Implicatures of domain widening and the "logicality" of language. *Linguistic inquiry* 37, 535-590.

Choi, Jinyoung, 2007. *Free choice and negative polarity: a compositional analysis of Korean polarity sensitive items*. Ph.D. Dissertation, University of Pennsylvania.

Christophersen, Paul. 1939. *The articles: A study of their theory and use in English*. Copenhagen : E. Munksgaard, London : H. Milford.

Elbourne, Paul. 2005. *Situations and individuals*, MIT Press.

Elbourne, Paul. 2008. Demonstratives as individual concepts. *Linguistics and Philosophy* 31, 409-466.

Etxeberria, Urtzi and Anastasia Giannakidou. 2010. Contextual Restriction and the Definite Determiner'. In Recanati, F., I. Stojanovic and N. Villanueva (eds.), *Context-Dependence, Perspective and Relativity*. Mouton de Gruyter. Mouton Series in Pragmatics 6.

Evangelia Vlachou. 2007. *Free Choice in and out of Context: Semantics and Distribution of French, Greek and English Free Choice Items*. Ph.D. dissertation. Universiteit Utrecht.

Fauconnier, Gilles. 1975. Pragmatic scale and Logical Structure. *Linguistic Inquiry* 6, 353-375.

von Fintel, Kai. 1994. *Restrictions on Quantifier Domains*. Ph.D. Dissertation, University of Massachusetts, Amherst.

von Fintel, Kai. 2000. Whatever. In Profeedings of SALT X 27-39.

Giannakidou, Anastasia. 2001. The meaning of free choice. *Linguistics and philosophy* 24, 659-735.

Giannakidou, Anastasia. 2011. Negative polarity and positive polarity: licensing, variation, and compositionally. In von Heusinger, Maienborn, and Portner (eds). *The Handbook of Natural Language Meaning* (second edition). Berlin: de Gruyte.

Giannakidou, Anastasia. and Ultzi. Etxeberria. 2010. *Definiteness, contextual domain restriction, and quantifier structure: a crosslinguistic perspective.* Ms., The University of Chicago.

Gundel, Jeanette K. 1988. Universals of topic-comment structure. *Studies in syntactic typology* 17, 209-239.

Hawkins, John A. 1978. *Definiteness and indefiniteness: a study in reference and grammaticality prediction.* London: Groom Helm.

Haspelmath, Martin. 1997. *Indefinite pronouns.* Oxford: Oxford University Press.

Heim, Irene. 1982. *The semantics of definite and indefinite noun phrases.* Doctoral Dissertation, University of Massachusetts, Amherst.

Heim, Iren. 1990. E-type pronouns and donkey anaphora. *Linguistics and Philosophy* 13, 137-177.

Hoeksema, Jack, and Hotze Rullmann. 2000. *Scalarity and polarity. In Perspectives on negation and polarity items,* 129-171.

Horn, Laurence. 1969. A presuppositional analysis of only and even. In *Proceedings of Chicago Linguistics Society* 5, 97-108.

Huang, C.-T. James. 1982. Move wh in a language without wh-movement. *The Linguistic Review* 1, 369-416.

Jenks, Peter. 2018. Articulated definiteness without articles. Linguistic Inquiry, volume 49-3, 501-536.

Kadmon, Nirit and Fred Landman. 1993. Any. Linguistics and Philosophy 16, 353-422.

Kang, Arum. 2012. Semantics and pragmatics of definiteness in Korean: the case of ku, In *Proceedings of the eighth Workshop on Altaic Formal Linguistics* (WAFL 8), ed. by Umut Ozge, 187-198.

Kang, Arum. 2015. *(In)definiteness, disjunction and anti-specificity in Korean: a study in the semantics-pragmatics interface.* Doctoral Dissertation, University of Chicago.

Kang. Arum. to appear. Marking definiteness in articleless language: The role of domain restrictor KU in Korean. *Language and Linguistics.*

King, Jeffrey C. 2001. *Complex demonstratives. A quantificational account.* Cambridge, MA: MIT Press.

Krifka, Manfred. 1995. The semantics and pragmatics of weak and strong polarity in assertion. In *Proceedings of SALT* 4, 195-219.

Kuroda, Sige-Yuki. 1965. *Generative grammatical studies in the Japanese language*. Ph.D. Dissertation, Massachusetts Institute of Technology.

Ladusaw, A. William. 1979. *Polarity sensitivity as inherent scope relations*. Ph.D. Dissertation, University of Texas at Austin, reproduced by IULC, 1980.

Lahiri, Utpal. 1998. Focus and negative polarity in Hindi. *Natural Language Semantics* 6, 57-123.

Lee, Chungmin. 1989. Definites, case markers, classifiers and quantifiers in Korean. *Harvard studies in Korean linguistics* 3, 469 - 488.

Lee. Chungmin. 1992. Definite/specific and case marking in Korean. *Theoretical issues in Korean linguistics*, 325-341.

Lee, Chungmin. 1995. A unified account of polarity phenomena. In Benjamin K. T'sou and Tom B.Y. Lai (eds.), *Proceedings of the 10th Pacific Asia Conference on Language, Information and Computation*, 281-291.

Lee, Young-Suk, and Laurence Horn. 1994. *Any as indefinite plus even*. Ms. University of Yale, revised version 1995.

Longobardi, Giuseooe. 1994. Reference and proper names: a theory of N-movement in syntax and logical form. *Linguistic Inquiry* 609-665.

Löbner, Sebastian. 1985. Definites. *Journal of Semantics* 4, 279-326.

Matthewson, Lisa. 1998. *Determiner Systems and Quantificational Strategies: Evidence from Salish*. The Hague: Holland Academic Graphics.

Matthewson, Lisa. 2008. Pronouns, presuppositions, and semantic variation, In *Proceedings of SALT* 18, ed. by T. Friedman and S. Ito, 527-550. Ithaca, NY: CLC Publications.

Moroney, Mary. 2019. Definiteness with bare nouns in Shan. In At the Intersection of Language, Logic, and Information, ed. Sikos, J. and E. Pacuit E. *ESSLLI 2018. Lecture Notes in Computer Science*, vol. 11667, 108-123. Berlin & Heidelberg: Springer.

Prince, Ellen F. 1981b. Toward a taxonomy of given/new information. In Peter Cole (ed.), *Radical pragmatics*, 223-255. New York: Academic Press.

Prince, Ellen F. 1992. The zpg letter: Subjects, definiteness, and information-status. *Discourse description: diverse analyses of a fund raising text*, 295-325.

Roberts, Craige. 2002. Demonstratives as definites. In van Deemter K and Kibble R (eds), *Information sharing*, 89-136. Stanford, CA: CSLI.

Russell, Bertrand. 1905. On denoting. *Mind* 14, 479-493.

Rooth, Mat. 1985. *Association with focus. Doctoral Dissertation*, University of Massachussetts.

Schwarz, Florian. 2009. *Two types of definites in natural language*. Doctoral Dissertation. University of Massachusetts Amherst.

Shimoyama, Junko, 2001. *Wh-constructions in Japanese*. Ph.D. Dissertation, University of Massachusetts, Amherst.

Shimoyama, Junko. 2006. Indeterminate phrase quantification in Japanese. *Natural Language Semantics* 14, 139-173.

Suh, K.-H. 2002. An interactional account of the Korean demonstrative "ku" in conversation (written in Korean). *Lanugage and Linguistics*. 137-158.

Wolter, Lynsey. 2006. *That's that: the semantics and pragmatics of demonstrative noun phrases*. Doctoral Dissertation, University of California, Santa Cruz.

Zwarts, Frans. 1993. Three types of polarity. In F. Hamm and E. Hinrichs (eds). *Plural quantification*, 177-238. Dordrecht: Kluwer.

엮은이 소개

박명관

동국대학교 영어영문학부 교수

대표 논저: Some Cases against the Ellipsis Analysis of the Null Argument(2014), Korean/Japanese vs. Chinese on Quantificational/Sloppy Readings of Null Subjects(2015), An NP-substitute Approach to Null Arguments in Chinese, Japanese, and Korean(2016), 저서 『ERP-기반 신경통사론』(2018)

지은이 소개(원고 게재순)

문귀선

한성대학교 크리에이티브인문학부 명예교수

대표 논저: On the Validity of the Skolemized Choice Function Approach to small pro anaphora in Korean(2019), A Non-Isomorphism Approach to Null Argument Anaphora in Korean (2015), 영논항의 속성 재조명(2010), 저서 『형식의미론 입문』(2011)

안희돈

건국대학교 영어영문학과 교수

대표 논저: 『조각문 연구: 영어와 한국어를 중심으로』(한국문화사), Reconstruction asymmetries in ellipsis: Implication for scrambling(Linguistic Analysis 34)

조성은

영남대학교 영어교육과 교수

대표 논저: Temporal adjectives and the structure of possessive DPs(*Natural Language Semantics* 11), The semantics of-ship suffixation(*Linguistic Inquiry* 32)

엄홍준

계명대학교 한국어문학부 국어국문전공 부교수

대표 논문: 「'자기,' '그,' 그리고 pro의 속성」(2018), 「韓國語 引上 構文 分析의 問題點과 그 解決策」(2013), 「동사구에서의 형식자질점검」(2000)

이우승

건국대학교 영어교육과 부교수

대표 논저: Adjunct ellipsis in Korean(2019), Argument ellipsis vs. V-stranding VP ellipsis in Korean: Evidence from disjunction(2016), Copy theory of movement and apparent ECM constructions(2014)

박명관

동국대학교 영어영문학부 교수

대표 논저: Some Cases against the Ellipsis Analysis of the Null Argument(2014), Korean/Japanese vs. Chinese on Quantificational/Sloppy Readings of Null Subjects(2015), An NP-substitute Approach to Null Arguments in Chinese, Japanese, and Korean(2016), 저서 『ERP-기반 신경통사론』(2018)

이혜란

경희대학교 후마니타스칼리지 교수

대표 논저: A Study on Scrambling in Korean: The Minimalist Approach(2006), Embedded Imperatives in Korean and Their Implication to Parameterization(2012), Free Merge or Maximality: On Criterial Freezing(공저, 2020)

박소영

부산대학교 국어국문학과 교수

대표 논저: Strict vs. free word order patterns in Korean nominal phrases and Cyclic Linearization(2019), 「한국어 독립성분과 화용 정보의 통사구조 표상」(2019), 저서 『한국어 생성통사론』(2018)

박종언

동국대학교 글로벌어문학부 영어영문학전공 부교수

대표 논저: Clause Structure and Null Subjects: Referential Dependencies in Korean(2011), Negation in Let Imperatives in English and Key-ha-la Imperatives in Korean(2013), 저서 『언어 현상과 언어학적 분석』(공저, 2015)

최기용

광운대학교 국어국문학과 교수

대표 논저: 「한국어에서 형용사 구하기」(2019), 「피동 구문의 VP periphery」(2018), 「피결속-변항 대명사로서의 '자기'」(2014), 「한국어 격과 조사의 생성 통사론」(2009)

강아름

고려대학교 언어정보연구소 연구교수

대표 논저: From inquisitive disjunction to nonveridical equilibrium: modalized questions in Korean(2020), The subjunctive complementizer in Korean: the interaction between inquisitiveness and nonveridicality(2019), Negative politeness in Korean questions: interaction between epistemic uncertainty and conventional indirectness(2018)

한국어 영논항을 어떻게 볼 것인가

초판 1쇄 인쇄 2020년 8월 28일
초판 1쇄 발행 2020년 9월 10일

엮 은 이 박명관
지 은 이 문귀선 안희돈 조성은 엄홍준 이우승 박명관
         이혜란 박소영 박종언 최기용 강아름
펴 낸 이 이대현

책임편집 임애정
편   집 이태곤 권분옥 문선희
디 자 인 안혜진 최선주 김주화
마 케 팅 박태훈 안현진

펴 낸 곳 도서출판 역락/ 서울시 서초구 동광로46길 6-6 문창빌딩 2층(우-06589)
전   화 02-3409-2058 FAX 02-3409-2059
이 메 일 youkrack@hanmail.net
홈페이지 www.youkrackbooks.com
등   록 1999년 4월 19일 제303-2002-000014호

ISBN 979-11-6244-554-9 93710